如今依然能一睹當年的「大日本帝國鐵路」風貌

【滿洲】滿鐵引以為傲的超特快列車「亞細亞」的流線型蒸汽機關車「帕西納」（パシナ，原意為「太平洋七型」，參閱三四七頁）。如今展示於瀋陽的鐵路陳列館。

【滿洲】遺留在黑河的「亞細亞」列車TENI8型（テンイ8形）觀景車廂（服部朗宏攝。參閱三四八頁）。保存環境不佳，近年來鏽蝕嚴重。

【朝鮮】韓國首爾鐵路博物館所展示的日本統治時期觀景載客車廂。過去一直被認為是特快列車「曉」的專用車廂，但筆者有不同看法。

【朝鮮】遺留於北韓元山地區的鮮鐵蒸汽車頭「帕西尼」（パシニ，原意為「太平洋二型」）。上頭掛著以日語片假名所寫的車頭型式牌。

【臺灣】綠意盎然的阿里山森林鐵路螺旋線（參閱一〇五頁）。

【樺太】成為觀光資源的寶臺環狀線（役良太攝。參閱四〇八頁）。

【關東州】日本統治時期的大連路面電車（參閱二二七頁），直到今日依然運行中。

【南洋群島】保存於塞班島（Saipan）的南洋興發公司德製蒸汽車頭（參閱四三二頁）。

大日本帝國時期的海外鐵道

從臺灣、朝鮮、滿洲、樺太到南洋群島

大日本帝国の海外鉄道

東亞近現代鐵道與交通史專家
小牟田哲彥 著
李彥樺 譯

尋訪歷史　跨海渡洋

貫穿領土橫跨東亞，從鐵路史洞悉改變中的世界

搭配饒富趣味的懷舊照片，了解二十世紀初東亞的人群移動和交流。

目次

CONTENTS

CH 2 朝鮮的鐵路旅行

CH 3

關東州的鐵路旅行

CH 4

滿洲的鐵路旅行

CH 5

樺太的鐵路旅行

CH 6

南洋群島的鐵路旅行

地圖製作：板谷成雄

導讀

穿越時空的鐵路旅行

胡川安　中央大學中文系助理教授

當飛機旅行成為常態，人們對於空間與世界的認識似乎就壓縮成點與點之間，在點與點之間則是無止盡的空白。我喜歡火車旅行，迷人之處在於在點與點之間提供了線性的維度，透過這個維度，得以觀賞面向與空間的風景。

我喜歡在日本搭乘火車旅行，日本有絕塵而去的新幹線，也動態保存很多的蒸汽火車和一九五〇年代留下來的路面電車。蒸汽火車是工業革命後人類移動的革命，但是現代保存下來卻讓人有種懷舊的感覺。新幹線的速度感往往讓人產生錯覺，從東京離開之後，眼前的高樓大廈不過一會兒的功夫就成了鄉村農田。與飛機一下提升高度的感覺不同，在藍天白雲中，感覺不到速度，但是新幹線則透過空間的快速移動，從城市到鄉村，彷彿一場時空旅行，從現代進到了前現代。

記得有一年有三個月的時間在日本搭乘火車旅行。從北海道入境日本，一路緩慢的南下，直到關西出境。在北海道的時候，我一路向北，從札幌搭乘火車北上，直到北海道最北端的稚內，這裡已經是北緯四十五度，比中國東北的長春緯度還要高。

九月的稚內氣溫已經有寒氣，由於在日本的最北端，所以觀光景點都是「最北」。稚內車站是最北邊的火車站，燈塔是最北的燈塔。在稚內的街上閒逛，有些俄國風情的小店，當我走向海邊，聽說天氣好的時候，看得到俄國的庫頁島。在稚內有船可以前往俄國的庫頁島，廣告宣稱是「離歐洲最近的地方」。當時我辦了俄羅斯的簽證，上了船，前往了庫頁島。

日本最北的稚內有俄國的風情，俄國的庫頁島卻帶點日式的風味。會前往庫頁島是因為讀過一本《銀河鐵道之夜》，那是我深愛的作家宮澤賢治的作品。故事中的主人翁和好友意外的搭乘行駛於夜空的火車，景色奇幻絢麗，各式各樣的人上上下下。好友在天堂站下車了，夢也醒了，現實中的好友因為救人而溺斃。

銀河鐵道是一條穿越生死的鐵路，那是宮澤賢治在庫頁島搭乘火車的經歷。由於宮澤賢治的妹妹過世，傷心欲絕的他在一九二二年來到了庫頁島，當時稱為「樺太」，沿著火車線路一路向北，看到了璀璨的銀河。值得令人探究的地方在於宮澤賢治去的「樺太」是日本的領土，而非俄國的領土。

日本在一九〇四年的「日俄戰爭」中打敗俄國，兩國後來在美國的調停下，簽訂了《樸茨茅斯條約》，俄國政府將庫頁島南部及其附近一切島嶼讓與日本，以北緯五十度為起點。庫頁島跨越了北緯五十度，所以南方屬於日本，北方仍屬於俄國。稚內在那個時候並不是日本鐵道的最北端，如果我們能回到將近一百年前的日本，當時可以在日本國內搭乘的火車路線有哪些呢？可以旅行觀光的地方在哪裡？有沒有現在我們熟悉的「案內所」？有沒有火車便當可以吃呢？火車時刻表的型態如何？可以看到什麼樣的風景呢？

這些問題我都有想過，也想要寫作，但這本《大日本帝國時期的海外鐵道》解答了這些穿越時空鐵路旅行的答案。日本在一八九五年的《馬關條約》後擁有臺灣的統治權，日本和臺灣屬於同一個國家。當時臺灣是「外地」，日本列島是「內地」，臺灣和日本人彼此可以自由進出。日本人統治臺灣之後，開始大量調查島內的物產，發現南北狹長的臺灣需要一條縱貫的鐵路，讓北、中、南的資源可以整合。

隨著縱貫線鐵路的通車，日本人發現了山線鐵路的坡度太大，所以開設了從竹南到彰化的海線。還有增加了往北、往南和往東的支線。往北的是淡水線，後來成為我們現在淡水捷運的前身；往南的是屏東線，充滿熱帶的風情，一直通到屏東的枋寮；往東的則是通往宜蘭蘇澳，沿途可以享受太平洋的美景，還有欣賞守護宜蘭的龜山島。

為了大量開發資源，日本人在臺灣種植大量的甘蔗，透過糖業鐵道運送原料。臺灣的糖業鐵道鋪設全盛時期竟然有三千公里長，比起環島鐵路還要長三倍！臺糖的小火車除了提供製糖原料的載送，也提供載客的服務，而且不只在日治時代營運，載客的服務一直維持到戰後。

臺灣有上百座三千公尺以上的高山，林業資源相當豐富，日本人為了開採臺灣大量的林業資源，也鋪設了林業鐵道。日治時代有三大林場，分別是阿里山、太平山和八仙山，其中又以阿里山的森林鐵道最有名。從嘉義一直到阿里山的森林火車全長七十一公里，為「世界三大高山鐵道」之一，與日本的大井川鐵道、瑞士的阿爾卑斯山登山鐵道齊名。由於阿里山森林鐵道的「塔山站」海拔高度二三四六公尺，成為日本最高的車站，當時還有「我國鐵道最高地點」。

大日本帝國除了樺太和臺灣，更廣及整個朝鮮半島、滿州、遼東半島（關東州），甚至到太平洋上的島嶼。當時的日本並沒有按照民族設定旅行上的限制，只要付錢，就可以在「外地」觀光和旅行。作為日本國民的臺灣人，當然也可以利用本書所介紹的旅行方式，在臺灣全島及朝鮮半島、樺太、塞班及帛琉等南洋群島旅行。只不過八十年前，我們所謂的「國內旅行」和「國外旅行」就有如此大的差異！

這本書可以透過鐵路旅行看近代日本和臺灣的歷史。作為一項交通工具，鐵路本來是以目的和實際的功用為其首要的考量，但鐵道承載人來往於各地之間，並且與居住的空間發生交錯時，就成為歷史記憶的一部分，不再只是一項工具，而成為文化憑藉的依據、成為記憶的一部分，同時也由此再進一步的創造新的文化與記憶。

我很期待有一部小說或是電影，穿越回到百年前，其中的主人翁拿著旅行手冊、時刻表，在大日本帝國的領土中觀光，並且看到不同地方的風土人情，還原當時生活的文化，還有我們已經忘記的歷史記憶。

推薦序

暢遊歷史的時空旅人

工頭堅 《旅飯》旅行長

這麼說雖然不太好意思，但我時常收到推薦書本的邀請；而作為一個閱讀範圍相當龐雜的嗜讀者，不僅是自身工作所在的旅遊領域，凡是有興趣的主題，通常都會欣然應允，因為這樣，便有機會讀到更多新書的內容。但也因為多年來「推薦」的書數量不少，提醒自己要以更嚴格的眼光來挑選，因而婉拒了不少近期的邀約。

然而，當收到來自這本《大日本帝國時期的海外鐵道：從臺灣、朝鮮、滿洲、樺太到南洋群島》繁體中文版的編輯來信，希望我能列名推薦時，竟有種觸電般的驚喜。原因很簡單：我擁有本書的日文原版，而且是幾年前特地從網路書店訂購，空運來臺的，會如此費心（並費金）購買一本書，必然有其吸引人的絕對理由。

記得某次，與日本友人井上俊彥先生出差同行，他突然問道：「來日本旅行，最吸引你的一點是什麼？」由於我倆都是在發掘並協助規廣地方觀光發展的人，這麼問，當然是一種互相討論與探索的過程。我卻給了一個似乎很平常的答案：「坐電車，隨興地到處看風景。」換句話說，鐵道本身就是我之目的地。

相信很多人也同意這個觀點：日本的軌道交通建設與管理之完善，令得乘客或旅客，只要搭上電車，不僅各大小城鎮，甚至深山、海角，凡有軌道鋪設之處，即使是班次稀鬆、車廂短少，都有機會可以抵達，且通常非常準點。而作為一個熱愛在旅行中思考歷史的閱讀者與從業員，我又不禁要探問：「究竟日本是從什麼時代開始鐵道的規劃與建設？而JR與臺鐵「系出同源」，為何到今日有著截然不同的風格與效率？而在日本統治時代的臺灣，鐵道最終覆蓋率又是多少？」

正是出自這樣的好奇，我開始蒐集相關史料，包括長年住在臺灣的片倉佳史先生之著作；甚至在東京神田的古本屋，試圖尋找「戰前」的臺灣鐵道旅行手冊，這當然不是一件容易的事。直到意外發現本書的存在，才終於一舉解答心中諸多疑問，甚至開啟了更寬廣的想像（與理解）空間。

如果我們暫時放下以往所謂侵略、殖民或戰爭等定論，單純以一個時空旅人的眼光來看，則一九四五年之前，亦即本書提到的「大日本帝國」時代，對於鐵道旅行者來說，已然可以提供多元豐富、充滿發現樂趣之旅程。

因為在當時，日本實際控制的區域，除了本土，尚包括臺灣、朝鮮半島、關東州（大連）、滿洲（中國東北地區）、樺太（庫頁島）南部，甚至在遙遠的南太平洋小島上，也進行了簡易的鐵道建設。這些鐵道當初被建設之目的，固然不完全是為了交通或觀光，也有不少是基於獲取物資的產業考量，但無論如何，有了軌道，許多原本偏遠的地方，就有抵達的可能。

參閱書中當年的臺灣鐵道地圖，你會發現，除了施工難度較高的北迴（宜蘭到花蓮）與南迴（屏東到台東）、以及少數支線，是在戰後才新建的以外，本島之主要幹線，加上無數的製糖鐵道，早在日本統治時代已相當完備。而更令人驚喜的發現，是在當時已有許多種類的旅行套票，甚至與船票結合，便利來往各個「外地」之方案。

如今我們讚嘆於日本鐵道的效率、**JR Pass** 以及各家私鐵推出的票券之便利，原來早在一個世紀以前就已經建立了模式！這也令人不禁要去思考，為何臺灣在「戰後」反而停滯了軌道交通的發展，直到近二、三十年，才彷彿像驚醒一般，開始積極建設捷運、高鐵，並更新列車型號與車廂形式。如果當年的建設成果能夠持續推進，或許今日臺灣的鐵道旅行，也會以更有效率且更多元的面貌呈現吧。

然而，撇開這些無謂的歷史因果之遐想，正如作者所言，他是用「旅遊指南」的形式與體裁來建構本書的內容，就讓我們單純以一個時空旅人之身分，買張車票，搭上想像的列車，馳騁在歷史的國度，再度為渴望鐵道旅行的心靈，開啟通往可能性的隧道。

前言

前往「外地」的鐵路旅行手冊

日本在第二次世界大戰戰敗之前，擁有許多日本列島以外的領土，當時的日本人把這些海外的領土稱為「外地」。

這些「外地」絕非僅只是戰爭期間短暫佔領的土地。在明治到昭和初期的和平時代裡，不斷有旅人基於觀光或商務等各種目的而造訪這些土地。當時發行的「國內」旅遊手冊上，除了介紹從北海道到九州這些所謂的「內地」之外，對於前往「外地」觀光旅行也有著相當詳盡的說明。又如市售的列車時刻表，一翻開便是從東京前往朝鮮及滿洲的時刻表，甚至還有經由中國或西伯利亞鐵路搭乘跨國列車，前往歐洲的轉車時刻表。而且在「內地」的時刻表之後，也附上了樺太（庫頁島）、朝鮮、滿洲及臺灣等「外地」的時刻表。當時航空客運及遠程汽車運行系統並不發達，搭乘列車幾乎是長途旅行的唯一選擇。筆者彙整諸般文獻的記載，分析當年「外地」鐵路旅行的實際狀況，試著讓本書內容看起來像是一本現代的海外旅遊手冊。

但不管是時刻表還是旅遊手冊，內容皆有時效性，在性質上難以同時介紹明治到昭和初期的所有資訊。因此本書的撰文立場，還是站在從二十一世紀的現代回顧過去的歷史，只是介紹的內容定位為當時日本人想要前往「外地」旅行時，可抱著輕鬆心態閱讀的「虛擬旅遊手冊」，風格貼近專門提供旅遊資訊的《地球漫步法》（地球の歩き方）之類旅遊叢書。[1]

換句話說，本書的內容只局限於一般觀光旅客有機會直接利用的鐵路運輸服務。至於旅客沒有機會進入內部的蒸汽機車，本書並不刻意著墨於其內部結構。其它諸如載貨列車、鐵路的軍事用途及政治意義等，更是幾乎不會提及。本書盡量把大部分的篇幅，用在介紹載客車廂的內部構造、搭乘的舒適性、各種在旅行途中必須辦理的手續，以及方便好用的折價車票等，在鐵路旅行上不可或缺，而且有正面意義的資訊。外地地名在各章節第一次提到時，會盡可能標注當時的稱呼方式。此外，為了讓讀者能夠正確理解當時日本旅客的普遍看法、價值觀，以及時代氛圍，在引用文獻或解說的文字上，即便有些字眼或詞句在現代已極少使用，或在現代人眼裡不太適當，還是會盡可能予以保留而不加注解，這點請各位讀者見諒。

事實上筆者在實際著手進行資料分析之後，發現相關資料實在太過龐雜，經常讓筆者深陷其中而難以自拔，導致原稿的撰寫作業非常緩慢。這段期間筆者幾乎每天都把自己關在自家書房

---

1 譯注：《地球漫步法》是由日本DIAMOND出版社所出版的一系列海外旅遊叢書。

裡，書架上及書箱裡堆滿了文獻資料卻無暇整理，為此給自己的家人帶來不少困擾。若不是東京堂出版社編輯部的太田基樹編輯願意全力協助且耐心等待，本書可能沒有付梓的一天。

本書所公開的一些明治、大正、昭和初期的照片、風景明信片、介紹手冊之類的珍貴資料，以及各地點的現代照片等，除了筆者自己收藏及拍攝之物，還包含諸多人士慷慨提供的資料。這類資料及照片，在刊載頁面上皆會寫明資料提供者或攝影者的姓名。在此特別感謝南興會理事竹內惠美子、《滿洲鐵道寫真集》（潮書房光人社）等書的作者高木宏之、鐵道友之會會員服部朗宏、旅居臺灣的作家片倉佳史、岩手大學副教授麻田雅文等人，為從前時代的鐵路詳情提供了許多專業知識、資訊及建議。刊載於各章的「外地」鐵路路線圖則是由板谷成雄製作，他不僅是《日本鐵道旅行地圖帳》（新潮社）的〈滿洲、樺太〉和〈朝鮮、臺灣〉這兩篇的路線圖製作者兼統籌設計者，更是本書日文版的封面裝幀設計者。

筆者在此向以上諸位人士表達由衷的謝意。除此之外，筆者還想要介紹兩位無緣在生前看見本書的故人。一位是於今年七月以八十九歲高齡辭世的《鐵道雜誌》（鉄道ジャーナル）及《旅與鐵道》（旅と鉄道）雜誌前總編輯竹島紀元。竹島出生於大正末期受日本統治的朝鮮地區，從前在《旅與鐵道》雜誌上曾給予筆者連載的機會，可說是讓筆者有幸能夠從事文筆活動至今的恩人。這次筆者在經過其家屬的同意後，於書中刊載了竹島在昭和十九年（一九四四年），於現在的北韓所拍攝的京元線快速列車照片，並且配上竹島生前告訴筆者的拍攝地資訊。

另一位則是在今年九月底以九十二歲高齡離開人世的筆者岳祖母中村俊子。她年輕的時候，曾在滿洲國首都新京（現在的長春）度過新婚時期。由於筆者對該地在二戰前的生活環境非常感興趣，自從筆者娶了她的孫女之後，近十年來她經常向筆者提起滿洲時代的往事，還把長年珍藏的筆記本送給筆者，甚至還製作了滿洲風味的餃子讓筆者大飽口福。筆者正是在這段期間有了撰寫本書的計畫。筆者滿心希望本書一出版馬上請她一讀，可惜晚了一步。

這兩位老人家此時想必正坐在銀河列車的車廂窗邊，馳騁於星空中吧。筆者在此感謝兩位生前的恩德，並將此書謹獻給兩位。

三版附記：三版刊行之際，蒙天野博之、池田和政兩位指摘初版的謬誤，已加以修正。

平成二十八年（二〇一六年）八月

繁體中文版序

屬於臺灣人的鐵路旅行

本書是《大日本帝国の海外鉄道》（東京堂出版，二〇一五年）的繁體中文版。日語原書出版於五年前，如今在日本國內陷入嚴重缺貨狀態，就連負責出版本書的東京堂出版社也無法解決無書可賣的問題。在這樣的狀態下，身為本書內容主要介紹地區之一的臺灣卻要出版本書的翻譯版，說起來頗令人莞爾。但站在作者的立場來看，自己的著作能夠在另一個語言世界裡重獲新生，畢竟是件值得欣喜的事。

我在本書的前言中亦曾提到，本書是以「二十世紀前期的日本人，在當時的東亞搭乘列車旅行」為假想情境，將介紹的內容彙整成宛如現代隨身旅遊手冊的風格。因此本書立場的大前提是當時日本人在「外地」（日本列島以外的日本領土或特殊權利地區）進行的觀光旅行。

不過，當時的日本並沒有依人種或民族訂定旅行上的限制，任何人只要依規定支付相關費用，就可以在外地進行觀光旅行。因此當時身為日本國民的臺灣人，當然也可以利用本書所介紹的列車及旅客服務，在臺灣全島及朝鮮半島、樺太（現在的庫頁島）、塞班及帛琉等南洋群島旅行。對當時的臺灣人而言，日本列島全土、朝鮮、樺太、關東州（遼東半島前端地區）及南洋群島都算是「國內」，因此到這些地方旅行都算是「國內旅行」。所以藉由本書的內容，也能夠想像出約八十年前，由臺灣人以臺灣作為起訖點，在整個廣大的東亞地區的觀光旅行。

我特別希望臺灣讀者們注意到的一點，是在當時廣大東亞地區的大日本帝國勢力圈內，並非僅有以日本列島為核心的中央集權式交通設施。除了連結日本列島之外，外地各地區之間也設有相互往來的定期航班，且曾發行各種方便實惠的聯絡車票。例如：當時可以買到臺灣總督府交通局鐵路和南滿洲鐵路之間的直通車票，這意味著當時在臺灣與滿洲之間，相互往來的旅客需求並不低。

這些載客航線及直通車票的資訊，都記載在當時的日語旅遊導覽手冊上，但由於與日本列島的關聯性較低，因此在日本很難找到關於當時實際搭乘狀況的史料，及旅客經驗談等紀錄。同理，當時雖有許多連結中國大陸的航線，但以日語寫成的相關搭乘紀錄並不多。我衷心期盼這次發行的繁體中文版能發揮拋磚引玉的效果，讓我有機會獲得過去無從得知的中文第一手史料，以及研究文獻，或是有機會聆聽高齡人士述說當年旅行回憶的寶貴經驗談。

除此之外，關於日本統治時期的臺灣交通運輸狀況及載客服務，相信也有很多內容能夠引起現代臺灣讀者的興趣。例如：很多人應該都知道，如今在臺灣各地車站所販賣的「便當」，乃是源自於日語中的「弁当」一詞。那麼在日本統治時期由日本本土造訪臺灣的日本人，對於臺灣鐵路旅行的飲食文化有何評論與感想？針對這一點，本書也藉由當時的日本旅行雜誌及旅遊導覽手冊內容進行了剖析。此外，在這一類以日語寫成的古老史料紀錄中，包含很多珍貴的臺灣本地照片，本書盡量在不違反日本著作權法的前提下大量囊括收錄。當時的臺灣是個什麼樣的地方？有著什麼樣的列車？能夠進行什麼樣的觀光旅行？在閱讀本書的過程中，除了想像這些情境之外，也可以深入思考這些往事以什麼樣的形式，在現代的臺灣鐵路旅行中傳承了下來。

比較臺灣與其它地區的差異，也是閱讀本書所能獲得的知識及觀點之一。當時除了屬於「日本國內」的朝鮮半島等海外領土之外，日本還在中國大陸上擁有南滿洲鐵路、上海共同租界等各種特殊權利，這些地區統稱為「外地」。但同為「外地」，各地區的鐵路及其它交通運輸相關現象卻是截然不同。有些交通設施是以地方性運輸為主要存在意義，有些則是往來中國大陸的國際聯繫運輸交通系統的一環，各交通設施的背景都有著地政學上的性質差異。將日本統治時期的臺灣鐵路相關現象，與同時期的朝鮮、樺太等地進行分析比較，有助於更加多元且客觀地理解臺灣鐵路的發展史。

聽說近年來臺灣人對鐵路旅行的興致越來越高昂，在日本也經常能見到搭乘列車旅行的臺灣觀光客。我希望藉由本書讓臺灣的讀者們知道，其實我們的祖父母或更早一輩的前人們，也曾經像這樣享受過鐵路旅行的樂趣。

令和二（二〇二〇）年六月

關於「外地」的基礎知識

本書提及的大日本帝國海外領土

要了解大日本帝國時代的「外地」（海外領土）鐵路情況，就得先對「外地」有一些基本概念。自從日本在二戰中挫敗至今，已經過了七十年以上歲月，親身經歷過「外地」風情的人正逐年減少，年輕一輩也很少有機會在學校或其它地方學到關於「外地」的詳情。

事實上即便是在二戰前，「外地」也不是一個具有嚴謹法律定義的詞彙。一般而言，「外地」指的是受日本統治的日本列島以外所有地區。雖然統稱為「外地」，但依然被視為日本的「國內」領土的一部分。有些時候，「外地」也包含了在名義上屬於獨立國家的滿洲國，以及日本仿效歐美列強在中國設立的租界（日本人擁有治外法權的居留地）。

有些遊記文章或海外旅行手冊，會把這些地區統稱為「曾經受日本佔領的土地」。但嚴格來說，「佔領」的定義是以軍隊佔據他國領土，而日本對「外地」卻是符合當時國際條約的正當統治，兩者的概念有著若干差異。

香港在受英國統治期間，英語跟華語同時都是公用語（一九七四年以前，甚至只使用英語）。同樣的道理，在二戰前受日本統治或受日本直接影響的「外地」，日語想當然耳是通用的「國語」。當然除了日語以外，各地還會有一些廣泛使用的傳統語言，同樣被視為公用語或擁有接近公用語的地位。但至少在鐵路、郵政、電報這些公共服務上，就算是再怎麼窮鄉僻壤的地方，必定使用日語作為共通語言。此外，在南洋群島以外的「外地」，漢字還成為不同母語使用者之間的溝通文字，這可說是漢字文化圈的一大特徵。

但另一方面，「外地」居民必須服從當地的特殊法令與政策，與「內地」居民並不完全相同。例如：臺灣及朝鮮雖然都是日本領土，但其居民不分民族（不論是日本人、臺灣人還是朝鮮人），都不具帝國議會的選舉投票資格（但可成為參選人）。此外，像關東州、南洋群島這些雖然不算日本領土，但基於租借或託管而受日本統治的地區，甚至並不適用連臺灣、朝鮮也採用的《大日本帝國憲法》，以及日本本土的各種法律。其當地法律及行政規定皆是根據敕令所實施。

除了這類「屬地主義」的差異之外，還基於日本人及「外地人」的語言及習慣差異，而存在著一些「屬人主義」政策。也就是不強求與日本人一視同仁，依各民族實際狀況而有所不同。例如：在「外地」的義務教育課程，會根據不同的民族而設置不同的學校。又如臺灣人及朝鮮人並不適用日本的《戶籍法》，而是有其獨自的臺灣戶籍及朝鮮戶籍。在進入二戰末期之前，「外地人」甚至沒有當兵的義務（但有志願從軍制度）。這也是因為《兵役法》中規定實施對象為

「《戶籍法》適用者」，也就是僅限日本人。

由此可知雖然都是日本領土，「外地」跟「內地」卻有著種種差異，而且每處「外地」的狀況又不相同。以下將針對本書所提及的各「外地」稍作說明。

臺灣：近代日本所獲得的第一塊海外領土

明治二十八年（一八九五年），日本在甲午戰爭中獲勝，與清朝締結《馬關條約》，清朝割讓臺灣。這可說是日本作為一個近代國家首次面臨「外地」（日本列島以外的領土）該如何統治的難題。

清朝根據《馬關條約》將臺灣全島、澎湖群島及附屬島嶼永久割讓給日本之後，日本給了臺灣居民兩年的緩衝時間，決定要當清朝人還是日本人。沒有在這段期間內離開臺灣的居民，便適用當時的《國籍法》，成為日本國民。

日本在臺灣設置了臺灣總督府，負責統治臺灣全島及澎湖群島。臺灣受日本統治的時間長達五十年，在所有「外地」之中最長。根據當時臺灣總督官房調查課所實施的調查，在昭和九年（一九三四年）年底時，臺灣總人口約五百二十萬人，其中本島人（漢族人）佔了九成，約四百六十八萬人，其次是內地人（日本人），約二十六萬人。除此之外，當時統稱為「高砂族」的原住民族約二十一萬人，外國人約五萬人，朝鮮人約一千三百人。漢族人之中，約三百九十四萬人來自於大陸的福建地區，約七十三萬人來自於廣東地區。原住民族則被區分為七大族，分別為泰雅族、布農族、鄒族、賽夏族、排灣族、阿美族、雅美族。

值得一提的是，「高砂族」這個稱呼獲得臺灣總督府正式承認，是在昭和十年（一九三五年）之後的事，在那之前臺灣原住民族被日本人稱為「生蕃」。當時這些原住民族大部分都住在山區，生活環境可說是與住在平地的內地人及本島人完全隔絕。

● 圖① 昭和十九年（一九四四年）發行的《最新大東亞鐵道案內圖（共榮圈之部）》。內容為涵蓋朝鮮、滿洲、中國大陸及東南亞各地的鐵路路線圖。

●圖②　本書所稱大日本帝國的全域圖（昭和二十年〔一九四五年〕八月十五日為準）。

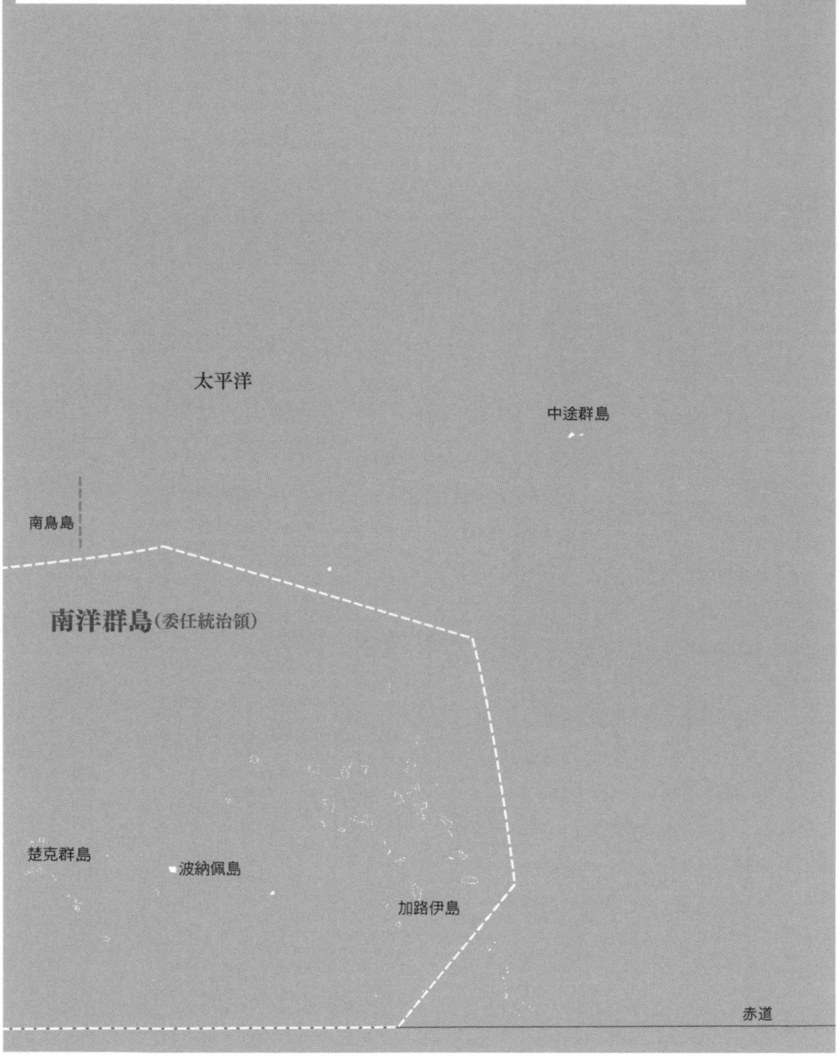

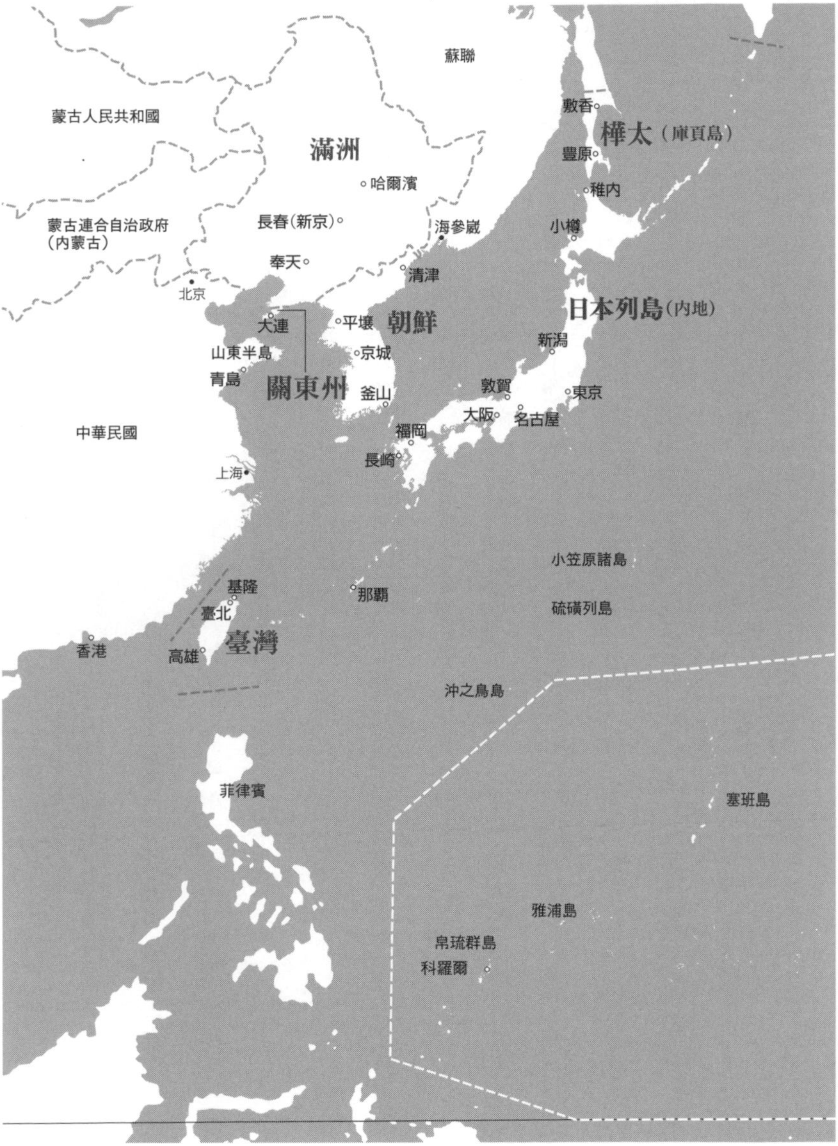
蘇聯
蒙古人民共和國
滿洲
哈爾濱
長春(新京)
蒙古連合自治政府
(內蒙古)
海參崴
奉天
清津
北京
敷香
樺太(庫頁島)
豐原
稚內
小樽
日本列島(內地)
大連
平壤
朝鮮
山東半島
京城
青島
關東州
釜山
新潟
敦賀
東京
大阪
名古屋
福岡
中華民國
長崎
上海
小笠原諸島
基隆
那覇
臺北
硫磺列島
香港
高雄
臺灣
沖之鳥島
菲律賓
塞班島
雅浦島
帛琉群島
科羅爾

朝鮮：唯一全部領土成為日本外地的獨立國家

明治四十三年（一九一〇年），大韓帝國基於《日韓合併條約》而成為日本領土。但合併後「韓國」這個稱呼雖然消失，卻是另以「朝鮮」這個「國號」取代，而非完全併入日本。因此朝鮮一方面與日本是同一國家，另一方面卻又有著與內地不同的「準國家」性質。值得一提的是朝鮮受日本統治時期的英文名稱是「Chosen」而非「Korea」。

日本在朝鮮設置朝鮮總督府，作為統治朝鮮全土的機構。直到昭和二十年（一九四五年）日本戰敗為止，朝鮮有三十五年的時間受到日本統治。根據昭和十年實施的戶口調查，朝鮮總人口約二千二百萬人，其中內地人約五十八萬人，朝鮮人約二千一百萬人。

但這些在日韓合併之前就在朝鮮半島擁有戶籍的朝鮮人，並沒有變成跟日本本地人完全相同的「日本國民」。當時在日本本地實施的《國籍法》並不適用於朝鮮，因此朝鮮人長期處於「不具法定日本國籍身分的日本國民」的尷尬立場。當然朝鮮人也算日本國民，所以在外國居住或旅行的朝鮮人也是日本駐外使館的保護對象，但另一方面，由於朝鮮人並不具備法定國籍，因此也不可能「歸化他國而放棄日本國籍」。因為這個緣故，身為日本國民的朝鮮人若取得他國國籍，就會因擁有兩國國籍而陷入了《國籍法》所禁止的「雙重國籍」困境。

日本取得「外地」的方法，絕大部分是「獲得他國部分領土的統治權」，而朝鮮是原本就存在的獨立國家整個變成日本領地的唯一例子。此外還有一點，日本的「外地」絕大部分是基於在戰爭中獲勝而得到的賠償，朝鮮是唯一一個日本依據非戰爭期間的條約，而取得統治權的「外地」。因為這樣的背景因素，導致朝鮮不管是在國籍問題上，還是在合併後的法律制度問題上，都與「內地」及其它「外地」無法一視同仁。

關東州：與滿洲國並非同一個國家

明治三十八年（一九〇五年），日本在日俄戰爭中獲勝，依據《樸茨茅斯條約》（Treaty of Portsmouth）自俄羅斯帝國（Russian Empire）手中取得遼東半島前端地區的租借權。這塊土地突出於黃海，位於朝鮮半島的西側，日本政府將其命名為關東州。「關東」的意思是萬里長城東側尾端，山海關以東的土地，相當於現在的中國東北部地區。

所謂的租借權，簡單來說就是租借那塊土地的權利。名義上的主權依然歸屬於借出國，但實質的施政權卻屬於借入國。由於日本並不擁有關東州的主權，因此當時關東州的英文名稱是「The leased Territory of Kwantung」或「Kwantung Province」，值得注意的是「關東」的拼音並非根據日文發音的「Kanto」。

事實上在甲午戰爭後的《馬關條約》中，清朝一度曾將遼東半島永久割讓給日本。但後來發生俄、德、法三國干涉還遼，導致日本被迫將遼東半島還給清朝。十年之後，日本又在日俄戰爭中獲勝，日本於是在清朝的同意下，取得了原本由俄國擁有的遼東半島租借權。後來中國發生辛亥革命，清朝遭推翻，日本藉機又與中華民國改訂條約，將租借期限延長至一九九七年（與英國歸還香港的時間相同只是偶然）。在滿洲國誕生之後，借出國又從中華民國變成了滿洲國。

剛開始的時候，日本在關東州設置關東總督府，實行軍政統治。後來改組為關東都督府，轉變為民政統治（後來又陸續改組為關東廳、關東局）。直到昭和二十年（一九四五年）日本戰敗為止，日本在關東州的統治時間長達四十年。在這段期間裡，日本仿效俄國，將關東州設定為關稅自由地區，因此大連成為聯繫滿洲（現在的中國東北部）及華北地區的重要貿易港。根據昭和十五年（一九四〇年）實施的國勢調查，關東州的總人口約一百三十六萬人，其中日本人約二十萬五千人（在這些日本人之中，內地人約十九萬九千人，另外有約六千人的朝鮮人），而滿洲人（滿族與漢族）約一百一十八萬人。

滿洲：深受日本影響的短命國家

日本在日俄戰爭中獲勝之後，同時也獲得了俄國所修築的東清鐵路（參閱二三四頁以下內容）南滿洲支線（長春到旅順、大連）的掌控權。但當時該鐵路行經地區（滿洲）的主權依然是由清朝所擁有。清朝是由滿族所建立的王朝，滿洲是清朝的發祥地，清朝非常重視這個地區。如今的遼寧省、吉林省及黑龍江省的區域，在當時被稱作「東三省」，對清朝而言甚至比長城以南的中國本土更加重要。

但清朝在辛亥革命中遭到推翻，誕生於一九一二年的中華民國政府並沒有足夠的實力控制整個中國領土，導致中國長期陷入軍閥割據的局面。在這段期間，滿洲地區的實質統治者是以奉天（現在的瀋陽）為據點的軍閥張作霖。後來張作霖的兒子張學良在繼承了父親地位後，於一九二八年歸順了由蔣介石所領導的國民政府，但即使如此，滿洲地區依然長期處於半獨立狀態。

昭和六年（一九三一年），奉天郊外的南滿洲鐵路（滿鐵）遭人炸毀（柳條湖事件），駐紮於滿洲的日本關東軍趁機佔領整個滿洲地區，此即後人所稱的瀋陽事變（或稱九一八事變，日本稱為滿洲事變）。其後滿洲於昭和七年（一九三二年）從中華民國獨立，成為滿洲國。

滿洲國成立後，許多日本人及朝鮮人從日本本地及朝鮮移居至滿洲。根據滿洲國於一九四〇年（昭和十五年）所實施的國勢調查，當時滿洲國的總人口約四千三百萬人，其中滿洲人（滿族及漢族）佔三千九百萬人，日本人（包含日本本地人、朝鮮人及臺灣人）佔二百一十萬人。不過由於滿洲國的公務員多錄用日本的本地人，而且沒有屬於自己的《國籍法》，因此滿洲國民與日本國民難以有明確的區別。由此可知滿洲國的建國背景深受日本影響，並不算是一個完全獨立的國家。

到了昭和二十年（一九四五年），日本在二戰中戰敗，滿洲國也隨之消滅。

滿鐵附屬地：由國策公司所統治的治外法權地區[1]

依據《樸茨茅斯條約》的內容，日本除了從俄國手中取得東清鐵路南滿洲支線的租借權之外，也同時獲得了名為「鐵路附屬地」的特別權利。原本這只是對於修築、經營及維護鐵路所需要使用的土地（附屬地）擁有管理權的意思，但俄國加以擴大解釋，在這些附屬地上竟也行使起行政權及警察權。而這些權利全由日本繼承，於是便產生了所謂的南滿洲鐵路公司鐵路附屬地，簡稱「滿鐵附屬地」。

附屬地內的行政權由滿鐵公司負責行使，內容涵蓋土木、衛生及教育事業。除了軍事用地以外的土地，全由滿鐵負責管理，滿鐵於是在空無一物的荒原上，推動都市建設計畫。不僅是街道、淨水及污水下水道等，甚至連學校、醫院之類的設施也蓋了不少。這些建設經費都來自於滿

1 譯注：國策公司指的是為了追求國家利益而基於特別法所設立的特殊公司。

鐵向居民徵收的公費，由此可知滿鐵還握有實質上的徵稅權。但警察權歸屬於大連的關東州廳，而司法權則歸屬於日本的領事法院。

然而由於條約內並沒有明訂附屬地的範圍，因此只要是滿鐵基於「營運鐵路事業」的需求，而向地主收購或租借的土地，都會變成附屬地。到後來滿鐵沿線上的大部分主要都市，都成了滿鐵附屬地，這也意味著滿洲大部分的都市居民，都不再受中國的徵稅權及警察權所管轄。根據昭和十年（一九三五年）所作的國勢調查，滿鐵附屬地的總人口約五十二萬，其中「內地人」約佔十九萬人，朝鮮人約佔三萬人，滿洲國人（包含滿族、漢族、蒙古族等）約佔三十萬人。

在大正四年（一九一五年）的《對華二十一條要求》中，中華民國答允將滿鐵附屬地的租借期限延長九十九年。但是到了昭和七年（一九三二年），滿洲國成立，其領土內倘若存在滿洲國政府不能行使徵稅權及警察權的治外法權地區，對於掌控滿洲國主導權的日本而言，反而不是一件好事。因此到了昭和十二年（一九三七年），日本宣布廢除滿鐵附屬地，歸還給滿洲國。

樺太：最後被納入內地的北方開拓地

日俄戰爭結束後，日本獲得了樺太（庫頁島）的北緯五十度線以南土地。這是當時俄國賠償給日本的土地之中，唯一「原本就屬於俄國」的土地（其它如關東州、滿鐵附屬地皆只是俄國向中國取得的租借地）。

打從日本的江戶時代末期開始，日本與俄國便因為庫頁島的統治權問題而時有摩擦。安政元年（一八五五年）的《日俄和親條約》中，雙方約定讓這塊土地依循傳統，成為兩國國民皆可居住的土地。到了明治八年（一八七五年）的《樺太、千島交換條約》，庫頁島全島皆成為俄國的領土。但是到了明治三十八年（一九〇五年）的《樸茨茅斯條約》，俄國又將庫頁島北緯五十度線以南土地，永久割讓給日本。自此之後，一直到第二次世界大戰結束，日本人若提起「樺太」，指的便是這塊庫頁島南方的土地。日本統治這塊土地長達四十年的時間，兩國在這裡的國界也是日本領土中唯一一條「並不以海洋或河川為基準」的陸地國界。

根據昭和十年（一九三五年）的國勢調查，樺太（庫頁島南方地區）的總人口約三十三萬人，其中絕大部分為內地人（超過三十二萬），其他為朝鮮人八千八百五十九人、外國人四百五十九人、原住民族（愛奴、尼夫赫〔Nivkh〕、鄂羅克〔Orok〕、烏爾奇〔Ulch〕、鄂溫克〔Evenks〕、雅庫特〔Yakut〕等共六族）一千八百八十六人。在大正九年（一九二〇年）的國勢調查中，樺太的總人口數只有十萬人，也就是在短短十五年內增加為三倍。由此可見，有非常多日本內地人為了開拓而移居樺太。值得一提的是樺太地區適用《國籍法》，即使是少數民族也擁有日本國籍。

雖然樺太屬於「外地」，居民卻絕大多數為「內地人」。管轄樺太地區的行政官廳為樺太廳（初期為樺太民政署），許多「內地」法令都直接適用於樺太，讓樺太的地位幾乎等同於「內地」，與其它「外地」頗有不同。到了昭和十八年（一九四三年），日本更在法律制度上將樺太完全納入「內地」，成為與其它四十七都道府縣擁有同等地位的地方行政區。

南洋群島：國聯委任託管的地區

在第一次世界大戰中，日本基於日英同盟的立場而向德意志帝國（German Empire）宣戰，發兵佔領了西太平洋赤道以北的德屬新幾內亞群島（German New Guinea）。到了大正八年（一九一九年），德國投降並簽訂《凡爾賽條約》，此後國際聯盟便將這些地區交由日本託管。

日本於是在帛琉的科羅爾島（Koror）設置南洋廳，對這些南洋群島進行統治，直到第二次世界大戰結束，期間長達約二十五年。當時日本人習慣將日本負責統治的南洋群島稱為「內南洋」，而將其外圍的東南亞，以及赤道以南的大洋洲地區稱為「外南洋」。由於這些地區只是受國聯委任託管，而非真正的日本領土，因此日本並沒有賦予當地居民日本國籍。南洋廳除了必須遵守日本的法令之外，還必須服從國際聯盟所制訂的託管條例。當時南洋群島對外的英文稱呼為「The South Sea Islands under Japanese Mandate」，其中「Mandate」即為「託管」之意。

到了昭和八年（一九三三年），日本宣布退出國際聯盟（正式退出為昭和十年）。但即使退出了國聯，日本畢竟還是當初《凡爾賽條約》的批准國，因此日本主張依然保有對南洋群島的託管權，而國際聯盟也同意了。

根據昭和十年（一九三五年）所實施的島勢調查，南洋群島內的總人口約十萬二千五百人，其中日本人（包含臺灣人及朝鮮人）約五萬二千人，原本的島民約五萬零六百人，差不多各佔一半。但在十五年前（大正九年）實施的島勢調查中，南洋群島的總人口僅五萬二千人，其中日本人僅三千六百七十一人，由此可知移居南洋群島的日本人在短時間之內增加了不少。

在第二次世界大戰結束七年後的《舊金山和約》（Treaty of San Francisco）上，日本正式宣布放棄在「外地」的一切權利。朝鮮地區分裂為南北韓，關東州及滿洲成為中華人民共和國的領土，臺灣由中華民國進行實質統治，樺太則由蘇聯（Soviet Union）及後來取代蘇聯地位的俄羅斯所掌控。南洋群島則改由美國進行託管，於一九八〇年代獨立出了密克羅尼西亞聯邦（Federated States of Micronesia）、馬紹爾群島（Marshall Islands）、帛琉等國家，但包含塞班島在內的北馬里亞納群島（Northern Mariana Islands）如今依然是美國的自治邦。

另外，日本在中國的天津、重慶等都市所擁有的日本租界，也在第二次世界大戰期間的昭和十八年（一九四三年），歸還了由汪兆銘所統率的南京國民政府。

CH 1

臺灣的鐵路旅行

停於臺北車站的快速列車（摘自昭和五年版〔一九三〇年〕的《臺灣鐵道旅行導覽》。資料提供：片倉佳史）。

臺灣 01

臺灣的鐵路概況

原本的主要用途為產業鐵路

臺灣的第一條鐵路，是清朝統治時期的一八九一年（明治二十四年）開通的基隆到臺北（總長二十八・六公里）路段。這是當時清朝的第一條官營鐵路（包含中國大陸地區在內）。軌道寬度為一〇六七公釐，與日本的「內地」規格相同。兩年後，又開通了臺北到新竹路段。

日本在甲午戰爭中獲勝，基於《馬關條約》而接收臺灣之後，這些鐵路當然也歸日本所有。到了明治二十八年（一八九五年），日本陸軍重新修繕這條基隆到新竹的鐵路，正式開始了日本在臺灣的鐵路運輸事業。剛開始的時候，由於設備太過簡陋，沒有辦法行駛大型蒸汽機關車。而且有多處軌道在清軍撤退及日軍登陸的過程中遭到破壞，因此修繕的工程「幾乎跟重新蓋一條鐵路沒兩樣」（片倉佳史，《臺灣鐵道與日本人・刻劃在線路上的日本軌跡》〔台湾鉄路と日本人・線路に刻まれた日本の軌跡〕交通新聞社新書，二〇一〇年）。

明治三十二年（一八九九年）公布臺灣總督府鐵路官制，官營鐵路的營運事業改由臺灣總督府負責管理。在此同時，鐵路的用途也逐漸由軍事用途，轉變為一般載客及輸送貨物。臺灣總督

● 圖1-1-1　日本統治時期的臺灣鐵路路線圖。

府為了提升向臺灣南部輸送物資的能力，開始計畫興建南北縱貫鐵路。

當時的日本鐵路技師缺乏在亞熱帶及熱帶地區修築鐵路的經驗。臺灣中部多險峻山巒及溪谷，往往必須架設鐵橋及挖鑿隧道，南部更有瘧疾等傳染病肆虐的問題，再加上隨時可能遭抗日人士攻擊的風險，因此工人長期嚴重不足。到了明治三十七年（一九〇四年），爆發日俄戰爭，資源皆以供應戰爭所需為優先，更是讓工程困難度雪上加霜。直到明治四十一年（一九〇八年），基隆到打狗（現在的高雄）的縱貫線（四〇八・五公里）才全部竣工。自此之後，臺灣西部的南北往來變得容易許多，人口及物資的流動也變得相當熱絡。

這條連接南北的縱貫鐵路原本只有通過臺中的一條線路（即所謂的「山線」），但由於途中行經崎嶇山路，形成運輸上的困難，再加上輸送量愈來愈大，需要另一條線路來分散流量。因此大正十一年（一九二二年）又開通了竹南到彰化之間沿著海岸線前進的新路線（即所謂的「海線」）。自此之後，快速列車每天拖著頭等車廂及用餐車廂（夜間還包含臥鋪車廂），往來於基隆與高雄之間，路線分成了海線及山線兩種。到了昭和十年（一九三五年），臺灣也引進了「內地」所採用的最新C55型蒸汽車頭，加快了快速列車的速度。臺灣官營鐵路的最大特徵，就是車軌寬度與日本本地的省道鐵路相同，因此日本本地的列車能夠直接搬到臺灣使用。

後來在臺灣西部這條貫穿南北的大動脈上，出現了愈來愈多支線鐵路。大部分的支線鐵路都

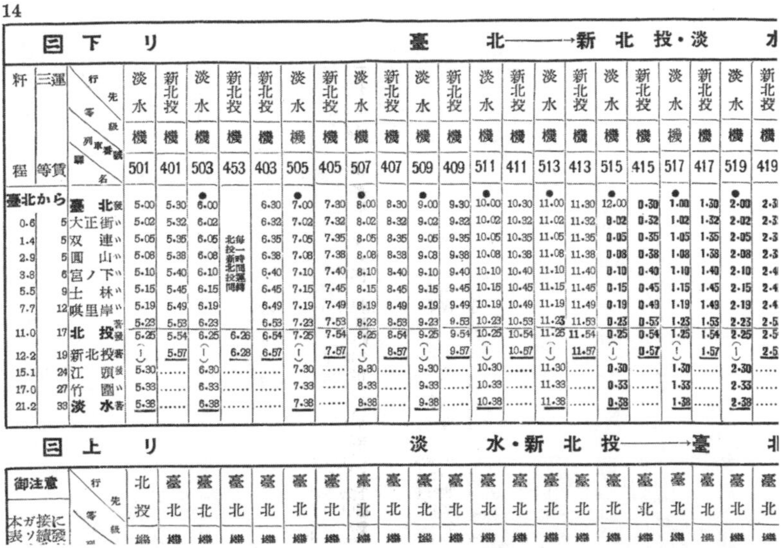
14

三 下リ　臺北——→新北投・淡水

粁程	運賃三等	驛名 行先 / 等級 / 列車番號	淡水	新北投	淡水	新北投	新北投	淡水	新北投	淡水
		等級	機	機	機	機	機	機	機	機
		列車番號	501	401	503	453	403	505	405	507
臺北から		臺北 發	5.00	5.30	●6.00	北投新北投間每一時間運轉	6.30	●7.00	7.30	●8.00
0.6	5	大正街 〃	5.02	5.32	6.02		6.32	7.02	7.32	8.02
1.4	5	双連 〃	5.05	5.35	6.05		6.35	7.05	7.35	8.05
2.9	5	圓山 〃	5.08	5.38	6.08		6.38	7.08	7.38	8.08
3.8	6	宮ノ下 〃	5.10	5.40	6.10		6.40	7.10	7.40	8.10
5.5	9	士林 〃	5.15	5.45	6.15		6.45	7.15	7.45	8.15
7.7	12	唭里岸 〃	5.19	5.49	6.19		6.49	7.19	7.49	8.19
11.0	17	北投 着	5.23	5.53	6.23		6.53	7.23	7.53	8.23
		北投 發	5.25	5.54	6.25	6.26	6.54	7.25	7.54	8.25
12.2	19	新北投 着	↓	5.57	↓	6.28	6.57	↓	7.57	↓
15.1	24	江頭 發	5.30	……	6.30	……	……	7.30	……	8.30
17.0	27	竹圍 〃	5.33	……	6.33	……	……	7.33	……	8.33
21.2	33	淡水 着	5.38	……	6.38	……	……	7.38	……	8.38

驛名 行先	新北投	淡水	新北投	淡水	新北投	淡水	新北投	淡水	新北投	淡水	新北投	淡水	新北投
等級	機	機	機	機	機	機	機	機	機	機	機	機	機
列車番號	407	509	409	511	411	513	413	515	415	517	417	519	419
臺北 發	8.30	●9.00	9.30	●10.00	10.30	●11.00	11.30	●12.00	0.30	●1.00	1.30	●2.00	2.3
大正街 〃	8.32	9.02	9.32	10.02	10.32	11.02	11.32	0.02	0.32	1.02	1.32	2.02	2.3
双連 〃	8.35	9.05	9.35	10.05	10.35	11.05	11.35	0.05	0.35	1.05	1.35	2.05	2.3
圓山 〃	8.38	9.08	9.38	10.08	10.38	11.08	11.38	0.08	0.38	1.08	1.38	2.08	2.3
宮ノ下 〃	8.40	9.10	9.40	10.10	10.40	11.10	11.40	0.10	0.40	1.10	1.40	2.10	2.4
士林 〃	8.45	9.15	9.45	10.15	10.45	11.15	11.45	0.15	0.45	1.15	1.45	2.15	2.4
唭里岸 〃	8.49	9.19	9.49	10.19	10.49	11.19	11.49	0.19	0.49	1.19	1.49	2.19	2.4
北投 着	8.53	9.23	9.53	10.23	10.53	11.23	11.53	0.23	0.53	1.23	1.53	2.23	2.5
北投 發	8.54	9.25	9.54	10.25	10.54	11.25	11.54	0.25	0.54	1.25	1.54	2.25	2.5
新北投 着	8.57	↓	9.57	↓	10.57	↓	11.57	↓	0.57	↓	1.57	↓	2.5
江頭 發	……	9.30	……	10.30	……	11.30	……	0.30	……	1.30	……	2.30	……
竹圍 〃	……	9.33	……	10.33	……	11.33	……	0.33	……	1.33	……	2.33	……
淡水 着	……	9.38	……	10.38	……	11.38	……	0.38	……	1.38	……	2.38	……

三 上リ　淡水・新北投——→臺北

御注意	行先	北投	臺北	臺北	臺北	臺北	臺北	臺北	臺北	臺北	臺北	臺北	臺北	臺北	臺北	臺北	臺北	臺北	臺北	臺北	臺北	臺北
本ガ接に 表ノ續發	等級	機	機	機	機	機	機	機	機	機	機	機	機	機	機	機	機	機	機	機	機	機

● 圖1-1-2　昭和十一年（一九三六年）的淡水線時刻表（摘自當時的《列車時刻表》）。「機」指的是汽油機動車，每隔三十分鐘就從臺北開出一班。

是以煤礦開採、農產品及木材的運輸等產業開發為目的。其中有些是官營鐵路，有些則是民營鐵路。但概觀整個日本統治時期，臺灣的鐵路一直有個特點，那就是載貨收益遠大於載客收益。因此臺灣的鐵路被認為是「以載貨為重點的鐵路」（高橋泰隆，《日本殖民地鐵道史論》〔日本植民地鉄道史論〕日本經濟評論社，一九九五年）。

不過在眾多的支線鐵路當中，還是有些路線對載運遊客前往觀光景點，有著相當大的貢獻。世界知名的阿里山鐵路（現在的名稱為「阿里山森林鐵路」）正是最具代表性的例子。此外，在大正五年（一九一六年）開通的北投到新北投支線（以臺北為起點的淡水線的一部分），也因為通往有「臺灣箱根」之稱的北投溫泉，而相當受到觀光客青睞。根據昭和十一年（一九三六年）二月，由臺灣總督府交通局鐵道部所發行的《列車時刻表》，淡水線每天從早上五點到晚上十一點，每隔三十分鐘就會有一班列車從臺北出發，開往淡水或新北投，而且所有的列車皆使用汽油機動車。在當時的臺灣官營鐵路中，唯有這條淡水線實施了不須長時間等待就可以立即搭乘的「密集班次制度」。在民營鐵路方面，則有行經臺北郊區的臺北鐵路，以及行經中部的臺中輕便鐵路，各在長約十公里的鐵路區間投入大量汽油機動車，實施著高機動性的近距離載客服務。

相較之下，臺灣東部的鐵路發展比西部要慢上許多。在這片廣大的地區裡，居民大多是原住民族，不僅聚落相當分散、沒有基礎產業，而且更麻煩的是有一些部落長期反抗日本統治。導致整個東海岸地區不僅交通不便，資源搬運困難，而且有時鐵路修築現場還會遭受原住民族攻擊。

經過多年的奮鬥之後，臺東線的花蓮港到臺東路段（一七〇・七公里）才終於在大正十五年（一九二六年）完全通車。這條線路有一些路段是收購了臺東拓殖製糖公司（臺東拓殖製糖株式会社，於大正八年〔一九一九年〕在臺東附近創設）所鋪設的鐵路。由於臺東線不僅沿線人口稀疏、產業基礎規模太小，而且與西部線路沒有連接，當時被認為是一條高成本而低利潤的鐵路。雖然沿線上的鐵橋及隧道都為了因應未來的改軌工程，而採用與西部相同的軌道寬度（一〇六七公釐），但實際鋪設的卻是寬度僅七六二公釐的輕軌鐵路。必須等到第二次世界大戰後的一九八二年，國民黨政權才真正完成臺東線的改軌工程。

當時臺灣各地都有像臺東線這樣的輕軌鐵路，多為製糖鐵路或森林鐵路，但有一些也提供載客服務或搭便車服務（並非真正的載客服務，而是在載貨的同時讓旅客搭便車，所以旅客必須自行承擔班次誤點，以及安全方面的風險）。

所謂的製糖鐵路，簡單來說就是專門運送甘蔗的鐵路。在第二次世界大戰爆發前，日本靠著臺灣興盛的製糖產業，不僅砂糖自給自足，還成為全世界屈指可數的砂糖輸出大國。當時製糖鐵路主要遍布在臺灣南部，不斷增加，成為支撐製糖產業的重要基礎建設。第一條製糖鐵路誕生於明治四十年（一九〇七年），由臺灣製糖公司建於橋仔頭（後更名橋子頭，現稱橋頭）糖業所。到了明治四十二年（一九〇九年），鹽水港製糖公司建新營到鹽水港（現稱鹽水）的製糖鐵路（八・四公里），並首次提供旅客搭便車服務。其後臺灣各地紛紛跟著興建製糖鐵路，形式上大多為官營縱貫線鐵路的支線路段。到了昭和十一年（一九三六年），臺灣全島鐵路合計總長約二千四百公里，其中載客路線將近五百公里。

森林鐵路原本也是為了運輸臺灣的豐富森林資源，而建造的重要產業鐵路。臺灣的山區由於溪河流速過於湍急，水運利用不便，又沒有能夠搬運木材的平整道路，因此鐵路是唯一的木材搬運手段，對沿線居民而言更是生活上重要的交通工具。臺灣的阿里山、八仙山及太平山合稱「三大林場」，修築於這些山上的森林鐵路，全是由臺灣總督府殖產局營林所負責營運。這點與全島普遍存在的民營製糖鐵路在性質上頗有不同（這些森林鐵路後於昭和十七年〔一九四二年〕改由具國策公司性質的臺灣拓殖公司接管）。

最後當然也不能遺漏了臺灣最獨特的鐵路形式「臺車」。所謂的臺車，指的是以人力推動的方式運行在簡易軌道上的車輛，又稱「手押臺車」或「臺車軌道」。早在清朝統治時期，臺車就是運送物資的交通工具，後來出現沒有取得正式載客許可，卻讓旅客搭便車的情況，到了大正時期（一九一二年至一九二六年）之後，更大量出現這種客貨兼載的軌道。在全盛時期的昭和初期，臺灣全島的臺車軌道總長超過一千三百公里以上，尤其是在通行不便的山區地帶，臺車是相當重要的交通工具。若是在平地，一般時速約十公里，有些軌道寬度跟製糖鐵路一樣是七六二公釐，有些則更為狹窄、簡陋。關於臺車的實際狀況及具體的運作、乘車方式請參閱本書七十九頁、九十頁。

日本統治時期的臺灣觀光發展

充滿南洋風情的溫泉及綠意盎然的環境是最大魅力

由鐵道省（後來的日本國鐵，即現在的JR集團的前身）所編纂的《鐵路時刻表》（汽車時間表）在昭和九年（一九三四年）十二月號的書末，刊登了一則名為〈到臺灣〉的觀光廣告。這則廣告是由臺灣總督府交通局鐵道部所製作，其中列出的臺灣名勝包含新高山、阿里山、角板山、鵝鑾鼻海角、太魯閣峽谷及日月潭，溫泉景點則有北投、草山、關仔嶺、烏來、礁溪及四重溪。到了昭和十五年（一九四〇年）十月的廣告，則以這麼一首抒情詩鼓勵日本人到臺灣旅遊（圖1-2-1）。

新高之峰
聳於晴朗天空
椰子樹梢
閃爍耀眼陽光

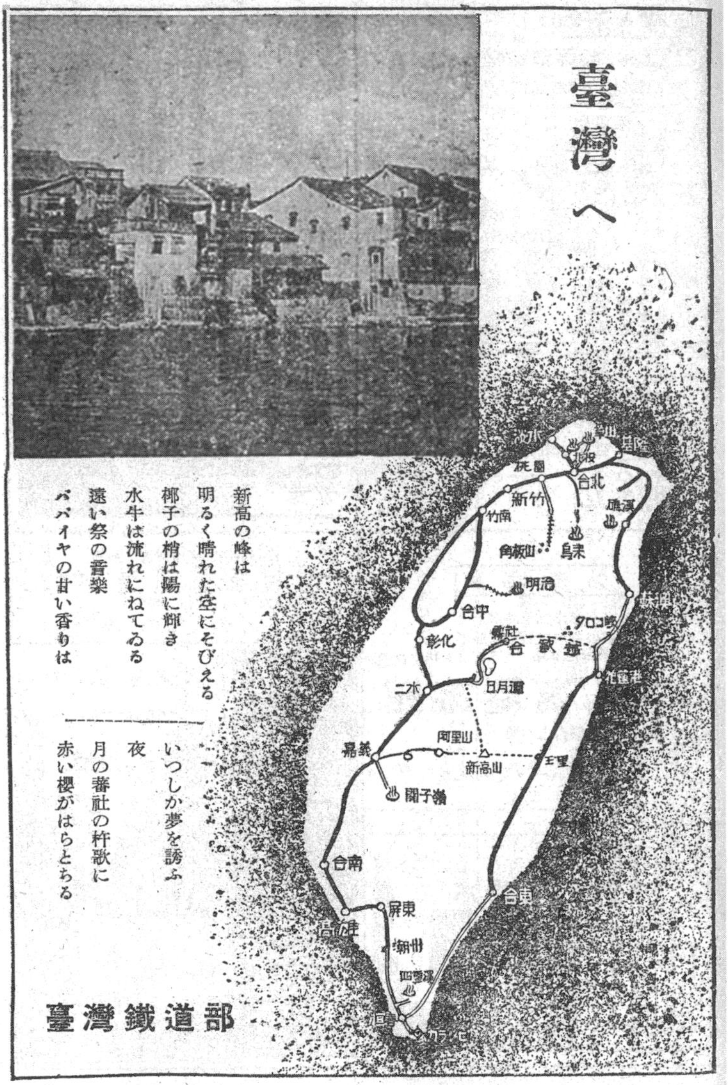

●圖1-2-1　由臺灣總督府交通局鐵道部所製作的廣告（《鐵路時刻表》昭和十五年〔一九四〇年〕十月號）。

水牛在溪邊小憩
遠方傳來祭典音樂
木瓜的甜香
誘人入夢
夜晚
月下蕃社杵歌
紅櫻翻飛飄落

由這些廣告可以看出，臺灣的主要觀光資源為新高山（即現在的玉山，在當時是日本最高山脈）、日月潭等山巒地帶的自然名勝，以及各地所開發出的溫泉。一年之中並沒有觀光客特別集中的旅遊旺季，但如果要品嚐各式各樣的南洋水果（依規定不得帶回「日本本地」），最好選擇夏天；而如果想要避暑，當然該選擇冬天。尤其是在屬於熱帶地區的臺灣南部，例如：高雄或屏東，甚至可以穿著短袖迎接新年。但如果是在北部，十二月到二月還是必須準備冬天的衣服。關於氣候方面的注意事項，跟現代到臺灣旅行並沒有什麼差別。

日本統治臺灣初期，全臺不時有瘧疾、鼠疫等傳染病肆虐，但後來衛生環境大幅改善，到了大正初期據說衛生設施甚至比日本本地還好。但如果要離開都市前往郊區，即使到了昭和初期，還是必須小心傳染瘧疾的蚊蟲。此外，鳳梨之類的水果雖然深受觀光客喜愛，但如果吃得太多，也有可能罹患臺灣赤痢（阿米巴赤痢）。

到臺灣觀光還有另外一種特別的行程，那就是登山。臺灣總督府交通局鐵道部幾乎每年都會發行的《臺灣鐵道旅行導覽》（台湾鉄道旅行案内），書首總是會強調臺灣的險峻地形，附上高山的實景照片，並以多達數頁的篇幅詳細說明「於臺灣登山時的注意事項」。

在這些關於登山的解說事項之中，還特別提到了一點，那就是雖然每個人都能在臺灣的任何角落自由旅行，但如果要進入分布於山巒地帶的原住民族居住區域，必須先向當地的郡公所辦理「入蕃許可手續」，取得「入蕃許可證」。不過，據說這個手續相當簡單，只要以口頭說明或填寫指定表格，除非是有什麼特殊的狀況，否則通常會馬上核發許可證。

有一部分原住民族在山區的勢力範圍，長期不肯歸順日本統治，直到昭和初期仍不時有部落出現反抗行徑。例如：在昭和五年（一九三〇年）時，臺中州發生了一起原住民族武裝反抗事件，共有一百三十四名「內地人」及二名本島人遭到殺害（即後人所稱的霧社事件）。到了隔年（一九三一年），又發生了因前述事件而反目成仇的原住民族部落之間，大舉械鬥的事件。遊客進入山區地帶必須先申請入蕃手續，正是因為有著這些治安上的疑慮。

但除此之外，臺灣平地的治安自從受到日本統治之後，一直維持得很好，甚至有本島人以「夜不閉戶」來形容當時的治安情況。鐵路旅行當然也相當舒適愉快，不過當時的基隆港、高雄港一帶，以及平溪線內皆被指定為要塞地帶，未經許可擅自拍照會依《要塞地帶法》而遭到處罰。

大都市及觀光地區有著許多日式旅館（當時稱為「內地式」）及中式旅館（當時稱為「本島式」或「臺灣式」）。有些旅館雖然取了相當日式的稱呼，內部的設施卻是「本島式」。例如：當時縱貫線的竹南車站附近有一間旅館取名「日之丸」，內部卻是十足的臺灣味。臺北車站附近有鐵道部直營的「臺北鐵路飯店」，據說是一家相當豪華的西式飯店，在當時的評價比「內地」的一流飯店還高。鐵道部還在臺南車站的二樓，經營了一家西式的「臺南鐵路飯店」。

主要車站皆設有旅遊諮詢服務處。根據昭和十五年版的《臺灣鐵道旅行導覽》中記載，設有旅遊諮詢服務處的車站為基隆、臺北、新竹、臺中、彰化、嘉義、臺南、高雄及屏東。除此之外，臺北鐵路飯店、臺南及高雄市區內的百貨公司，和臺北及花蓮的市區裡，都有著ＪＴＢ（**Japan Tourist Bureau**）的服務處，專門提供觀光客旅遊嚮導及販賣各種折價票券。

主要車站及高級車廂裡，還備有紀念用的旅遊圖章。聽說原本是遞信省的官用印章，但由於具有吸引遊客的效果，刻意準備的車站及車廂愈來愈多。同樣的現象也發生在日本本地、朝鮮、

● 圖1-2-2　宜蘭線宜蘭站的印章（左），上頭有著作為觀光名勝的古剎、溫泉及神社。基隆開往高雄的快速第三列車（第三號快速。參閱八十一頁）的印章（右），上頭則有奔馳中的列車、檳榔樹及香蕉。（資料提供：片倉佳史）。

滿洲及樺太。不過當時的旅遊圖章不像現代一樣是讓遊客自由取印，而是由站務人員統一保管，遊客要蓋印章必須請站務人員代勞。或許是因為當時的旅遊圖章屬於官印的關係。

臺灣的飲食文化受中國大陸的中華料理影響很大。《臺灣鐵道旅行導覽》一書中也包含「臺灣料理菜名例」，列出一些具代表性的臺灣料理。除了中文名稱及日語解釋之外，還對「湯」、「炒」、「炸」這些料理名詞附上了說明，幫助來自日本本地的觀光客理解。

如果搭乘列車旅行，由於包含用餐車廂的縱貫線快速列車並不多，因此遊客可能必須向車站內的「叫賣員」購買鐵路便當。當時日本本地市面上所販售的鐵路時刻表內，臺灣鐵路的頁面上完全看不到代表「本車站可購買鐵路便當」的符號。但在《臺灣鐵道旅行導覽》一書中，明確列出設有「叫賣員」的車站，以及「販賣物包含便當」的車站，如表1-2（昭和十五年版〔一九四〇年〕）所示。

但由於飲食文化偏中式的「本島人」大多不愛吃冷便當，加上臺灣氣候較溫暖，便當的保存

●表1-2　臺灣的叫賣員配置車站、鐵路便當販售車站一覽表（根據昭和十五年版《臺灣鐵道旅行導覽》的記載製作）。

路線名稱	叫賣員配置車站（△標記為有叫賣員但不販售鐵路便當的車站）
縱貫線	基隆※、八堵、△汐止、臺北、桃園、△中壢、△楊梅、新竹、竹南、苗栗、△三叉、△后里、△豐原、臺中、△後龍、彰化、△員林、二水、△斗六、△斗南、嘉義、△新營、△番子田、臺南、△岡山、高雄
海岸線	△後龍、△公司寮、△通霄、△大甲
宜蘭線	△瑞芳、△猴硐、頂雙溪、△大里、△頭圍、宜蘭、△蘇澳
淡水線	△北投
潮州線	△鳳山、屏東

※基隆車站販售鐵路便當的方式，是在客船出入港的日子於岸邊販售。

期限不像日本本地那麼長，種種因素導致日本本地的旅遊雜誌，對臺灣的鐵路便當給了相當差的評語。例如：「只買得到味道與日本本地完全不能比的便當及副食品」、「又貴又難吃」等（鈴木克英〈臺灣交通工具種種〉〔台湾の交通機関さまゞ〕，《旅》昭和四年二月號）。此外還有一點，臺灣的鐵路便當竟然沒有搭配茶一起賣，也令來自日本本地的遊客大感錯愕。

本節的最後，稍微簡單介紹臺灣島內除了鐵路以外的交通工具。

臺灣受日本統治之後，各地道路網絡愈來愈完善，臺灣總督府交通局於是自昭和八年（一九三三年）起，開始推動共乘制的直營汽車載客事業。主要的推行地點在北部的臺北及基隆，也在西海岸側設置了往來於臺中、臺南、高雄等主要都市的中距離公車。

至於東海岸的臺東線，則由於不與西部鐵路銜接，猶如一片陸地上的孤島。為了增加前往臺東線的方便性，臺灣總督府亦於大正五年（一九一六年）開始修築蘇澳到花蓮港的濱海道路（圖1-2-3）。到了昭和六年（一九三一年），也出現了由臺灣東海汽車運輸公司所運行的公車。在此之前，原本是由大阪商船公司派出航行於沿岸的定期接駁船，每天只有往返各一個班次。臺灣總督府交通局鐵道部會在運行路線的主要車站，販售車船轉乘票。後來因出現了公車，接駁船遭到廢除。

但除此之外，從基隆港出發，行經蘇澳、花蓮港、臺東、大坂埒（今墾丁南灣）等港口，以

● 圖1-2-3　在緊鄰太平洋的峭壁上開鑿出的東海岸濱海道路（摘自《日本地理大系第十一卷・臺灣篇》）。

● 圖1-2-4　當時的轎子有各種不同種類，此為其中一種（摘自大正十三年版《臺灣鐵道旅行導覽》）。

南迴方式抵達高雄的東海岸沿岸定期航班，在那之後依然持續運行。海路方面除了東海岸之外，西海岸也有基隆到高雄的定期航班，途中還會經過澎湖的馬公。

島內的航空運輸也逐漸開始發展。大日本航空在昭和十三年（一九三八年）設置了常態性的島內巡迴航空路線，從臺北出發，繞行臺中、臺南、高雄、臺東、花蓮港及宜蘭等都市。分為東迴及西迴兩種方向，每天各有一班，使用的是限乘六人的Airspeed Envoy式客機。

除了這些近代交通工具，中國及朝鮮地區自古以來便存在的「轎子」（圖1-2-4）在臺灣也是重要的交通工具。根據《旅程與費用概算》（旅程と費用概算，ＪＴＢ在昭和初期每年發行的日本全國及「外地」綜合導覽手冊）記載，轎子在臺灣是「沒有鐵路、臺車、汽車可搭乘時的唯一交通工具」。可見得在當時，轎子也是一種正式的交通工具，與飛機、鐵路不遑多讓。

前往臺灣的路徑

有著許多從日本本地和大陸出發的航線

要前往日本統治時期的臺灣，不管是從日本本地、沖繩，還是隔著臺灣海峽的中國大陸對岸，都有很多航線可以選擇。

臺灣與「日本本地」往來的航線自從明治二十九年（一八九六年）大阪商船公司開設命令航線（由國家下達指示並提供補助金的民營航線）之後，便愈來愈發達。根據昭和六年（一九三一年）版的《旅程與費用概算》記載，由大阪商船公司及近海郵船公司（後來的日本郵船公司）所運行的神戶、門司到基隆的航線為「最佳便捷路線」，也就是距離最短的路徑。該文對這條定期航班讚不絕口，聲稱「使用一萬噸級的優秀船隻，設備不輸給歐美航線的汽船」、「各船皆完美有如浮宮（floating palace）」。

到了昭和十五年（一九四〇年），所屬船隻增為六艘，班次採隔日出航，神戶到基隆需要四天三夜的時間（門司到基隆則為三天兩夜），且與日本列島各地的鐵道省運行路線（當時稱為省線，即後來的JR線）實施「連帶運輸」制度。所謂的「連帶運輸」，指的是各種方便轉乘的制度，包含一票到底及運行時刻上的互相配合等。當時「內地」所販售的鐵道省編纂時刻表上，與省線有「連帶運輸」制度的民營鐵路、海上航線及「外地」鐵路，皆會標上「連」字符號。

從基隆登陸臺灣的時候，臺灣總督府交通局鐵道部還提供了手提行李託運服務，甚至可以直接將行李寄送至臺北市內。因此旅客只要先在船上辦理手提行李託運，就可以空著雙手自基隆登陸，搭乘列車到臺北，直接在下榻飯店提領行李。

從「內地」出發的航線，還有另一條是從橫濱出發的路線，運行單位同樣是大阪商船公司。沿途停靠神戶、門司、長崎、基隆及高雄，最終目的地為當時受美國統治的菲律賓馬尼拉、宿霧島（Cebu）及納卯（Davao）。此外，另有從大阪、神戶、門司等地出發，開往斗湖（Tawau，英屬北婆羅洲〔North Borneo〕，現在的馬來西亞）、泗水（Surabaya，荷屬東印度〔Dutch East Indies〕，現在的印尼）等地的大阪商船遠程航線，途中也會停靠基隆。

另外，根據昭和十五年（一九四〇年）版的《臺灣鐵道旅行導覽》記載，還有一條鐵道省編纂的市售時刻表上沒有公布的航線，從東京的芝浦港或橫濱港出航，沿途停靠名古屋、勝浦（和歌山縣）、大阪、神戶、宇品（廣島縣）、門司、長崎、基隆、馬公（澎湖群島）、安平，最後抵達高雄。這條航線與其它航線不同之處，在於從高雄出發，直接能夠抵達橫濱或東京。

在沖繩（琉球）與臺灣之間，也存在著大阪商船公司經營的航線。每個月約五趟來回航班，往來於那霸到基隆，途中停靠宮古、八重山（石垣島）及西表，航期為五天四夜。這是當時連結臺灣與沖繩的唯一航線。

與臺灣同為日本「外地」的關東州及朝鮮，也設有「臺滿接駁航線」。除了鐵道省編纂時刻表上刊載的大連到基隆、高雄的直航航線（大連汽船公司）之外，還有從大連、朝鮮西部的仁川、鎮南浦、釜山，連結基隆、高雄的航線（近海郵船公司，每月二班），以及從朝鮮北部的清津出發，沿途停靠日本海沿岸的雄基（現稱先鋒）、城津（現稱金策）、釜山、博多，最後開往高雄的航線（大阪商船公司，每月一班）。如果要以大連汽船銜接臺灣官營鐵路，及大陸的南滿洲鐵路，還可以直接購買「臺滿接駁乘車船券」。

臺灣與海峽對岸的中國大陸，也有著頻繁的航班往來。從福州、廈門、上海、香港、青島、海口、北海、汕頭、廣東等地，都可搭乘大阪商船公司的客船前往臺灣的基隆、高雄或淡水。如果是從基隆到廈門，基本上只要花一天的時間。

但是到了昭和十二年（一九三七年），爆發盧溝橋事件，日本與中國開戰之後，上述這些橫越臺灣海峽的航線絕大部分都停駛了。若比對各版的《臺灣鐵道旅行導覽》，會發現到昭和十二年版為止，對於上述航線都有詳細記載，但是到了昭和十五年版，許多航班都注記為「事變中停駛」。此處的「事變」指的是當時日本人對外宣稱的「支那事變」。現代人一般多稱之為「中日

● 圖1-3　當時的風景明信片上的基隆車站（上。資料提供：片倉佳史），以及在附近的基隆碼頭準備出航的「蓬萊丸」（大阪商船公司）（下。摘自《日本地理大系第十一卷・臺灣篇》）。

戰爭」，但在昭和十六年十二月日美開戰之前，日本跟中華民國雙方並沒有宣戰，並不符合《戰爭法》（Law of war）中的戰爭狀態，因此當時只以「事變」稱之。

進入昭和時期之後，民營航空業蓬勃發展的現象對臺灣也造成了影響。昭和十年（一九三五年），日本航空輸送公司（後來的大日本航空公司）開設了由福岡的大刀洗機場行經那霸，前往臺北的定期航班，使用的是福克3M客機（乘客上限為八人）。到了隔年的昭和十一年（一九三六年），又啟用道格拉斯DC—2客機（乘客上限為十四人）。

到了昭和十五年（一九四〇年）四月的時候，大日本航空公司除了福岡—那霸—臺北的定期航班（飛行時間約六小時）之外，在臺灣跟中國大陸之間，還有臺北到廣東的定期航班（飛行時間約三小時三十分），兩者皆為每日一趟來回班次。前者在戰爭期間依然持續運行，但有時會基於天候或軍事上的理由，而改為經由上海，或是變成不在那霸降落的直航班機。

機票價格皆為單程一百一十日圓。若與博多到基隆海運航班（航期三天以上，一般船票十八日圓）或是高雄到廣東海運航班（航期五天四夜，三等船票二十一日圓）相比，雖然節省了不少時間，但價格也高了許多。當時大學畢業生進入銀行工作的第一個月收入約七十日圓。

除此之外，還有中日合資的中華航空，每星期有二個班次往來於上海與臺灣之間。航行路線為上海到臺北再到廣東，其中臺北到廣東的航線成了大日本航空公司的競爭對手。值得注意的是，此處的中日合資的「中」，指的是一九三七年（昭和十二年）於北京成立的中華民國臨時政府，以及隔年（一九三八年）在南京成立的中華民國維新政府。這兩個政權都在一九四〇年與汪兆銘所主導的南京國民政府合併，與蔣介石所率領的武漢國民政府並不相同。換句話說，這裡的「中」與現今統治臺灣的中華民國政府無關，前述的中華航空也與如今臺灣的中華航空（China Airlines）並無關聯。

向日本統治下的臺灣邁出第一步

出入境手續、時差、匯兌問題

在第二次世界大戰結束之前，臺灣有長達五十年的時間是日本的領土，因此日本國民造訪臺灣當然不需要護照。然而雖然名義上都是日本國內，「內地」與臺灣之間的社會基本法制卻多有歧異，對往來旅客當然也會造成影響。

首先，不管是從日本本地到臺灣，還是從臺灣到日本本地，香菸及酒都是禁止輸入的產品。不過個人消費可視為例外。以香菸為例，雪茄上限為五十根，紙捲菸上限為一百根，使用菸管的碎菸粉或菸板（包含嚼菸）上限為三十匁（單位名，約一一二・五公克）。只要份量在限量以下，並且經過專賣局員的檢查，就可以攜帶入境。如果是從基隆港入臺，專賣局員會進入船內進行檢查。

此外，由於臺灣屬於南方島嶼，為了避免獨特的植物、病蟲害傳染日本本地植物，還規定水果及部分植物原則上禁止帶入日本本地。如果想要帶入，必須先接受臺灣總督府的植物檢查員的檢查。而且在臺灣接受了檢查之後，在船隻進入日本本地的港口時，當地的植物檢查員還會再檢查一次。

在昭和十二年（一九三七年）之前，臺灣與日本本地的時差設定為一小時（日本中午十二點的時候，臺灣為上午十一點）。日本是在統治臺灣之後，才第一次經歷國內有時差的問題。明治十九年（一八八六年），日本規定通過兵庫縣明石市的東經一百三十五度線上的時刻，為國內標準時間。但在統治臺灣之後，由於國土的東西距離拉長了，於是日本又在明治二十九年（一八九六年）一月，規定通過臺灣島與澎湖列島中央的東經一百二十度線上的時刻，為西部標準時間。臺灣、澎湖列島及沖繩的八重山列島、宮古列島皆適用此時間。

到了昭和十二年（一九三七年）十月，日本廢除西部標準時間，讓臺灣也適用中央標準時間。在此之前，臺灣與日本本地的國內時差設定沿用長達四十一年的歲月。值得一提的是，在西部標準時間廢除之後，雖然日本不再有國內時差的問題，但法令制度上依然沿用「中央標準時間」這個名稱。即使到了二十一世紀的現代日本，日本本地標準時間的正式名稱依然是「中央標準時間」。

雖然有時差問題，但臺灣鐵路時刻就跟日本本地的省線一樣，是採用標注上午或下午的十二小時制。一直到第二次世界大戰期間，才變更為二十四小時制。在此之前，市售的鐵路時刻表上，臺灣的鐵路時刻一直是以細體字代表上午、粗體字代表下午，與省線完全相同。

● 圖1-4　臺灣銀行券一例（摘自《日本地理大系第十一卷・臺灣篇》）

明治三十二年（一八九九年），日本在臺灣設立臺灣銀行，發行臺灣獨自的貨幣「臺灣銀行券」。當時臺灣銀行券與日幣（日本銀行券）能等值匯換，因此在臺灣把日幣當成臺灣銀行券使用也沒有問題。

不過，臺灣銀行券雖然與日幣的價值相同，在日本本地卻無法使用。這個情況有點類似現代香港與澳門的貨幣關係。港幣與澳門幣的幣值雖然嚴格來說並不完全相等，但實際上在澳門可以直接將港幣當成澳門幣使用，而澳門幣在香港卻無法直接使用。這種現實生活中的貨幣現象，反映出的是香港與澳門之間的經濟強弱關係。同理，在日本統治時期的臺灣，日幣可以當成等值的臺灣銀行券使用，而臺灣銀行券在日本本地卻無法使用，這也反映出了內地與臺灣的經濟強弱關係。一模一樣的現象，也發生在日本統治時期的朝鮮所發行的朝鮮銀行券上。

因此，當來臺灣旅遊的遊客要回日本時，必須將手頭剩下的臺灣銀行券換回日幣。當時基隆車站內設有臺灣銀行的「出張所」，要回日本的旅客在船隻出港的當天，能夠免手續費將臺灣銀行券換成日幣。除此之外，日本也設有臺灣銀行的「出張所」，能夠辦理臺灣銀行券的匯兌業務。

臺灣的鐵路旅行與使用語言

互相混雜的中式和日式車站名稱

臺灣島民約有九成是所謂的「本島人」，也就是由福建人及廣東人所組成的漢人。在日本統治臺灣之前，由於臺灣是清朝的領土，加上距離中國大陸很近，因此社會上流通的是福建語、廣東語及漢語。即使是在日本統治臺灣之後，依然沒有改變。由於公家機關皆設有通譯員，本島人幾乎沒有自己說日語的必要，而且為了與對岸的中國大陸進行貿易活動，讀寫漢語對本島人而言，是不可缺少的能力。就連臺灣總督府，在大正中期之前也沒有在臺灣社會上積極推廣日語。

基於上述種種原因，日語在當時的臺灣雖然是「國語」，但在昭和初期之前，說日語的風氣在臺灣並不普及。到了昭和十二年（一九三七年），臺灣總督府為了推動日語普及政策，才半強迫性地廢除了早報上的漢語欄。事實上打從明治時期日本統治臺灣之後，一直到昭和初期，臺灣的早報上長年同時存在著日語欄及漢語欄，維持了長達四十二年的時間。由此可知以中文為媒介的資訊傳遞，在當時的臺灣社會有相當大的重要性。

話雖如此，但在搭乘臺灣的局線（官營鐵路）時，使用日語並沒有構成任何問題。根據紀錄

●圖1-5-1　為了促進日語普及，在臺灣全島都能看見像這樣的「國語常用」海報（摘自《南方的據點・臺灣寫真報導》〔南方の拠点・台湾写真報道〕）。圖中的日語意思是「買也要說國語，賣也要說國語」。

顯示，在昭和元年（一九二六年）至四年（一九二九年）的四年之間，臺灣總督府交通局所雇用的運輸、駕駛的基層職員，臺灣人與日本人的比例約為一比四至五，日本人佔了極高的比例。因此任職的臺灣人基於職務上的必要性，皆受過日語訓練。而且當時臺灣的鐵路職務人員培訓制度與日本本地或朝鮮相比，可說是頗為落後，所以具備高度專業技術的技師，以及主管階級幾乎都是受過高等教育的「內地人」。

正因如此，在局線的任何車站都能使用日語購買車票。包含站名標示牌在內的所有告示牌，則是同時使用漢字及平假名。車票的票面上說明文字雖是漢字、假名並用的日語，但由於裡頭包含不少漢字，對於原本就懂漢語的本島人而言，要看懂並不困難。有些快速列車的車票上，甚至直接印著中文的「快車票」。

● 圖 1-5-2　高雄車站月臺上的站名標示牌（臺灣協會藏）。平假名「たかを」三字異常醒目。

以平假名標示的各站站名，如果是從日本統治臺灣前就存在的中式名稱，原則上是採用日語漢字的音讀發音（貼近漢語的發音）。但即使是從清朝時代就命名的地名，也有一些較特殊的讀法。例如：像縱貫線上的「基隆」，平假名寫作「きゐるん」，讀音為「Kiirun」。

除此之外，也有一些地名改成了日式風格的讀法，如縱貫線的「高雄」讀作「たかを」（Takao），汐止讀作「しほどめ」（Shiodome）。甚至還有像「宮ノ下」（淡水線）這種漢字夾雜片假名的站名。此外，有些站名會跟「日本本地」的省線站名相同，例如：縱貫線的「松山」及「板橋」，這種情況通常也會採用日式風格的訓

讀發音（貼近傳統日語的發音）。值得一提的是東京府（現在的東京都）省線的山手線雖然也有一站叫作「板橋」，但東京山手線的「板橋」讀作「いたばし」（Itabashi），而臺灣縱貫線的「板橋」讀作「いたはし」（Itahashi），並不完全一致。另外，有些站名會加上代表方位的「東西南北」或是「上下」，例如：縱貫線的「北臺北」（きたたいほく，Kitataihoku）。這種情況通常前面會採用訓讀，而後面會採用音讀。

還有一點值得一提，那就是路線網遍及全臺的特殊交通工具「臺車」（內地人稱之為「トロッコ」），負責推車的車伕幾乎都是本島人或原住民族。這些人並不像局線（官營鐵路）職員那樣接受過日語訓練，雖然搭乘的過程中以日語溝通大致上不成問題，但為自己推車的那個車伕不見得能說流暢的日語。

臺灣 06

遍布臺灣的各種鐵路網

從官營鐵路、製糖鐵路到「手押臺車」

日本統治時期的臺灣，雖然西海岸有著相當發達的鐵路幹線，卻沒有能夠環繞臺灣一周的路線。作為主要道路的官營鐵路，皆是沿著海岸線前進。各種製糖鐵路、臺車軌道等民營鐵路，再從主要幹線分岔出來，形成綿密的交通網路。除此之外，山區還有著森林鐵路。這些產業鐵路有一部分也作載客用途，觀光旅客當然也可以使用。

局線（官營鐵路）

由臺灣總督府交通局鐵道部（大正十三年〔一九二四年〕之前稱為臺灣總督府鐵道部）所經營的鐵路。又稱作官鐵線或官線。根據昭和二十年（一九四五年）八月的紀錄，局線總長約一千公里。包含縱貫線在內的西部局線，原則上採用的是與「日本本地」的省線（現在的JR各線）相同的窄軌鐵路（軌道寬度一〇六七公釐），但東海岸的臺東線東花蓮港（現在的花蓮港）到臺東區段（一七四・九公里），採用的則是軌道寬度七六二公釐的輕軌鐵路。

值得一提的是臺東線在修築之際，為了因應將來鐵路輸送需求的擴大，所有的隧道及鐵橋皆採用一〇六七公釐規格。第二次世界大戰結束後，國民黨政權在一九八二年（昭和五十七年）推動換軌工程，將全臺的軌道寬度統一為一〇六七公釐，臺灣總督府時代規劃的這些鐵路設施全都能夠直接沿用。藉由開往基隆等港口的船運航班，日本本地的省線與臺灣的局線建立起了「連帶運輸」（一票到底）制度。即使是在本地的省線車站，也能買到直通臺灣局線各站的車票。

從明治三十九年（一九〇六年）起，到大正三年（一九一四年）為止，臺灣局線的乘車費用計算法採用的是長距離遞減制（乘車距離越長，每公里的平均費用越低），但後來變更為距離比例制（距離與費用維持一定比例）。由臺灣總督府交通局鐵道部發行的《昭和十三年（一九三八年）三月鐵道要覽》中說明了變更的理由：第一，臺灣島內的鐵路長度有限，相較之下短程旅客，比長程旅客更加重要。第二，臺灣的鐵路運輸事業必須與以短程為主的汽車，以及民營鐵路競爭。第三，距離比例制可簡化車票價格的計算。

由此可知在乘車費用方面，比起搭乘距離較長的觀光客，以短程為主的在地居民獲得了較大的好處。尤其是在西海岸，縱貫線上每隔一定距離就有一定規模以上的都市，因此每年有愈來愈多的乘客利用鐵路進行短距離的都市移動。

民營鐵路

於大正十年（一九二一年）開始運行的臺北鐵路（萬華到郡役所前，十．七公里），是唯一軌道寬度與局線同樣為一〇六七公釐的臺灣民營鐵路。由於車站間距短，受到了臺北的都市擴大現象的影響，自昭和十年，起利用這條線路通勤或通學的旅客愈來愈多。沿線都是日本人居住比例較高的地區，可以想像乘客之中日本人應以為多。

臺北鐵路的載客收入比載貨收入高，這樣的情況以臺灣的鐵路而言相當罕見。由於這是一條相當重視載客業務的鐵路，加上終點站「郡役所前」的前一站為相當重要的「新店」站，因此，當地居民喜歡以「新店火車」（新店ぽっぽ）這

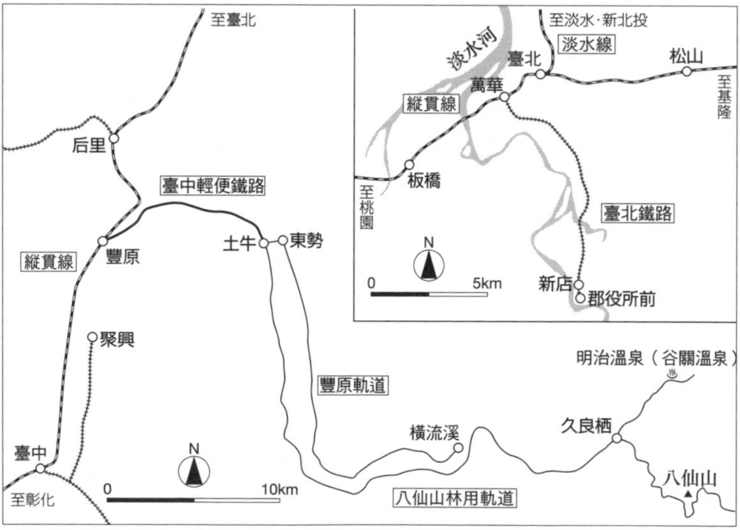

● 圖1-6-1　臺北鐵路與臺中輕便鐵路的路線圖。

● 圖1-6-2　製糖工廠與甘蔗輸送列車（摘自大正十三年〔一九二四年〕版《臺灣鐵道旅行導覽》）。

● 圖1-6-3　鹽水港製糖鐵路的汽油機動車（摘自《鹽水港製糖株式會社社史》。資料提供：片倉佳史）。

個暱稱來稱呼臺北鐵路。不過，開往「郡役所前」站的列車，是採用汽油機動車而非蒸汽火車頭，全車只有三等車廂。因此，時刻表上標示了「機」字符號。

臺灣中部則有「臺中輕便鐵路」（由臺中輕鐵公司運行，後改名臺灣交通公司），從豐原到土牛，全長十一．七公里，採用軌道寬度七六二公釐的窄軌。運行的列車有一半以上也跟臺北鐵路一樣，採用三等車廂專用的汽油機動車，從終點站土牛，還可轉搭豐原軌道（單人座的臺車），直通橫流溪。此外，還有另一條名為「八仙山林用軌道」（後述）的森林鐵路，也是以土牛為起點，終點為三十九公里外的久良栖。

值得一提的是臺北鐵路與臺中輕鐵都與

局線有著「連帶運輸」（一票到底）制度，但與日本本地皆沒有「連帶運輸」制度。

製糖鐵路

臺灣的民營鐵路若扣除掉前述的臺北鐵路及臺中輕鐵，大部分是支撐臺灣基礎產業「製糖業」的產業鐵路。不過，臺灣中部以南的平原地帶，由於距離局線的幹線鐵路太遠，有不少製糖鐵路也提供載客服務。剛開始的時候，只是在載貨的同時讓旅客搭便車，但後來正式開始經營載客業務的路線愈來愈多，有些路線就連日本本地的市售時刻表上也曾提及。由於這些都不是長距離列車，而是短程的近郊輸送用列車，因此，大多像都市內的民營鐵路一樣，採用輕快的汽油機動車。當時臺灣的製糖產業發展得相當好，比起臺北鐵路、臺中輕鐵以載客為主的民營鐵路，絕大部分的製糖鐵路公司反而在經營上較為穩定。

不過，到了二戰之後，因為製糖產業的衰退與汽車的普及，製糖鐵路的數量愈來愈少，載客路線更在一九八二年全部消失。如今只剩下極少數的製糖鐵路，作為觀光景點維持營運。

森林鐵路

若說製糖鐵路是平原地帶運送物資的主力工具，在山區地帶肩負相同責任的就是森林鐵路。

臺灣的阿里山、八仙山及太平山合稱三大林場，各自有著專門搬運木材的鐵路。這些鐵路都由臺灣總督府殖產局營林所負責運行，但為了給當地居民及觀光客方便，也提供載客服務。

其中，最有名氣的一條是阿里山鐵路。由於日本本地的市售時刻表上也提供了相關訊息，因此在日本觀光遊客之間也有很高的知名度。昭和十三年（一九三八年）版的《旅程與費用概算》如此讚美這條鐵路的車窗景色：「一旦置身車內，阿里山沿道景緻將展現獨樹一格的風情，兩旁盡是鬱鬱蒼蒼的千古美林，前方則有雄渾高聳的新高連峰，景趣實可譽之為變幻莫測（關於阿里山鐵路的詳情請參閱八十五頁）。」

至於臺灣中部的八仙山鐵路，雖然沒有記載在時刻表上，但昭和十年（一九三五年）版的《臺灣鐵道旅行導覽》內曾經提及。根據該文描述，從臺中輕鐵的終點站土牛可轉乘八仙山鐵路，「一天一個班次，使用營林所的汽油機牽引列車（九十八錢、三小時半）」，於久良栖下車後沿溪流徒步約八公里可抵達明治溫泉（現稱谷關溫泉）。

關於北部太平山的森林鐵路，同樣在《臺灣鐵道旅行導覽》的遊覽路線中有所著墨。從宜蘭線羅東站附近的竹林站到土場站約三十六・七公里，搭乘總督府營林所管轄的森林鐵路，費時二小時五十分，車資九十二錢，一天兩趟來回班次。若要從土場繼續深入山區，還可轉搭空中纜車或纜索鐵路，體驗其它兩座山所沒有的獨特山岳鐵路之旅。

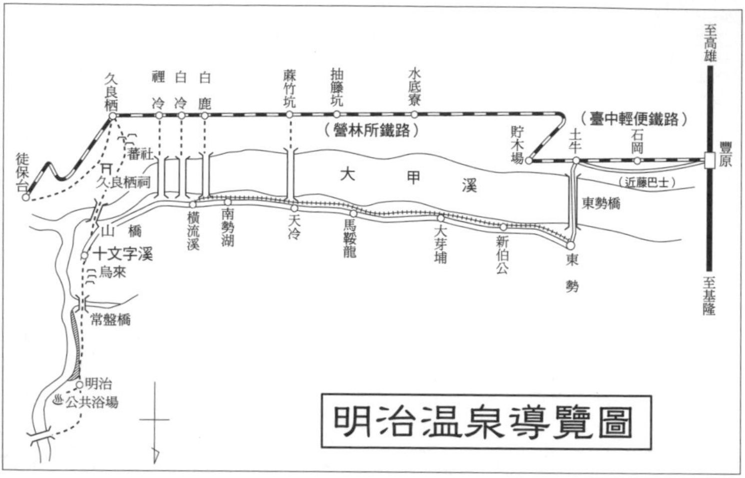

● 圖1-6-4　依據昭和十五年版《臺灣鐵道旅行導覽》中的明治溫泉（現在的谷關溫泉）導覽圖重新繪製。從縱貫線豐原站（圖上右端）到土牛可搭乘臺中輕鐵。自該處起，隔著大甲溪的南側（本圖為溪流上方）為八仙山林用軌道，北側（溪流下方）則有臺車軌道（豐原軌道）直通橫流溪。

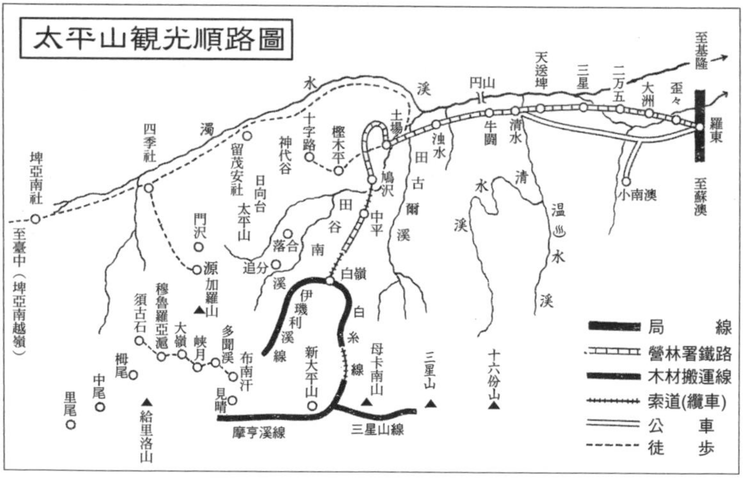

● 圖1-6-5　依據昭和十五年版《臺灣鐵道旅行導覽》中的太平山觀光路線圖重新繪製。圖中包含營林所鐵路、木材搬運線、索道（纜車）等各式各樣的路線。

臺車軌道

臺車軌道雖然是以人力推動的原始交通工具，但既然是行走在官方核可的軌道路線上，當然有一些必須遵守的基本運行規則。

首先，如果兩輛臺車在一條軌道上迎面交會，其中一輛為載客臺車，另一輛為載貨臺車，則載貨臺車可優先通行。再者，如果兩輛都是載客臺車而等級不同，普通臺車必須讓路給高級臺車。而如果兩輛都是載客臺車且等級相同，上行臺車可優先通行。此處的「上行」指的是「前往官、民營鐵路車站，或相同地位之樞紐」（摘自前述昭和十年〔一九三五年〕版《臺灣鐵道旅行導覽》），而「下行」的意思則相反。沒有優先權的一方，必須先將臺車移離軌道，等待優先的一方通過。當然這時車上的乘客也都得暫時下車才行。

在山區及缺乏完善道路的地區，臺車可說是相當重要的交通工具。但在昭和十年（一九三五年）之後，都市區域的道路水準愈來愈高，加上汽車的普及和公車運行路線的增加，臺車軌道的範圍逐漸縮減。這樣的趨勢在第二次世界大戰後依然沒有改變，最後這些仰賴人力的原始臺車軌道，終於完全消失。如今只有臺北郊外的烏來，僅存一部分在昭和三年（一九二八年）開通的木材搬運軌道，而且臺車已改成使用蓄電池，供觀光客體驗之用。

●圖1-6-6　停車中的臺車（上。摘自《臺灣寫真大觀》。資料提供：片倉佳史），以及正在上坡的臺車隊伍（下。摘自《南方的據點・臺灣寫真報導》）。

奔馳在臺灣島上的著名列車

長程快車跟臺車都有頭等座位

基隆到高雄快速列車：臺灣首屈一指的著名列車

基隆與高雄之間的直通快速列車，可說是臺灣鐵路最具代表性、最受矚目的列車。但這些列車不像日本本地、朝鮮或滿洲國的高級列車一樣有大眾熟悉的暱稱，向來只以列車編號來稱呼。以大正時期（一九一二年至一九二六年）的情況為例，第一到第四號快速列車是日間行駛的列車，一天來回兩趟；而第五、第六號快速列車則是夜間行駛的列車，一天只來回一趟。但是在進入昭和時期（一九二六年以降）之後，則改為第一、第二號列車是日間列車，第三、第四號列車是夜間列車，都只來回一趟，合計只有兩個班次。

縱貫線的竹南到彰化路段分成了兩條，分別為沿著海岸前進的主線（海線），以及沿著山麓前進並且經過臺中的臺中線（山線）。白天的第一、第二號快速列車走的是山線，晚上的第三、第四號快速列車則走的是海線。但由於臺中是臺灣中部的重要都市，為了方便旅客在臺中上下

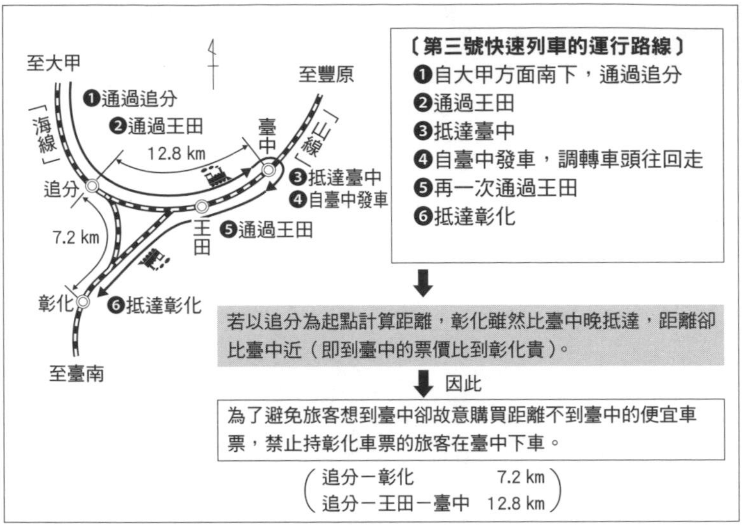
至大甲
❶通過追分
「海線」
❷通過王田
12.8 km
臺中
「山線」
至豐原
追分
❸抵達臺中
❹自臺中發車
7.2 km
王田
❺通過王田
彰化
❻抵達彰化
至臺南
〔第三號快速列車的運行路線〕
❶自大甲方面南下，通過追分
❷通過王田
❸抵達臺中
❹自臺中發車，調轉車頭往回走
❺再一次通過王田
❻抵達彰化
若以追分為起點計算距離，彰化雖然比臺中晚抵達，距離卻比臺中近（即到臺中的票價比到彰化貴）。
因此
為了避免旅客想到臺中卻故意購買距離不到臺中的便宜車票，禁止持彰化車票的旅客在臺中下車。
追分－彰化 7.2 km
追分－王田－臺中 12.8 km

● 圖1-7-1　第三快速列車通過臺中時的特殊乘車規定。

車，第三、第四號列車雖然走的是海線，卻會在山線的南方先轉向臺中，等到停靠臺中後，再沿著原路回到海線。採用這種奇特的路徑，是為了避開山線的陡峻路段。

因此，當時有個相當特殊的規定，那就是如果搭乘的是第三號快速列車，而且購買的是彰化下車車票的旅客，不得在比彰化先抵達的臺中站下車。那是因為列車沿著海線南下後，在還沒有抵達彰化之前，會先沿著山線北上，先停靠在臺中站。但以乘車距離來看，到彰化的距離較短，而到臺中的距離較長。乘客如果買到彰化的車票卻在臺中下車，票價會比直接買到臺中便宜（參照圖1-7-1）。

由於這是臺灣最具代表性的列車，因此車廂之中包含其它列車所沒有的頭等車廂。縱貫線沿途氣候以橫斷嘉義附近的北回歸線為界，以北為亞熱帶氣候，以南為熱帶氣候。尤其是到了冬季，南北溫差相當大。因此，夏季的頭等座位備有臺灣產的藤編坐墊，而冬季則備有小毛毯。據說三等車廂的座位坐起來也相當舒服，在日本本地頗受好評，前述〈臺灣交通工具種種〉一文讚譽「設備比日本本地的普通快車好得多」（《旅》昭和四年〔一九二九年〕二月號）。

除此之外，還會不定期地加入附觀景露臺的車廂。《臺灣鐵道旅行導覽》書末的〈臺灣鐵路營業導覽〉章節中，包含「包租特別車廂」一項目，其中可包租車廂的第一項便是「附觀景露臺頭等轉向架式車廂」。

第三號及第四號快速列車則除了座位車廂之外，還會有頭等及二等臥鋪車廂。臺灣雖然從明治四十四年（一九一一年）就開始有夜間列車的班次，但直到大正十一年（一九二二年）才開始使用臥鋪車廂。剛開始的時候只有頭等臥鋪車廂，後來又陸續出現了二等及三等。因此，進入昭和時期之後，第三、第四號快速列車不僅區分為座位車廂和臥鋪車廂，而且各有頭等至三等的差別，再加上用餐車廂，車廂種類可說是五花八門。

種種車廂之中，最受歡迎的是二等臥鋪車廂。使用昭和四年（一九二九年）於臺灣製造的新型二等臥鋪車廂，不僅設有過去只存在於頭等車廂的車廂內電風扇，而且各床鋪的枕邊設有電燈，甚至車廂內還設有連日本本地車廂也沒有的吸菸室，設備可說是相當完善。而且二等臥鋪的

①頭等車廂內的休憩室（摘自《Taiwan：a unique colonial record》。資料提供：片倉佳史）。

②二等座位車廂（資料提供：片倉佳史）。

③二等臥鋪車廂（摘自昭和五年版《臺灣鐵道旅行導覽》。資料提供：片倉佳史）。

④照片中的婦人站在特別頭等車廂的觀景露臺上（摘自昭和十年版《旅程與費用概算》）。

● 圖1-7-2　①～④皆是基隆到高雄間快速列車的實際照片。

價格約只有頭等臥鋪的一半，所以第三、第四號快速列車的二等臥鋪車票開賣不久，就宣告售罄，往往一票難求。

市售的時刻表上只標注著西式餐點的用餐車廂符號，但實際上各快速列車的用餐車廂皆同時提供日式及西式餐點。《臺灣鐵道旅行導覽》中記載「提供輕便且新鮮的和洋料理（包含飲料、糕餅及水果）」。尤其是附水果這一點，實在相當符合水果王國臺灣的風格。

從基隆到高雄的距離約四百公里。根據大正十五年（一九二六年）的記載，搭快速列車從基隆經海線到高雄的時間，不論是日車或夜車皆需大約十個半小時。到了十年後的昭和十一年（一九三六年），第一號快速列車以相同的起訖站，經山線只要約八小時整。時間能夠大幅縮短，絕大部分是新型蒸汽機關車C55的功勞。日本本地在昭和十年（一九三五年）開始採用C55，臺灣由於軌道間距與日本本地相同，因此馬上就跟進了。

阿里山鐵路：「國內」首屈一指的山區鐵路

從明治末期到大正初期，有一條軌道寬度七六二公釐的輕軌鐵路，自縱貫線的嘉義站延伸而出，深入臺灣中部的阿里山地區。這條鐵路的管理單位並非臺灣總督府交通局，而是殖產局營林所，由此可知，這條鐵路原本是負責搬運阿里山地區豐富森林資源的產業鐵路。但由於這條鐵路貫穿險峻的山岳地帶，成為沿線居民的重要交通工具；再加上鄰近壯觀雄偉的高山景色，成為當時「國內」首屈一指的山區鐵路，吸引了相當多的觀光客。

不過，名義上畢竟只是產業鐵路，正式提供載客服務的路段，只有平原地帶的嘉義到竹崎間的十四．二公里。自竹崎以東的載客行為屬於「搭便車」性質，也就是為了給旅客們方便，允許他們坐在搬運木材的載貨車廂上。由於只是「搭便車」，萬一發生意外事故，鐵路管理單位將不負任何責任。旅客上車前，就要做好自行承擔途中風險的覺悟。

若比對日本本地販售的《鐵路時刻表》，會發現昭和五年（一九三〇年）十月號上還沒有記載這條路線，直到昭和九年（一九三四年）十二月號上才看得到。根據時刻表，正式提供載客服務的嘉義到竹崎路段，是每天五個往返班次的區間列車，但嘉義到阿里山的直通列車，每天只有一個往返班次，而且還附注每個月的第一及第三個星期日停駛。選擇在星期日停駛，證明這不是一條以輸送觀光客為目的的鐵路。

然而，將阿里山鐵路的風景優勢發揮得淋漓盡致的路段，正是運行班次非常少的竹崎以東路段。在名為「獨立山」的區域，鐵路有大約五公里的路段，呈現螺旋狀盤繞三圈，《旅程與費用概算》中介紹臺灣的文章，稱這個路段為「獨立山三迴旋螺旋線」（關於螺旋線的說明請參閱一〇五至一〇六頁）。此外，這條鐵路還克服了無數橋梁、六十二座隧道、阿里山附近的連續折返

● 圖1-7-3　行駛於山區地帶的阿里山鐵路列車（摘自《南方的據點・臺灣寫真報導》）。

● 圖1-7-4　在嘉義以靜態方式保存的SHAY式蒸汽機關車（二〇〇八年拍攝）。

● 圖1-7-5　行駛於獨立山螺旋線上的現代阿里山森林鐵路列車。

●圖1-7-6　阿里山鐵路的中繼站：奮起湖站（摘自《日本地理風俗大系第十五卷・臺灣》。資料提供：片倉佳史）。

線造成的二千二百七十公尺標高差、最小曲線半徑三十公尺的急轉彎、最大六十二・五‰的陡峻斜坡（附帶一提，平成九年〔一九九七年〕廢止的JR信越本線橫川到輕井澤間最陡峻斜坡為六十六・七‰）。《臺灣鐵道旅行導覽》形容旅客抵達阿里山的過程中會「對車窗外的景色瞠目結舌」。

至於供餐方面，與局線相比當然頗有不周之處。該書也提醒旅客「來回路上的午餐皆須事先準備」。不過，事實上途中的奮起湖車站有商店可以購物，而且還有人販賣鐵路便當、香蕉、竹筍等。當上下行列車交會時，會有大約二十分鐘的停車等待時間，購買食物可說是綽綽有餘。

這條山區鐵路由於有著許多斜坡及過彎，因此拉動列車的車頭，使用的是美國研發的SHAY式特殊蒸汽機車。《臺灣鐵道旅行導覽》對這種SHAY式蒸汽車頭有著詳盡的解說，並且聲稱二等車廂及三等車廂皆裝設有「空氣制動機」（空氣煞車），因此就算在有著大量斜坡的路段發生事故也「安全絕對無虞」。

從嘉義站出發，到阿里山的沼平站約七十一・九公里。從沼平站起，鐵路又分出了好幾條支線。其中一條長約十・七公里的支線可抵達新高口站，這個站名取自於當時號稱日本最高峰的新高山（即現在的玉山）。從嘉義站到新高口站有列車可以直達。值得一提的是，若比對日本本地的《鐵路時刻表》，會發現在昭和十五年（一九四〇年）十月號上，阿里山鐵路與日本的省線並沒有建立「連帶運輸」制度，但是到了昭和十七年（一九四二年）十一月號，阿里山鐵路與省線已成為「連帶」路線。

這些誕生於日本統治時期的小型森林鐵路，到了二十一世紀的現代依然持續運行著，並號稱世界三大山區鐵路之一，吸引來自世界各地的觀光客。奮起湖站所販賣的鐵路便當成為全臺知名餐點，SHAY式蒸汽機關車也受到動態保存，經常會在特殊的慶典活動上進行展示行駛。

臺車：搭車需要一些技巧

行走在臺車軌道上的臺車，本身就是臺灣旅行的特色之一，在日本統治時期的旅遊手冊上有著詳細記載。路線種類相當多，各自以局線或民營鐵路為起點，成為前往觀光地的平價交通工具，旅遊手冊上經常可看見「臺車四人乘坐三日圓八十錢，四小時」之類的說明。一般庶民百姓所搭乘的普通臺車，每輛大多限乘四人，而且通常採用隨時出發的制度，並沒有固定的發車時間。

除了普通臺車之外，還有一些較高級的特殊臺車，限乘人數大多為一至二人。有些會裝設車頂來遮蔽熱帶的強烈陽光；有些會使用藤製或皮革座椅（普通臺車的座椅大多為木製或竹製），藉此塑造出與普通臺車不同的高級感。搭乘費用為普通臺車的一・五倍至兩倍之間。如果遇上下雨天，不論普通臺車還是特殊臺車，都有可能加收費用。

推車的車伕原則上只有一人，但上下坡路段有可能會追加人力。在昭和十三年（一九三八年）版的《旅程與費用概算》中，形容搭乘臺車的魅力為「天氣晴朗的日子搭著臺車馳騁在山腹地帶，不僅幾乎毫無危險而且相當痛快」。不過，前述《臺灣鐵路與日本人・刻劃在線路上的日本軌跡》引用老一輩的證詞包含「乘客在移動時必須抓住臺車四角的棍棒，自行保持平衡」，以及「軌道狹窄且維護狀況不佳，車體會劇烈搖晃，並且必須忍受南方島嶼特有強烈陽光的蒸曬」，最後作出的結論為「乘坐的舒適性令人不敢恭維」。《臺灣鐵道旅行導覽》則記載了乘坐時的技巧：「為了增加安全性，坐的位置最好盡量在臺車的中心偏前方，讓身體的重量向前傾，而且轉彎處最好將身體微微往內側傾斜。」

原住民族專用的免費車廂

雖然不是來自日本本地的觀光客能夠利用的車廂，但作為日本統治時期臺灣的特色之一，在此還是稍作介紹。

沿著臺灣東海岸前進的臺東線，是軌道間距七六二公釐的輕軌鐵路，於大正十五年（一九二六年）開通。這是一項相當艱鉅的工程，耗費了十六年光陰才完成。由於修築地點往往地勢險峻，工人之中包含相當多的原住民族。為了感謝他們的辛勞，行駛在臺東線上的列車有一部分車廂供原住民族免費乘坐，這就是「蕃人專用車廂」的由來。「蕃人」的稱謂，是那時對所有臺灣原住民族的統稱。在清朝統治時期，臺灣的原住民族被稱為「生蕃」，進入日本統治時期之後，日本人剛開始也沿用類似的稱呼。但由於帶有汙辱的意味，因此到了昭和初期之後，日本人逐漸改以「高砂族」來稱呼原住民族。

● 圖1-7-7　唯獨臺東線列車才有的「原住民專用車廂」（摘自《臺灣蕃界展望》。日本國立國會圖書館藏）。

不管是市售的鐵路時刻表，還是臺灣總督府交通局鐵道部發行的《臺灣鐵道旅行導覽》，都沒有關於「蕃人專用車廂」的文字敘述。但前述《臺灣鐵路與日本人・刻劃在線路上的日本軌跡》一書中，引用了關於此事的臺灣老一輩說法。原住民專用車廂並非正式的載客車廂，而是以有頂蓋的載貨車廂改造而成，而且日本統治時期結束之前一直存在。只要不是原住民族，就算是臺灣人也不得乘坐，但書中記載「光看就覺得坐起來一定很不舒服，讓人完全提不起乘坐的念頭」。

臺灣 08

在臺灣輕鬆旅行的划算車票

「外地」中唯一發行的普通遊覽券相當方便

從日本本地、朝鮮及滿洲都能買到直通車票

臺灣與朝鮮或樺太不同，並沒有由鐵道省所經營的鐵路接駁船，但局線（官營鐵路）與日本的省線之間設有「連帶運輸」（一票到底）的制度，因此從省線的主要車站及臺灣的局線主要車站皆可買到直通車票（中間包含由基隆港進出的海運航線）。

除此之外，還可經由日本本地再轉搭接駁船，前往朝鮮釜山的朝鮮總督府鐵道局（鮮鐵）各線，或是利用從基隆港進出的大連汽船，到大連轉搭滿鐵，這些都可以利用臺灣局線與鮮鐵、滿鐵之間的「連帶運輸」制度。因此，在臺灣局線各站與鮮鐵、滿鐵的指定車站之間，都能購買直通車票。但值得注意的是如果先從臺灣前往大連，經由滿鐵線，再從安東（現稱丹東）進入朝鮮的鮮鐵，這樣的路徑沒有辦法購買臺灣與朝鮮之間的直通車票。這些一票到底的車票規定的乘車有效期限為全線共通，必須在包含發行日在內的一個月內使用。

若是從日本本地、朝鮮、滿洲或樺太購買直通車票，而且符合團體折扣的資格，除了學生及教職員之外的一般團體，都會覺得相當划算。這是因為在「連帶運輸」的制度之下，只要是二十人以上的團體，臺灣局線內的二、三等票價可比照學生團體享受五折優惠，而且不管是單程票還是來回票都適用。若比較日本的省線、鮮鐵、滿鐵三者，一般團體的單程車票打五折是折扣率最高的優惠票價。

如果是適用「連帶運輸」折扣優惠的團體，只要團體人數符合規定，負責安排的人還可享受票價免費的優惠，這點與其它「外地」的「連帶運輸」制度相同。但臺灣有一個獨特之處，就是負責安排的人只要向鐵道部提出申請，還可以比團體早一步出發，先到臺灣安排旅館及其它旅遊事宜。當團體從日本抵達臺灣後，如果在島內的旅遊期間要分成數個小組，只要每組人數在十人以上，就可以按照分開前的團體計算折扣比率。也是當時從日本到臺灣旅遊的特色之一。

相當方便的臺灣遊覽券

日本本地省線的一般旅客票價是採用長距離遞減制（參照七十三頁），但臺灣的旅客鐵路票價則採用距離比例制，且區分為頭等到三等（等級別票價制度）。搭乘快速列車要依照距離加付快車費用，若要使用臥鋪車廂還得加付不同級別的臥鋪費用，這點與日本本地並無不同。

值得一提的是，在臺灣總督府接管官營鐵路之前，車票分為「高級」及「一般」兩個級別，票價比照清朝時期的金額設定。據說「與同時期的日本本地相比，約為三倍」（引用自前述《臺灣鐵路與日本人・刻劃在線路上的日本軌跡》）。草創時期的鐵路載客費用高昂，這個現象也發生在明治五年（一八七二年）新橋到橫濱（現在的櫻木町）的日本第一條鐵路的初期票價上。

在臺灣若要買車票搭列車旅行，學生票為一般票價的七折。相較之下，日本省線的學生票為八折（即使是現在的JR集團也一樣）。因此，可以說在日本統治時代，臺灣有著比日本本地更適合學生搭列車旅行的經濟環境。當時的學生要到臺灣進行自助旅行時，會向學校多申請幾張「學生優惠證」帶在身上，方便買票時使用。

但是，對於要到臺灣自助旅行的人而言，最方便的還是JTB所發行的折價券式遊覽券。這是一種採用剪票方式的手冊型折價車票，自大正十四年（一九二五年）開始發售，旅客必須符合數項條件才能購買。第一，到訪地區必須包含數個由鐵道省所規定的日本全國指定遊覽地區。第二，旅遊結束時必須回到出發地點。第三，必須搭乘省線。第四，手冊內的各票區間原則上必須連貫（旅遊行程途中，不能包含不連貫的區間）等。唯有符合所有條件的旅遊行程才能購買這種遊覽券。由於另外還有一種季節限定的遊覽券（季節遊覽券），為了不造成混淆，這種一整年都能發行的遊覽券被稱為「普通遊覽券」。

在昭和六年（一九三一年）身為「外地」的臺灣，首次在普通遊覽券的指定遊覽地區登場。從此之後，臺灣便成為當時的鐵道省推薦的「國內」觀光地區之一，與箱根、富士五湖、上州溫泉等地並列。《臺灣鐵道旅行導覽》中也提到若要從日本本地到臺灣旅行，建議使用這種臺灣遊覽券。

臺灣遊覽券所提供的折扣優惠包含：日本省線及臺灣局線的二、三等鐵路車票打八折（其它地方的普通遊覽券為九折），船運及臺灣島內的公車、臺車軌道打九折。若是學生或學校教職員，還另有學生優惠或教職員優惠。但必須事先規劃好，在兩個月的有效期限內從指定車站出發，造訪各個指定遊覽地區，最後再回到出發車站。雖然方便且經濟實惠，但必須先訂出縝密的旅遊計畫。ＪＴＢ也因為發行前需要一些時間進行審核，所以鼓勵遊客提早申購。

實際的發行條件隨著時期而有所不同。昭和六年（一九三一年）剛開始發行的時候，規定造訪地點須包含四處以上的指定遊覽地區，但後來放寬為兩處。其後遊覽券更名為觀光券，根據昭和十五年（一九四〇年）版《臺灣鐵道旅行導覽》記載，條件又變更為造訪三處。表1-8為昭和六年及昭和十三年（一九三八年）的臺灣遊覽券指定起訖站及指定遊覽地區。

持有遊覽券的遊客，在鐵路方面除了東京電車的環狀線之外，皆可在途中自由上下車。並且在車票及船票的優惠以外，還包含三百日圓份的傷害保險票。如果投宿在ＪＴＢ所指定的旅館，還會同時發行旅館券。如此一來，就可以不用支付當時稱為「茶水費」的服務費（而且JTB再三強調「絕對不用支付」）。

事實上，一直到昭和初期為止，「茶水費」的支付問題，長年以來讓使用日式旅館的廣大遊客感到相當頭痛。跟給服務生的小費不太一樣，茶水費是投宿客人在正規住宿費用之外，還須另行支付的一種服務費。但不像歐美的小費一樣有個大致的行情價，有時支付的金額甚至超過正規住宿費用。當然「茶水費」的支付並非義務，但如果沒有支付旅館人員心中認定的適當金額，住

●表1-8 臺灣遊覽券的指定起訖站及指定遊覽地區的變遷（比較昭和六年與昭和十三年）。

指定起訖站		指定遊覽地區	
昭和六年（一九三一年）	昭和十三年（一九三八年）	昭和六年（需造訪左列地區四處以上）	昭和十三年（需造訪左列地區二處以上）
東京、新橋、橫濱、櫻木町、名古屋、京都、大阪、三宮、神戶、下關、長崎	設有JTB諮詢服務處的車站或港口↓《旅程與費用概算》昭和十三年版書末，列出了設有JTB諮詢服務處的所有都市。包日本本地三十五都市、朝鮮六都市、臺灣二都市、關東州及滿洲合計十八都市。	礁溪、宜蘭、蘇澳、臺北、草山、北投溫泉、淡水、角板山、臺中、二水、日月潭（水車）、嘉義、阿里山、臺南、高雄、四重溪、鵝鑾鼻	臺北附近（草山、北投溫泉）、角板山、日月潭、阿里山、烏山頭、鵝鑾鼻、太魯閣峽谷

宿期間往往沒有辦法獲得充分的服務。因此對投宿的旅客而言，實在是相當麻煩的文化。夏目漱石的小說《少爺》一書中，便曾描寫男主角到松山任教時，在投宿的旅館支付高額的「茶水費」之後，受到的待遇截然不同。

90

臺灣旅行日程

（遊覽券利用）
（東京から二〇日間）

日程	地名	發着時刻	記事	備考
第1日	東京	發後九、四五	下関行各等急行 車中一泊	▲東京—三宮間一二時間半（五九八粁七）三等六圓二八錢。上記列車ニハ一、二等寢臺及洋食堂車アリ（註）東京發後七時三〇分、三宮着前七時五四分ノ各等急行ニハ一、二、三等寢臺及洋食堂車アリ。
第2日	三ノ宮 神戸港	着前一〇、一九 發正午	下車 汽船	▲三宮驛カラ基隆航路ノ汽船發着所第四號突堤（稅關ノ西側）ヘ約一粁餘、徒歩約二〇分、自動車八〇錢、俥五〇錢。 ▲神戸—基隆間航行七三時間半（九九〇浬）大阪商船及近海郵船會社定期船交互ニ毎週三回就航ス（五九〇頁參照）
第3日	門司	發正午		
第4日			船中	
第5日	基隆（新岩壁） 臺北	着後一、三〇 發後二、一〇 着後三、三一	下船 臺北行各等列車 遊覽、宿泊	「註」基隆舊岸壁ハ目下改築中ニ付（昭和八年度完成ノ豫定）内臺定期船發着ヲ新岸壁ニ移シ、第一五號上家階下ニ取扱所ヲ設ケ、出帆ノ場合ニ二回、入港ノ場合ニ一回旅客列車ヲ接續運轉シテ居ル。 ▲基隆—臺北間汽車約一時間一〇分（二八粁六）一等一圓一六錢、二等八一錢、三等四五錢。 「註」基隆—臺北間連絡自動車アリ、所要一時間、賃四五錢、前六時カラ後七時半迄

● 圖1-8　昭和七年（一九三二年）版《旅程與費用概算》中刊載的一部分臺灣旅行推薦行程。標題下方有著「遊覽券利用」一語。

● 90臺灣旅行日程（遊覽券利用・東京出發二十日），譯自圖1-8。

日程	地名	出發及抵達時間	附記	備考
第一日	東京	出發 下午九點四五分	往下關各等快速列車內過夜一晚	▲東京—三宮間十二小時半（五九八・七公里）三等車廂六圓二十八錢。上記列車亦有頭等、二等臥鋪車廂及西式用餐車廂。 注 下午七點三十分從東京出發、上午七點五十四分抵達三宮，各等快速列車亦有頭等、二等、三等臥鋪車廂及西式用餐車廂。
第二日	三宮 神戶港	抵達 上午一〇點一九分 出發 正午	下車 汽船	▲從三宮站至基隆航線之汽船停泊處第四號碼頭（海關西側），距離約一公里多，徒步約二十分，汽車八十錢，人力車五十錢。 ▲神戶—基隆間航行七十三小時半（九九〇海里）。大阪商船及近海郵船公司定期船班輪流排班，每週三個班次（參閱五九〇頁）。
第三日	門司	出發 正午		
第四日			船內	
第五日	基隆（新港口） 臺北	抵達 下午一點三〇分 出發 下午二點二〇分 抵達 下午三點三一分	下船 往臺北各等列車 遊覽、住宿	注 基隆舊港口目前改建中（預計於昭和八年度完工），故日本本地到臺灣的定期船運改停靠新港口，於十五號遮雨棚架階梯下方設置登記處，出航前兩次、入港後一次，協助辦理旅客轉乘事宜。 ▲基隆—臺北列車搭乘約一小時十分（二十八・六公里）。頭等一圓十六錢、二等八十一錢、三等四十五錢。 注 基隆—臺北間有接駁汽車，費時一小時。車票四十五錢。自上午六點至下午七點半。

只要使用臺灣遊覽券且投宿在ＪＴＢ指定的旅館，就可以「絕對不用支付」茶水費。這樣一來可以不再因茶水費的陋習而煩惱，二來也是省了一筆錢，對旅客來說是極大的優點。

遊覽券在昭和十四年（一九三九年）改名為觀光券，到了昭和十五年又改名為旅行券，並在昭和十八年（一九四三年）廢除相關制度。第二次世界大戰結束後，日本的國鐵開始販售鐵路周遊券，深受全日本旅客好評，當年的遊覽券可以說就是周遊券的前身。當然周遊券是在二戰結束後才開始販售，臺灣並不包含在周遊指定地區之中。其後國鐵經過分割及民營化，成為現在的JR集團，周遊券制度一直傳承了下來。到了平成十年（一九九八年），周遊券再次經過改頭換面，成為新型態的全國規模周遊型車票制度，命名為「周遊票」。直到平成二十五年（二〇一三年），周遊票才完全停止販售。

其它優惠車票制度

僅限當地可以使用的折價車票，規模通常較小，而且以局線之外的路線為主。例如：阿里山鐵路有自己的團體優惠票價，二十人以上打七折，四十人以上打六折，六十人以上打五折。此外，從縱貫線海線的大甲站，可搭乘由大日本製糖公司所鋪設的製糖鐵路，前往鄰近海水浴場的大安港站。這是當時臺中州唯一的海水浴場，為了提供遊客方便，每年夏季會販售大甲到大安港的三等車廂來回優惠車票。

其它比較奇特的優惠制度，例如：從日本本地經臺灣轉搭航向菲律賓，或其它南洋地區的遠程航線船隻，可享有在臺灣島內免費轉乘鐵路的權利。以實際的狀況來舉例，假設旅客搭乘大阪商船公司的南洋往來船隻，途中停靠在基隆或高雄港，乘船的旅客可以免費搭乘基隆到高雄的局線列車。只要利用這個制度，就可以在前往熱帶國家的漫長船運旅程上，穿插一趟臺灣列車之旅，讓整趟旅行變得更加豐富有趣。

臺灣 09

探訪臺灣鐵路著名景點

全日本最高的車站在臺灣

臺灣的鐵路網在進入日本統治時期後迅速擴張，車站建築以木造瓦頂的日式建築居多。不過，在昭和十年（一九三五年）的新竹・臺中大地震（后里大地震）後，不少車站倒塌毀損，有些車站在重建時改採混凝土建築。

臺灣三大著名車站建築

日本自明治時期之後，出現愈來愈多近代歐式建築，臺灣的車站也不例外。有些市區的主要車站興建得相當華麗壯觀，其中又以縱貫線、臺中線沿線的基隆、新竹、臺中三站號稱臺灣三大名站，建築風格令旅客為之驚艷。

基隆車站竣工於明治四十一年（一九〇八年），新竹車站及臺中車站則分別於大正二年（一九一三年）及大正六年（一九一七年）落成。基隆車站與臺中車站採用的是豪華壯麗的文藝復興（Renaissance）風格，以紅磚搭建而成，與東京丸之內車站建築有三分神似。新竹車站則採用柔

●圖1-9-1　大正六年（一九一七年）竣工的臺中車站（摘自當時的風景明信片。資料提供：片倉佳史）。

●圖1-9-2　現在的臺南車站。從前的車站飯店如今已停止營業。

和優美的德國巴洛克（Baroque）風格，整座建築宛如石造神殿。這些車站的中央皆建有鐘塔，作為臺灣近代都市的門面，車站建築可說是具有十足的威嚴。其中新竹車站及臺中車站到了二十一世紀的現代依然照常營運，且指定為國定古蹟。

除了這幾座豪華氣派的歐式風格車站之外，昭和時期之後的車站，建築風格大多簡單而洗鍊，或是以混凝土牆體配上日式屋頂的日本獨特形式（稱為「帝冠式」或「興亞式」）。前者的代表為臺南車站（昭和十一年

（一九三六）竣工，如今依然使用中），後者的代表為高雄車站（昭和十五年（一九四〇年）竣工，如今為「高雄鐵路地下化展示館」）。臺南車站是當時臺灣唯一車站內附設飯店及高級餐廳的車站，有著時髦漂亮的白色外觀，美日開戰前晚上會為車站打上燈光，營造出浪漫氣氛。

世界第一座北回歸線標塔

北回歸線是指太陽光在北半球距離赤道最遠位置的直射點所連成的緯線。每到夏至的中午，太陽會在這條線的正上方，也就是與地表完全垂直的位置，因此地表的物體完全不會有影子。

在日本統治時期，若在縱貫線的嘉義站搭上開往高雄方向的列車，數分鐘之後便會看見北回歸線的標塔，出現在右手邊的車窗外。這座標塔的位置為北緯二十三度二十七分四秒，東經一百二十度二十四分四十六秒。由此地往北為亞熱帶地區，往南為熱帶地區。這座位於嘉義的北回歸線標塔是全世界第一座北回歸線的大型標示建築，建立於明治四十一年（一九〇八年），當初的興建目的是為了

● 圖1-9-3　從車窗遠望北回歸線標塔（摘自《日本地理大系第十一卷・臺灣篇》）。

紀念縱貫線全線開通。後來因颱風、地震的破壞而歷經數次重建。到了二十一世紀的現代，除了最新的標塔之外，鐵路附近的公園裡還陳列著歷代的標塔複製品。

阿里山鐵路的獨立山螺旋線

阿里山鐵路的列車從嘉義出發後，在大約二十四至二十九公里之間會進入「獨立山」區域，鐵路會在同一個地點以螺旋狀的弧線纏繞三圈，攀上陡峻的斜坡，這就是最著名的獨立山螺旋線觀光景點。列車離開海拔高度五百三十六公尺的樟腦寮站後，會在同一個區域朝順時針方向以螺旋狀盤繞。當抵達下一站的獨立山站時，海拔高度已飆升至七百四十一公尺。坐在車內的旅客往往無法察覺這獨特的前進路線，但有極短暫的時間，能夠從車窗俯瞰整條螺旋線的景象。這段期間車窗外的壯闊風景，正是阿里山鐵路沿線最值得

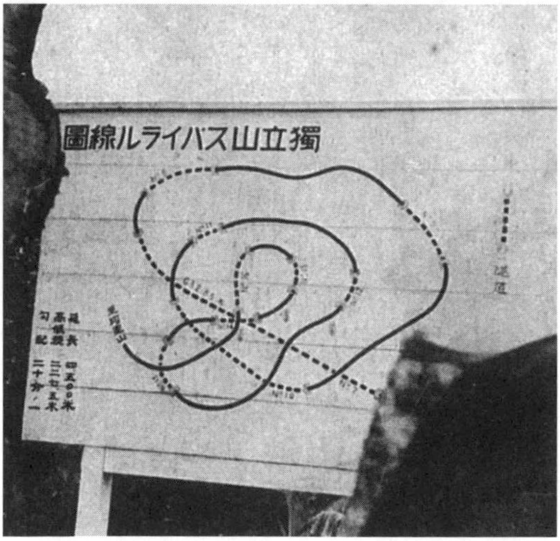

● 圖1-9-4　阿里山鐵路沿線上的獨立山螺旋線的標示板（摘自《風光臺灣》。資料提供：片倉佳史）。

一看的景色。從螺旋線的頂點處開始，沿線上的植物分布會從熱帶植物轉變為溫帶植物。

日本最高車站「塔山站」

阿里山鐵路除了從阿里山站開往兒玉、新高口方向的線路之外，還有一些沒有記載在市售時刻表上的支線。例如：從阿里山站到森林深處的眠月站（全長將近十公里），雖然原本是搬運木材的專用路線，但也開放給旅客搭便車。這條支線的名稱為「塔山線」，途中的塔山站位在海拔高度二千三百四十六公尺處，不僅在阿里山鐵路沿線上標高最高，也是大日本帝國內的載客鐵路中標高最高的車站。車站內豎立著一根標柱，上頭寫著「我國鐵道最高地點・海拔二三四六米」。

這條支線在戰後曾有一段時期開放為觀光用途，但在一九九九年臺灣九二一大地震中毀損，從此進入長期停駛狀態，鐵軌、隧道、鐵橋及車站設施皆雜草叢生，而無人管理。雖然有些登山客會走在停駛中的鐵路上，但荒廢的鐵橋、隧道太過危險，實在不建議這麼做。

日本第一的下淡水溪鐵橋

潮州線（現在的屏東線）自高雄站以南十七・四公里處、九曲堂站與六塊厝站之間，有一條大河名為下淡水溪（現在的高屏溪），架設於溪上的鐵橋全長達一千五百二十六公尺。這座鐵橋

● 圖1-9-5　有「東洋第一大鐵橋」美譽的下淡水溪鐵橋（摘自《日本地理大系第十一卷・臺灣篇》）。

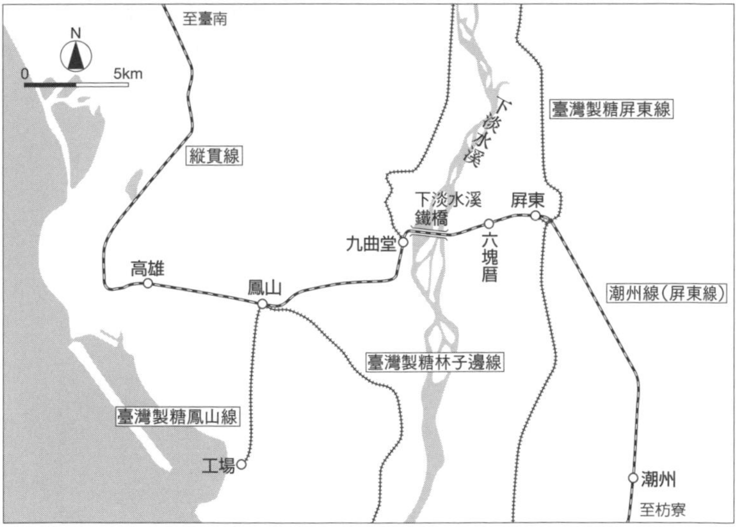

● 圖1-9-6　下淡水溪鐵橋周邊路線圖。

曾經是全日本最長的鐵路橋梁，於大正二年（一九一三年）竣工時，被譽為「東洋第一大鐵橋」。昭和十年版的《臺灣鐵道旅行導覽》還以專文介紹這座鐵橋，聲稱這座橋「遠遠凌駕一千二百四十二公尺的內地阿賀川鐵橋，以及九百四十五公尺的朝鮮鴨綠江鐵橋」。此處的「阿賀川鐵橋」指的應該是日本新瀉縣羽越本線新津，到京瀨之間的阿賀野川橋梁。

下淡水溪鐵橋是在日本統治時期，臺灣最具代表性的建造物，在二戰後還繼續使用了很久的歲月，一九九二年才以新鐵橋取代。下淡水溪鐵橋也因其歷史價值，而獲指定為臺灣的國定古蹟。

保存於臺灣總督府博物館前的機關車

位於臺北車站正前方的臺灣總督府博物館（現在的國立臺灣博物館），門口並排保存著兩輛蒸汽機關車。只要讀了設置在旁邊的介紹看板就可以知道，這兩輛機關車不管是對臺灣或是對日本的鐵路歷史都具有重大意義。昭和十五年（一九四〇年）版的《臺灣鐵道旅行導覽》也以專文詳細介紹了這兩輛「博物館前機關車」。

其中一輛被稱為「第九號機關車」。明治五年（一八七二年）日本第一條鐵路（新橋到橫濱）開通時，採用了十輛從英國進口的機關車，「第九號機關車」正是其中之一。這輛具有歷史意義的機關車在明治三十四年（一九〇一年），被轉讓給臺灣總督府，從此在臺灣鐵路草創期肩負起牽引列車的重責大任。如此具有重大意義的珍貴機關車，就算放在日本的鐵路博物館展示也絲毫不遜色。這輛機關車在大正十五年（一九二六年）退休，使用期間長達五十五年，可說是相當長壽的機關車。另外一輛則稱為「第一號機關車」，於一八八七年（明治二十年）由德國製造。原本使用於清朝的第一條鐵路（上海到吳淞）上，後來清朝興建了臺灣第一條鐵路（基隆到新竹），將這輛機關車從中國大陸運至臺灣使用，並且命名為「騰雲」。因為是臺灣第一輛機關車，所以稱為「第一號」。如今日本統治時代早已結束，臺灣的為政者已不同於當年，但這兩輛機關車依然展示在相同的地點，只是被移放至公園內的專用玻璃展示室中，路過的行人依然可以一睹其風采。

●圖1-9-7　如今依然保存於國立臺灣博物館前的第九號機關車（前）與第一號機關車（後）（攝影：片倉佳史）。

CH 2

朝鮮的鐵路旅行

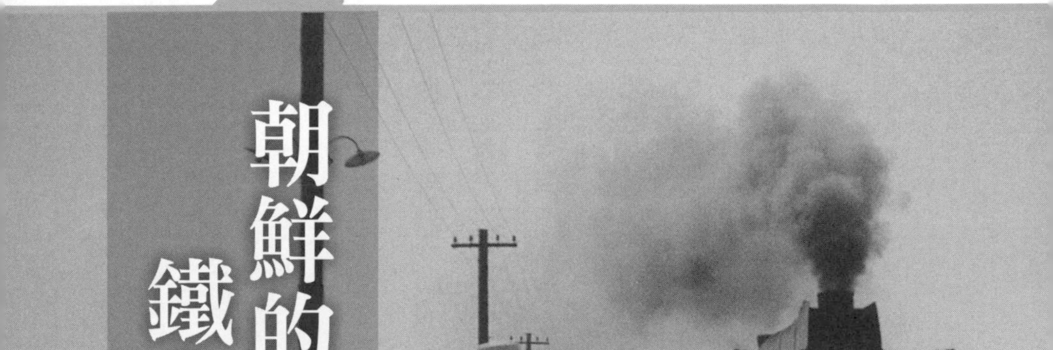

開往京城方向的列車正駛入京義本線的土城站（攝影於昭和十二年〔一九三七年〕。照片提供：高田寬）。

朝鮮 01

朝鮮的鐵路概況

逐漸發展為規格高於日本本地的國際鐵路

大韓帝國時期的一八九九年（明治三十二年），仁川與鷺梁津之間（三十三・六公里）測試開通的鐵路，為朝鮮半島的鐵路歷史揭開序幕。仁川是緊鄰黃海的港口都市，而鷺梁津則位在如今首爾車站西南方的漢江南岸。剛開始的鐵路鋪設權，是由大韓帝國成立前的李氏朝鮮政府賣給了美國企業家。後來由日本買下鐵路鋪設權，並設立集資公司，排除了萬難才終於實現仁川到鷺梁津的開通測試。到了隔年的一九〇〇年（明治三十三年），又完成了橫跨漢江的漢江橋梁，京城（現在的首爾）到仁川之間，全長四十一公里的京仁鐵路（現在的韓國鐵路京仁線）才算全線開通。

這條深受日本影響的朝鮮第一條鐵路雖然距離不長，採用的卻是國際標準軌寬（一四三五公釐）。相較之下，日本本地的官營鐵路採用的卻是窄軌（一〇六七公釐）的低規格鐵路系統。產生這種規格差異的原因，在於李氏朝鮮政府所制定的國內鐵路規則之中，明文規定朝鮮的一般鐵路必須採用國際標準軌寬。這項規定曾有一段時期因為俄羅斯帝國的影響，而變更為必須採用與

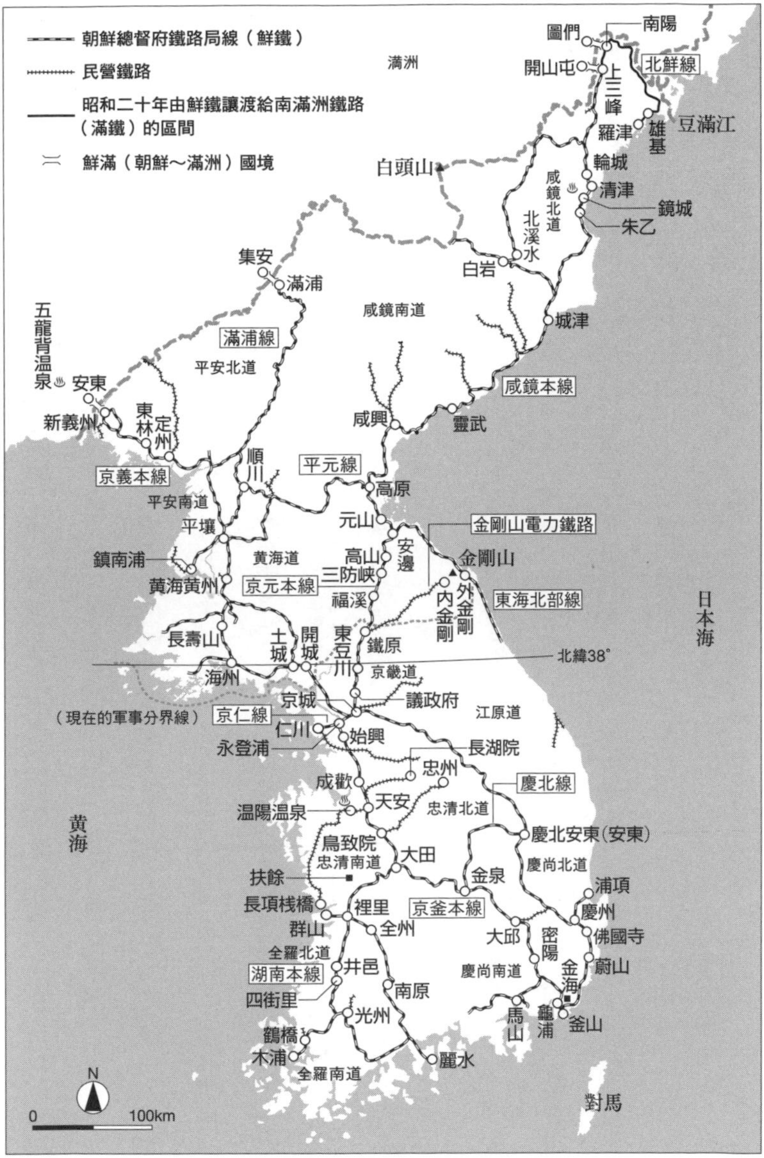

● 圖2-1-1　日本統治時期的朝鮮半島鐵路路線圖。

西伯利亞鐵路相同的寬軌（一五二四公釐）系統。後來在日本建設京釜鐵路（京城到釜山，現在的韓國鐵路京釜線）之際，因日本主張採用標準軌寬，而修改回原本的規定。在這樣的背景因素之下，其後逐漸擴張的朝鮮鐵路網，都採用比日本本地還高規格的標準軌寬系統。

大約在明治三十七年（一九〇四年）爆發日俄戰爭期間，日本為了軍事上的目的，而加快了縱貫朝鮮半島的京釜鐵路及京義鐵路（京城到新義州，現在在南韓稱為京義線，在北韓稱為平釜線及平義線）的施工速度。京釜鐵路雖然在名義上，是由日本公司所管理的民營鐵路，但在日俄戰爭結束後的明治三十九年（一九〇六年），韓國成為日本的被保護國，日本在韓國成立統監府，並於其底下設置鐵道管理局，將京釜鐵路及京義鐵路（名義上為軍事鐵路，但以便民為由提供收費載客服務）皆收編為國有鐵路。

在韓國的統監府時期，鐵路的管理單位發生過數次組織變革。包含鐵道管理局改組為鐵道廳，後來又改由日本本地的鐵道院（即後來的鐵道省、國鐵。現在的JR集團的前身）設置韓國鐵道管理局進行直接管理。其後或許是因為日俄戰爭結束，軍事輸送的需求降低，鐵路在載客服務的品質上開始有所提升。包含出現了第一輛用餐車廂，以及縮短釜山到新義州列車行駛時間的直通快速列車「隆熙」號（參閱一六八頁）等。

日韓合併之後，朝鮮成為日本領土，國有鐵路皆由朝鮮總督府鐵道局（鮮鐵）進行統一管理。日韓合併的隔年，即明治四十四年（一九一一年），朝鮮西北部橫渡鴨綠江的鴨綠江橋梁竣工，鮮鐵可直通鴨綠江對岸清朝領土上的南滿洲鐵路（滿鐵），開始出現穿越國界的跨國列車。

鮮鐵與滿鐵的成功連結，使朝鮮的鐵路一躍成為肩負中日之間，物資輸送的大動脈。為了強化鐵路機能，日本基於國策方針而在大正六年（一九一七年），將朝鮮半島上的國有鐵路委託給滿鐵負責營運，滿鐵於是設置京城管理局。日本本地、朝鮮與中國大陸之間的列車直通機制，絕大部分都是在這個時期打下了基礎。例如：滿鐵盡可能安排縱貫朝鮮半島的京釜本線，以及京義本線的載客列車能夠直通滿洲，或是以關釜接駁船（下關到釜山）為中介工具，同時調整朝鮮與滿洲的鐵路時刻表，盡可能配合日本本地的列車時間等。

不過，在日本對朝鮮的統治超過了十年之後，原本凡事都以軍事目的為優先考量的朝鮮總督府，在行政上逐漸轉變為重視產業經濟的開發，希望鐵路方面，也能夠配合朝鮮地區的實際需要，而由總督府自行管理。在此同時，滿鐵也因為第一次世界大戰後經濟轉為蕭條，而對經營朝鮮鐵路失去了興趣。於是在雙方合意之下，朝鮮總督府在大正十四年（一九二五年）解除了滿鐵的委託經營權，朝鮮的國有鐵路再度改由朝鮮總督府鐵道局（鮮鐵）自行管理。不過，其後又發生了種種變化，例如：朝鮮北部的部分路線在昭和八年（一九三三年）又委託給滿鐵經營，而且其中一部分在第二次世界大戰末期，完全讓渡給了滿鐵。

在這個時期，雖然距離京仁鐵路開始營運也過了二十年以上，但朝鮮半島內的鐵路網鋪設速度卻相當緩慢，別說是跟「日本本地」比，就連同為殖民地的臺灣也比不上。因此，到了昭和二年（一九二七年），日本帝國議會通過「朝鮮鐵路十二年計畫」，決定在朝鮮半島內，鋪設總長約一千四百公里的新路線，同時收購既有的民營鐵路，對整個鐵路網進行一元化的管理。自此之後，朝鮮地區的鐵路網開始迅速擴張。除了偏遠地區的鐵路一一開通之外，民營鐵路也陸續國有化。從昭和初期到二戰結束的不到二十年之間，朝鮮的國有鐵路總延長距離約三千公里，鋪設速度為原本的兩倍以上，讓朝鮮的鐵路總長達到五千公里。

在這個時期，民營鐵路之一的金剛山電力鐵路（鐵原到內金剛，一一六・六公里。詳情請參閱一二四頁）在昭和六年（一九三一年）全線開通，為朝鮮最著名觀光景點金剛山的旅客運輸，發揮了極大的助益。同時，大正末期共有六家鐵路公司進行合併，組成了朝鮮鐵路公司（朝鐵），其經營的鐵路路線最長超過六百公里，成為當時日本最大規模的民營鐵路公司，帶領朝鮮的民營鐵路進入了全盛時期。由民間資本所組成的民營鐵路發揮互補功能，輔助國營的鮮鐵擴大朝鮮的鐵路網，可說是昭和初期的朝鮮鐵路特色之一。

其後因第二次世界大戰的戰況漸趨惡化，基於軍事優先的國策方針，朝鮮總督府更加積極地收購民營鐵路，以追求交通行政的一元化管理。鮮鐵也在第二次世界大戰中的昭和十八年（一九四三年）改編為朝鮮總督府交通局。此外，由於鐵路運輸只注重軍事上的物資輸送，像金剛山電力鐵路這類以遊樂為目的的路線，也因為被視為「非急迫必要」，一部分鐵軌遭到拆除，材料轉作它用。

在鮮鐵再度恢復直營的大正末期到昭和時期之間，鐵路列車的載客服務有了長足的進步。原本日本的列車能夠經由西伯利亞鐵路連結歐洲，後來因第一次世界大戰、俄國革命（**Russian Revolution**）及西伯利亞干涉（**Siberian intervention**）等軍事原因而斷絕，直到昭和二年（一九二七年）才再度恢復聯繫。此時以京釜、京義本線為首的朝鮮鐵路，也在跨國鐵路運輸體制上發揮了部分機能。滿洲國成立之後，更出現了許多由釜山可直通奉天（現在的瀋陽），或中華民國北京的跨國快速列車。後來是因為第二次世界大戰的戰況惡化，這些列車才停止運行。

由於朝鮮採用的是標準軌，沒辦法直接使用大部分為窄軌的日本本地車廂。因為這個緣故，從朝鮮鐵路的草創期，到滿鐵委託經營時期，朝鮮的列車主要使用的是從美國輸入的車廂，以及在日俄戰爭中從俄國人手中搶來的車廂。但是到了大正時代中期之後，車廂的國產化有了明顯的進步，出現許多鮮鐵專用的車廂。包含能夠增加列車前進速度的大型蒸汽機關車、輕量化的載客車廂，以及連「內地」及滿鐵都尚未出現，全日本第一輛三等臥鋪車廂等，都在大正末期到昭和初期這段期間陸續誕生。所有的用餐車廂必定裝設冷氣設備，也是從這個時期才開始。

從昭和十一年（一九三六年）起，三等臥鋪車廂的乘客能夠以每條每晚三十錢的價格，向車掌租借毛毯。在快速列車及一部分載客列車上，還能以三十錢的價格，向掛著「車內枕」臂章的車內服務生租借輕便枕頭。「曉」、「光」、「望」（參閱一六九頁以下內容）等高級列車的車廂內，皆備有旅行紀念圖章，不必特地跑到主要車站尋找。市售的時刻表上詳細地標示出了配有旅行紀念圖章的車站及列車，看出想要吸引觀光客的決心。

為什麼朝鮮的鐵路會在吸引旅客，以及提升服務品質上如此用心？其原因之一，在於朝鮮鐵路的經營特性。前述《日本殖民地鐵道史論》一書中提到：「（朝鮮的鐵路）若與其它受日本統治的鐵路系統相比較，應歸類為『旅客收入型』」，這正是朝鮮鐵路的獨特之處。不過，並不是因為朝鮮鐵路的載客量特別高，而是可輸送的貨物量相對較少，導致鮮鐵的經營長年處於慢性赤字的狀態。該書中更指出「由於汰換及改良費用，皆是由政府一般會計預算支出，所以不會破產。但是仍然無可避免陷入財政困難的窘境，

● 圖2-1-2　京釜本線大邱站與京義本線平壤站的旅行紀念圖章。

相較於投資成本的收益率實在太低」。

因為這個緣故，載客業務對朝鮮鐵路而言相當重要，再加上身為跨國鐵路的特殊地位，必須與滿鐵及日本的省線，在列車速度及服務品質上互相競爭。當時從日本本地前往大陸的國際旅客交通路線，除了縱貫朝鮮半島的路線之外，還有直接連結日本本地與大連的海運直航路線，以及經由蘇聯（現在的俄羅斯）的海參崴，或朝鮮北方的清津進入滿洲的路線，這些都是鮮鐵的

●圖2-1-3　為了吸引從日本本地要往滿洲的旅客，選擇朝鮮半島路線而製作的鮮鐵宣傳手冊。封面照片上的列車為鮮鐵引以為傲的特快列車「曉」（參閱一七四頁以下內容）。

競爭對手。因此，鮮鐵必須不斷用製作宣傳手冊之類的方式，招攬乘客，為朝鮮半島的縱貫路線打廣告。

值得一提的是除了鮮鐵、朝鐵所經營的一般鐵路之外，在京城、釜山、平壤等都市還有路面電車，發揮著都市運輸機能。除此之外，在昭和時代初期之前，偏遠地區還有著以推車軌道為主的簡易鐵路（詳情請參閱一六五頁以下內容）。

日本統治時期的朝鮮觀光發展

主要旅遊行程為參觀戰場遺址

因日韓合併而成為日本領土的朝鮮半島，在當時的日本人眼裡是個什麼樣的旅遊地區？從當時的旅遊導覽手冊上的介紹文字，便可窺知一二。

鮮鐵於昭和九年（一九三四年）發行的《朝鮮旅行導覽記》（朝鮮旅行案內記），是在朝鮮全土進行鐵路旅行的各路線導覽手冊。為了方便攜帶，故意以袖珍尺寸印製。奇妙的是書末寫著「非賣品」三字，旁邊卻又寫著「本導覽記於各地JTB諮詢服務處，及各大知名書店皆有販售」，讓人搞不清楚到底是不是市售的書籍，而且書上也沒有標明定價。

前半部為「概說篇」，介紹朝鮮的氣候及風俗；後半部則為「導覽篇」，詳細說明各路線上的車站周邊名勝景點。「概說篇」全部內容共有二百三十六頁，其中四十九頁為「歷史」的介紹，佔了全體的五分之一以上。而四十九頁之中，又有三十一頁詳細敘述豐臣秀吉出兵攻打朝鮮的事蹟（文祿之役、慶長之役）。在「導覽篇」的各車站周邊景點介紹欄中，也隨處可見以戰場遺址作為景點的例子，例如：豐臣秀吉出兵朝鮮時，由伊達政宗所築城池的遺址，以及小西行長英勇奮戰的地點等。

此外，「概說篇」對於甲午戰爭雖只有年表模式的敘述，但「導覽篇」的各站介紹裡則包含許多與甲午戰爭有關的古蹟介紹。例如：京釜本線（現在的韓國鐵路京釜線）成歡站的介紹文中，介紹了喇叭手木口小平英勇戰死的紀念碑所在地，還詳細說明如果從列車上往窗外看，要往哪個方向才能看到紀念碑。木口小平是甲午戰爭時期非常著名的戰爭英雄，修身課（小學課程名稱，相當於現在的道德課）的國定教科書上，提及了他「即使戰死也不放開口中的喇叭」的事蹟，在當時的日本社會可說是無人不知、無人不曉。又如京義本線（現在的北韓國鐵平義線）平壤站，介紹高句麗時代的古城時，提到了原田重吉一等兵攻破玄武門的事蹟，作為近代歷史事件。據說在甲午戰爭時期，原田重吉率先登上城牆，衝入清軍陣地，自內側打開城門，引日軍入城，在日軍攻略平壤的戰役中立下了卓越的功勳。到了朝鮮北部，沿線各站的景點則是以日俄戰爭的戰場遺跡為主。

由此可知，當時日本人前往朝鮮半島旅行，主要行程是參觀豐臣秀吉出兵朝鮮，以及甲午戰爭（北部則為日俄戰爭）的相關古蹟及戰場遺址。尤其是甲午戰爭及日俄戰爭，對於昭和初期的日本人而言，還只是大約三十年前的事，許多退役軍人都還健在。而且這兩場戰爭的勝利，是日本躋身強國之列的重要原因。這些由當時整個日本社會共同感受的成功體驗，營造了觀光客造訪戰爭遺址的風氣。

不過，其背後的原因，或許並非只是「懷舊」那麼單純。以當時日本政府的立場來看，朝鮮半島隨時還可能爆發軍事衝突。提高日本國民對甲午戰爭歷史的關心，是一件有益無害的事情。不可否認日本政府很可能是想要藉由出遊旅行，來帶動這樣的風氣。事實上，在距離甲午戰爭半個世紀後所爆發的韓戰（一九五〇年、昭和二十五年）中，畢業於滿洲國奉天軍官學校的白善燁師團長（其後歷任韓國陸軍大將、交通部長等職）在與美軍訂下共同作戰方針時，便是依據他對甲午戰爭中的平壤會戰一役的了解。當時美軍從釜山往平壤的方向進攻，基本戰術就跟甲午戰爭中的日軍如出一轍。白善燁在其回憶錄《年輕將軍的韓戰》（若き将軍の朝鮮戦争，草思社，二〇〇〇年）中更明白指出戰史知識的重要性，聲稱「聯合國軍隊領袖若熟悉甲午戰爭的戰史，……今天朝鮮半島的局勢應該會有所不同」。

除了這個「歷史」的章節之外，書中還以「古蹟導覽」的角度介紹平壤、扶餘、金海、慶州、開城、京城（現在的首爾）等地，這也可以算是日本統治時期的特徵吧。例如：鄰近京釜本線龜浦站的金海，據傳是《日本書紀》中所載任那日本府的所在地。雖然當地幾乎沒有留下什麼遺跡，卻還是被特別提出來介紹，與歷代朝鮮王朝古都並列。然而古代是否真的存在大和朝廷用來掌控朝鮮半島的「任那日本府」？現代的韓國政府對此抱持否定的態度，而日本國內如今也沒有任何一本旅遊手冊，以「任那古都」的名義將金海當作觀光景點。

關於朝鮮的自然景觀，則歸類在「從車窗看見的朝鮮地形」章節裡。雖然這個章節打從一開頭就大嘆朝鮮景觀缺乏特徵，「朝鮮山野總是帶給旅人平凡無奇的感覺」。另一方面，文中也提到了朝鮮的山岳地帶頗具特色，尤其對金剛山之美讚譽有加，還另外安排了名為「金剛山導覽」的章節詳細介紹。可以想到的主要原因有以下幾點：第一，金剛山電力鐵路完全開通，從京城要前往位於內陸的內金剛地區，已變得簡單許多。第二，想要前往鄰近海岸線的外金剛地區，也只要搭乘日本海側沿岸的東海北部線（現在的北韓國鐵金剛山青年線）便可抵達外金剛站（現在的金剛山站），旅行旺季的週末都有自京城出發的直通列車。第三，金剛山的山腳下開設了許多西式、日式及韓式旅館。基於種種理由，在昭和時期之後，就算不是腳

● 圖2-2-1　由鮮鐵所發行的平壤市內遊覽手冊。除了介紹甲午戰爭、日俄戰爭的戰場遺址之外，還有紀元前的古朝鮮史蹟等，許多不存在於如今北韓的觀光景點。

● 圖2-2-2　停於鐵原站的金剛山電力鐵路的載客電車（摘自《金剛山電氣鐵道株式會社二十年史》。資料提供：小久保則和）。

● 圖2-2-3　保存於北韓平壤鐵道省革命事蹟館的金剛山電力鐵路車廂。據推測應是在昭和六年（一九三一年）由日本車輛公司製造的車廂之一。

● 圖2-2-4　鐵原站前郵局的風景圖章中的金剛山電力鐵路電車。

● 圖2-2-5　據說風格乃是模仿歐洲山莊的鮮鐵東海北部線外金剛車站（摘自《朝鮮交通回顧錄・工務、港灣篇》）

力過人的登山家，而只是一般的遊客，要欣賞金剛山美景也逐漸不再是難事。每年的冬天雖然是登山健行的淡季，但外金剛的滑雪場也開始營運，遊客可以住在溫泉旅館裡，享受滑雪之樂。

將「溫泉」當作旅遊景點之一，說起來也是受了日韓合併的影響。《朝鮮旅行導覽記》之中有這麼一段解釋：「朝鮮人向來對入浴不抱太大興趣，對溫泉的心態也相當冷淡，因此雖然擁有為數眾多的溫泉，入浴設備卻簡陋得令人搖頭嘆息。日韓合併之後，因日本本地移居者大量增加，以及交通工具的發達，近年來溫泉設備也有了顯著的改善，陸續出現了不輸給日本本地的優良溫泉景點」。因日本人的出現而改善了溫泉設施，可說是一個國際上相當常見的共通現象，其它地區如臺灣，以及第二次世界大戰期間，日軍曾駐留過的東南亞各地也不例外。

從京城搭乘京釜本線南下九十七・三公里，從天安轉入民營的朝鮮京南鐵路（現在的韓國鐵路長項線），便可抵達溫陽溫泉，從京城就有直通的電車可以前往。這裡的藥湯（治療用的溫泉）在百濟時代便被人發現，李氏朝鮮王朝曾在此建築離宮。朝鮮京南鐵路公司在昭和二年（一九二七年）收購了一家在日韓合併的不久前創設，並在此地經營溫泉事業的公司，建設了一座「足以媲美內地寶塚」（摘自前述《朝鮮旅行導覽記》）的豪華西式溫泉飯店，命名為神井館（現在的溫陽觀光酒店）。鮮鐵也不分季節向前往溫陽溫泉的遊客，販售來回折價車票（七折），週末還會降價至五折。

除了溫泉之外，還有賞花、海水浴、賞楓、登山、滑雪、露營等各種遊樂設施，遍及朝鮮各地。鮮鐵會依照不同的遊樂目的販賣折價車票（關於折價車票的詳細內容，請參閱一八六頁以下內容）。

除了鐵路之外的交通工具，都市地區內部還有公車、計程車及人力車，都市之間的移動也有公車可搭。自昭和十三年（一九三八年）起，還有日本航空輸送公司（京城─咸興─清津）及朝鮮航空（京城─裡里─光州）的定期航空班機。

要享受各種專為觀光客設計的服務，可以善加利用JTB的諮詢服務處。JTB在朝鮮地區的釜山碼頭內、京城及羅津等各車站內、清津碼頭前、京城的和信百貨內及三越百貨（現在的新世界百貨）內，以及釜山、大邱、平壤、咸興等地的三中井百貨及和服店內皆諮詢服務處，服務項目包含一般旅遊嚮導、發行各種折價車票，以及協助安排飯店等。

朝鮮各地都有日式及韓式旅館可供投宿。若是京城之類的大都會地區，還有鮮鐵公司直營的朝鮮飯店（現在的首爾威斯汀朝鮮酒店）之類的歐式風格飯店。韓式旅館的最大特徵，就在於地板底下有名為「溫突」的傳統暖氣設備。絕大部分的地區就算沒有日式旅館，至少也會有韓式旅館，因此旅客並不會發生找不到旅館投宿的情況。住宿費用方面，也通常是韓式旅館較為低廉。況且如果是「內地人」開設的旅館，旅客還得面對煩人的「茶水費」問題（進入昭和時期後已逐漸廢除。參照九十七頁以下內容），因此韓式旅館要平價實惠得多。

提供的餐點也會因旅館風格不同，而分為日式或韓式。有些餐廳能同時供應內、鮮（日式及韓式）兩種形式的餐點，例如：鄰近金剛山的三防峽滑雪場附近的韓式旅館，就能為滑雪客提供內地式的餐點。

搭乘列車的途中如果要用餐，可以選擇上用餐車廂、車站內的餐廳，或是向在車站內兜售便當的販賣員購買鐵路便當。有用餐車廂的列車通常是主要幹線的遠程快速列車，提供的餐點包含日式與西式，西式的價格會比較高。京城、大田、大邱等站的車站內，亦有餐廳可供選擇。

如果看日本本地的市售時刻表（鐵道省編纂），會發現朝鮮的時刻表頁面上，完全看不到代表「本車站可購買鐵路便當」的符號，這點跟臺灣的頁面一模一樣。但根據鮮鐵所編纂的《朝鮮列車時刻表》昭和十三年（一九三八年）二月號上的記載，只要是快速列車的停靠站，以及支線的主要車站，絕大部分都會販賣鐵路便當，價格一律為三十五錢。

由上述說明可知，日本統治下的朝鮮已具備頗為完善的旅遊環境，不管是對旅客的各種服務，還是包含鐵路在內的各種交通工具，以及餐飲、住宿方面，都已頗具規模，關於旅行的各種資訊也相當充足。但當時不少「內地人」一想到要到朝鮮旅行，還是會對治安問題感到憂心。日本旅行文化協會所發行的旅行雜誌《旅》（大正十三年〔一九二四年〕創刊，從戰後到平成十五年（二〇〇三年）為JTB發行，其後到平成二十四年（二〇一二年）休刊為止，為新潮社發行）上不時可看見類似的讀者投書，例如：「我把要去朝鮮旅行的事告訴朋友，他擔心我會遭遇匪賊」或是「某學生想趁暑假到朝鮮旅行，父母認為那個地方太危險而強烈反對」等。

若查閱朝鮮總督府警務局所彙整的機密文件《治安狀況》（在昭和五十九年〔一九八四年〕以《朝鮮的治安狀況》〔朝鮮の治安狀況〕為名重新出版）昭和五年（一九三〇年）版，會發現〈國境地區的治安狀況〉被獨立出來，自成一個章節。當時經常會有匪賊（盜賊及反日武裝分子）自滿洲越過國境侵入朝鮮北部，攻擊居民或警察機關。光從「國境地區的治安狀況」被獨立成一個章節，便不難看出屬於朝鮮內部，其他地區沒有特殊治安問題。

不過，根據該節的〈自大正九年至昭和五年間國境三道匪賊累年狀況表〉中的紀錄，朝鮮與滿洲國境處的三道（平安北道、咸鏡南道、咸鏡北道）的「賊徒件數」及「人數」，在大正九年（一九二〇年）分別為一千六百五十一件、四千六百四十五人，但是到了昭和五年（一九三〇年，只記錄到十月底，未滿一年），已大幅降低至三件共十人。該節的總評雖然還是提醒必須隨時注意今後情勢，但也認為「北方邊境一帶已大體平定，人民歸於安堵」。與大正年間相比，北方國境一帶確實已安定得多。這份資料在當時屬於機密文件，記錄的內容應該大致接近事實。

此外，當時的滿洲經常出現妨礙列車通行的馬賊（參閱二五四頁以下內容），實際的案例狀況皆詳細記錄在滿鐵公司的社史等資料當中。相較之下，若翻閱二戰後彙整的《朝鮮交通史》（三信圖書，一九八六年），其中只有在日韓合併前的明治四十至四十一年（一九〇七至一九〇八年）度，記錄了「日俄戰爭後的反動氛圍濃厚，鐵路設施有遭爆破、襲擊之情事」，以及明治四十二年（一九〇九年）度的「各地有暴徒出沒」一語，但是在進入大正、昭和時期（一九一二年以降）之後，都不再有類似的紀錄。

整合上述各種資料，可以看出至少在昭和時期之後，整個朝鮮地區的治安已恢復相當水準，旅客能夠安心進行鐵路觀光旅行而不必擔憂。附帶一提，前述雜誌《旅》的大正十三年（一九二四年）十二月號上，刊載了一篇由滿鐵內部人士高砂政太郎所寫的感想文〈鮮滿遊覽雜感〉，文中指出「前幾天我前往聆聽某師範學校學生的鮮滿視察報告演講，該生說起此次朝鮮之旅的最大感想，是過去報紙一提到朝鮮，總是一再強調刁蠻鮮人如何又如何。實際到了朝鮮一看，才發現情況截然不同。該生感嘆要實現真正的內鮮（內地人與朝鮮人）融合，報紙的責任實在不輕」。文中抱怨了以報社為首的日本新聞媒體，對朝鮮的治安現況沒有作出正確的報導，助長了民眾心中認為朝鮮相當危險的刻板印象。

不過，有些地區基於《要塞地帶法》而不得拍照或寫生，這點跟「內地」及臺灣相同。具體來說，涵蓋釜山、馬山及鎮海等地的鎮海要塞地帶，元山附近的永興灣要塞地帶，清津、羅津、雄基的港灣附近，以及鴨綠江鐵橋、圖們鐵橋一帶皆屬於禁止的範圍。若想要在這些區域內拍照或寫生，必須先向該地要塞或港灣司令部提出申請並獲得許可。

朝鮮 03

前往朝鮮的路徑

涵蓋陸、海、空的多樣化路線

在日本統治時代，從日本本地前往朝鮮的交通工具中，最具代表性的就屬連結下關到釜山的關釜接駁船。最初的關釜接駁船，是在日韓合併前的明治三十八年（一九〇五年），於西日本提供先進旅客運輸服務的山陽鐵路公司，以及其子公司所開闢的民營航線。一年後國有化，並在明治四十三年（一九一〇年）日韓合併後變成國內航線。

這並非只是單純連結兩個港口的客船，而是連結從東京、大阪到下關的快速列車，以及開往釜山以北的快速列車之間的公營鐵路接駁航線。在明治四十一年（一九〇八年）以後，日本本地的國有鐵路（管理單位在明治四十一年以前為鐵道廳，大正九年以前為鐵道院，自此之後為鐵道省）各車站，皆能購買經由關釜接駁船前往朝鮮的直通鐵路車票。事實上，國營的鐵路接駁船除了關釜接駁船之外，在昭和十八年（一九四三年）之後，還多了連結博多到釜山之間的博釜接駁船。這是由於戰爭時期客貨運輸量大增，單靠關釜接駁船已無法負荷。

除此之外，還有許多前往朝鮮南部的民營航線。根據鐵道省所編纂的《鐵路時刻表》昭和九

● 圖2-3-1　關釜接駁船「金剛丸」（摘自當時的風景明信片）。

● 圖2-3-2　關釜接駁船的內部。右上為頭等、二等艙入口大廳及頭等休憩室，左下為三等艙入口大廳（摘自當時的風景明信片）。

年（一九三四年）十二月號記載，有許多民營航線從下關、博多、長崎航向釜山及麗水，其中有些會停靠壱岐或對馬。並非從下關或九州地區出發的航線，則有從大阪、神戶經由瀨戶內海及關門海峽，費時六天前往釜山、木浦、群山、仁川各港的尼崎汽船部公司航線。

其中下關到麗水等部分航線與民營鐵路，都與日本本地的省線設有「連帶運輸」制度。除了搭乘關釜接駁船與博釜接駁船之外，就算是打算搭乘這些民營航線前往朝鮮的旅客，也可以在日本本地的省線各車站購買到接駁車票。

但即使是同一條航線，也不見得一直都與省線有著「連帶運輸」制度。時刻表上所標示的訊息會隨著時期而有所變化。例如：大阪到仁川的尼崎汽船部航線在昭和九年（一九三四年）的《鐵路時刻表》內為無連帶運輸制度，但是到了昭和十五年（一九四〇年）已變更為連帶運輸制度航線。又如：博多—壱岐—對馬—釜山的九州商船航線，在昭和五年（一九三〇年）十月號上為無連帶運輸制度；昭和九年十二月號上改為有連帶運輸制度；到了昭和十五年十月號上又變更為非連帶運輸制度，政策可說是一改再改。

此外，有些前往朝鮮北部地區的航線，也與日本本地省線有著連帶運輸制度。最具代表性的航線，為連結日本的新瀉、敦賀，與朝鮮的羅津、清津、雄基（現稱先鋒）各港的北日本汽船航線，以及日本海汽船航線。這些橫越日本海的航線通常要花費三天兩夜的時間。其中，有些航班

● 圖2-3-3　載客列車正橫越上三峰（朝鮮）與開山屯（滿洲）之間的豆滿江。從朝鮮側往滿洲的方向拍攝（摘自《日本地理風俗大系第十七卷・朝鮮地方（下）》）。

從朝鮮的清津或雄基出發後，還會先繞向蘇聯（現在的俄羅斯）的浦鹽斯德（現在的海參崴）。因此，也可以在這裡下船，轉搭西伯利亞鐵路前往歐洲。昭和五年十月號的《鐵路時刻表》上，介紹了一條大阪汽船公司的無連帶運輸航線，從大阪及神戶出航，通過瀨戶內海及關門海峽，到達釜山後沿途停靠朝鮮半島東岸的浦項、元山、城津（現在的金策）等港，最後抵達清津與雄基，航期為十一天。

陸路方面，也可以從國境相接的滿洲搭乘跨國列車進入朝鮮。尤其在明治四十四年（一九一一年），鴨綠江鐵橋落成之後，經由這座鐵橋進入新義州的路線，已成為從滿洲或中華民國直通平壤、京城（現在的首爾）或釜山的跨國快速列車，所走的日滿間主要通行路線。

如果要前往朝鮮北部，可從滿洲國的首都新京（現在的長春）出發，穿越圖們到南陽之間的日滿國境，直通清津。或是自日本海沿岸的咸鏡本線（現在的北韓國鐵平羅線）、京元本線（現在的北韓國鐵江原線，以及韓國鐵路京元線）搭乘快速列車直通京城。進入昭和時期之後，開山屯到上三峰（現在的三峰）之間，以及集安到滿浦之間，都有新建的橋梁跨越橫亙於日滿國境的豆滿江（即圖們江）及鴨綠江，可以搭乘滿鐵的地方列車穿越國境，進入朝鮮。

自昭和時期之後，一般旅客也可搭乘飛機進入朝鮮。昭和三年（一九二八年）創立的日本航空輸送公司（自昭和十三年〔一九三八年〕之後改名為大日本航空公司）每天都有定期航班經過東京、名古屋、大阪、福岡等地，最後抵達關東州的大連，或滿洲的奉天（現在的瀋陽）。這個航班是以朝鮮半島內的蔚山、大邱、京城、平壤、新義州等地作為起迄站。

根據昭和十五年（一九四〇年）四月改訂的航空時刻表，每天會有一趟來回班次從東京的羽田機場出發，途中停靠福岡，最後抵達京城市區內的漢江中島上的汝矣島機場，航行時間約六小時整。同時期若是靠鐵路及關釜接駁船從東京前往京城，最快也要耗費兩天兩夜（三十九小時又五分鐘），飛機的效率在當時實在驚人。

這個快速航班的機體使用的是洛克希德（Lockheed）14W—G3客機，和道格拉斯（Douglas）

DC—3客機（乘客上限二十一名，後經過改造，上限增加為二十四名）。單程一般票價為一〇五〇日圓，這個價格相當於以鐵路及海運轉乘的方式，搭乘三等客車及艙房價錢的五倍。

同一個時期，大日本航空還有從鳥取縣米子，飛往京城的國內航班，以及從中華民國的北京、青島飛往京城的國際航班，各為每天一趟來回班次。除此之外，還有滿洲航空的航班從滿洲國的首都新京經由奉天飛往京城，以及從牡丹江飛往清津的國際航班。大日本航空與滿洲航空皆在昭和十一年（一九三六年）與鮮鐵實施旅客「連帶運輸」制度，只要是同時搭乘這些航空公司的班機，並且搭配日本本地的國鐵線，以及鮮鐵線的旅客，皆可購買一票到底的直通套票。

但在昭和十七年（一九四二年）日美開戰之後，這些民營的定期飛機航班迅速減少，大多處於休航狀態。即使偶而有航班運行，原本就寥寥可數的座位，也會有將近一半遭軍方徵用，一般民間旅客幾乎不可能搭乘飛機。這樣的狀況一直維持到戰爭結束。唯一的例外，是從昭和十九年（一九四四年）起，大日本航空開設了福岡到大邱的定期航班，每天約有二至三趟來回班次。這是因為朝鮮海峽開始有美軍潛艇出沒，導致海運航行變得極不安全的關係。換句話說，只有在昭和三年至昭和十七年的大約十四年之間，一般旅客才有機會搭乘定期航空班機前往朝鮮。

朝鮮的出入境情況

明明是日本國內，卻設有海關檢查

要進出日本統治時期的朝鮮，最特別的一點就是在關釜接駁船內必須接受海關檢查。雖然在日韓合併之後，日本與朝鮮已成為同一個國家，關釜接駁船在名義上為國內航線，旅客卻必須通過海關檢查。若仔細查看每一年度的《旅程與費用概算》，會發現雖然用字遣詞會隨著發行年度而有著些許差異，但基本上皆明文記載著若藉由「釜山到下關（以關釜接駁船為例）」航線，「前往朝鮮或返回內地，必須在接駁船內接受日本海關檢查」。雖然本書內記載的是「日本海關」，但根據另一本於大正十一年（一九二二年）左右由鐵道省門司鐵道局發行的《關釜航路之栞》記載，在船上負責檢查的人員是「朝鮮稅關監吏」（日本國有鐵道廣島鐵道管理局編，《關釜連絡船史》一九七九年）。

《日韓合併條約》剛簽訂時，日本政府對於大韓帝國在合併前，所實施的各種對外關稅制度，給予十年的緩衝時間，日本本地與朝鮮之間的往來船舶的關稅，也在這個範圍之內。這麼做的目的，是為了避免日本與大韓帝國的條約，損及他國的關稅利益。因此，在大正九年（一九二

朝鮮（十日間 東京—朝鮮往復旅程案） 九二八

十日間 東京—朝鮮往復旅程案

日程	地名	發着時刻	記事	備考
第1日	東京驛	發 後 一一・〇〇	下關行各等急行車中一泊	▲東京↓下關 普通急行列車ニテ二二時間（一、〇九七粁一）、三等九圓五七錢 上記急行列車ニハ各等寢臺及洋食堂車アリ
第2日	下關驛	着 後 九・〇〇 發 後 一〇・三〇	乘換 鐵道省連絡船 船內一泊	▲下關驛構內ニテ關釜連絡船ニ接續ス ▲下關↓釜山 鐵道省連絡船デ七時間半（二四〇粁）、三等三圓五五錢、二等七圓一〇錢（朝晩二回往復。大型船には三等寢臺もあり） **注意** 船內ニテ簡單ナ稅關ノ檢查ガアル
第3日	釜山棧橋	着 前 六・〇〇	下船	▲釜山棧橋ニテ京城・奉天行列車ニ接續スル **注意** 釜山附近一帶ハ要塞地帶ニ付、寫眞其他撮影ニハ憲兵隊ノ許可ヲ要ス
	釜山棧橋驛	發 前 六・三〇	京城行各等特急（あかつき）	釜山↓京城特急ニテ六時間四五分（四五〇粁五）（三等七圓、二等一二圓六三錢）急行料三等七五錢、二等一圓五〇錢
	京城驛	着 後 一・三五	宿泊	京城ノ旅館 朝鮮ホテル（㋑三食付一二圓）、備前屋（㋑六圓半）、天眞樓（㋑六圓半）其他。（九三六頁參照）
第4日	京城（滯在見物）		**京城觀光遊覽順路**（九三六頁參照）朝鮮神宮—恩賜記念科學館—博文寺—昌慶苑—秘苑拜觀（午前一一時）—（晝食）—經學院—京城運動場—東大門—東大門市場—朝鮮上流ノ家庭又ハ妓生ノ私宅ヲ視察シ、夜ハ鍾路ノ夜店等ヲ見物。	
第5日	京城（午後仁川往復）（京城カラ仁川迄列車五〇分、約一時間毎ニ運轉）		午前中—商工獎勵館—パゴダ公園—總督府廳舍—景福宮—勤政殿—慶會樓—博物館 午後ハ仁川往復、淸涼里、碧蹄館、洗劍亭、漢江、金谷陵等ノ近郊視察（九三六頁參照） 夜ハ本町通ヲ散策、ソノ他ヘ。	
	京城驛	發 後 一一・一〇	奉天行 二、三等列車	▲京城↓平壤 普通列車ニテ六時間五〇分（二六〇粁七） 上記列車ニハ二、三等寢臺（二等下段四圓半、上段三圓、三等下段一圓八〇錢、中段一圓五〇錢、上段一圓）ガアル
第	平壤驛	着 前 六・〇〇	下車遊覽	**平壤見物**（九五三頁參照）

● 圖2-4 昭和十三年（一九三八年）版《旅程與費用概算》上所刊載從東京出發的朝鮮旅行往返行程方案（部分）。第二日的備考欄裡標注著「船內須進行簡單的海關檢查」。

● 譯自圖2-4。

日程	地名	出發及抵達時間	附記	備考
第一日	東京站	出發 下午一一點〇〇分	開往下關各等快速列車內住宿一晚	▲東京↓下關：普快列車二十二小時（一〇九七・一公里），三等車廂九日圓五十七錢。上記快速列車有各等臥鋪車廂，以及西式用餐車廂。
第二日	下關站	抵達 下午九點〇〇分 出發 下午一〇點三〇分	轉乘鐵道省接駁船船內住宿一晚	▲下關站內轉乘關釜接駁船。 ▲下關↓釜山：鐵道省接駁船七小時半（二四〇公里），三等艙三日圓五十五錢，二等艙七日圓十錢（早晚二班來回。大型船亦有三等臥鋪）。 **注意** 船內須進行簡單的海關檢查。
第三日	釜山碼頭	抵達 上午六點〇〇分	下船	▲於釜山碼頭轉乘開往京城、奉天列車。 **注意** 釜山附近一帶為要塞地帶，照相、攝影必須經過憲兵隊許可。 釜山關↓京城特快費時六小時四十五分（四五〇・五公里）（三等車廂七日圓，二等十二日圓六十三錢）；快車費用三等車廂七十五錢，二等車廂一日圓五十錢。 京城的旅館：朝鮮飯店（㋒附三餐十二日圓）、備前屋（㋒六日圓半）、天真樓（㋒六日圓半）其它。（參照九三六頁）
	釜山碼頭站	出發 上午六點五〇分	開往京城各等特快列車（曉）	
	京城站	抵達 下午一點三五分	住宿	

第四日	京城（停留觀光）	京城觀光遊覽順序（參照九三六頁） 朝鮮神宮─恩賜紀念科學館─博文寺─昌慶苑─秘苑參觀（上午十一點）─（午餐）─經學院─京城運動場─東大門─東大門市場─參觀朝鮮上流家庭或妓生（藝妓）私宅，晚上走訪鍾路區夜市。	
第五日	京城（下午仁川來回，京城至仁川列車費時五十分，約一小時一班車）	上午：工商獎勵館─塔谷公園─總督府廳舍─景福宮─勤政殿─慶會樓─博物館。 下午：仁川來回、清涼里、碧蹄館、洗劍亭、漢江、金谷陵等近郊觀光（參照九三六頁）。 晚上：本町通路散步、其它。	
	京城站	出發　下午一一點一〇分	開往奉天二、三等列車
第六日	平壤站	抵達　上午六點〇〇分	下車遊覽
		▲京城↓平壤　普通列車費時六小時五十分（二六〇・七公里）上記列車亦有二、三等臥鋪車廂（二等下鋪四日圓半、上鋪三日圓、三等下鋪一日圓八十錢、中鋪一日圓五十錢、上鋪一日圓）。 **平壤觀光**（參照九五三頁）	

〇年）之前，朝鮮基本上沿用舊大韓帝國的關稅制度，關釜接駁船內的海關檢查也是基於這個原則而實施。

十年的緩衝時間一結束，日本的關稅制度便適用於朝鮮，兩者的關稅制度就此統一。不過，剛開始的時候，雖然從朝鮮輸入日本的進口稅全部廢除，但從日本輸入朝鮮的進口稅，則為了保護朝鮮的經濟而暫時維持不變。換句話說，只有貨物進入朝鮮時必須課稅。這點也符合《關釜航路之栞》上所記載，在關釜接駁船內進行檢查的是「朝鮮稅關監吏」。

雖說只是「暫時」的措施，但日本和朝鮮之間關稅完全廢除，已是昭和十六年（一九四一年）四月的事了。值得一提的是到了昭和十八年（一九四三年），日本國內的海關便因戰爭時期行政組織統合政策而廢除，原本海關的主要業務（監視、取締，以及輸出、入通關業務）連同負責人員改由海運局接管。

至於滿洲與朝鮮之間的海關檢查，《旅程與費用概算》的敘述則隨著年度而有所變化。例如：當旅客要穿越新義州到安東（現在的丹東）之間的國界時，滿洲國成立前一年的昭和六年（一九三一年）版之中的敘述為「往朝鮮及往滿洲皆須於車站內，或是到站列車上接受朝鮮及中國的海關檢查」。但是一年後的昭和七年（一九三二年）版中，負責檢查的單位從「朝鮮及中國的海關」變成了「日本海關」。到了滿洲國建國後的昭和十年（一九三五年）版，又變成了「日本及滿洲國雙方海關」。

不過，當旅客是從新義州出入境的時候，雖然負責檢查的單位會隨著時代變遷而不同，然而卻有一個共通的特色。那就是實施兩國共同海關檢查的地點不是在新義州，而是在鴨綠江對岸，屬於日本國外的安東車站。這是因為明治四十四年（一九一一年），新義州到安東間的鴨綠江橋梁竣工，鮮滿直通列車開始運行時，日清兩國之間締結《國境列車直通運行相關日清協定》（国境列車直通運転に関する日清協定），明文規定兩國在安東站進行「共同海關檢查」。不過雖說是「共同」檢查，其實還是有先後順序。如果是從朝鮮出國，會先接受日本海關檢查，再接受清朝海關檢查。但如果是要進入朝鮮，則是先接受清朝海關檢查，再接受日本海關檢查。

此外，關於檢查方式，協定中都有詳細規定。例如：檢查旅客隨身攜帶的手提行李，以及附屬小型行李的時候，如果在安東車站上下車的旅客，是在車站月臺上的檢查區進行檢查；如果是不在安東車站下車的旅客，則是在到站列車的車廂內進行檢查。如果在列車停站時間內，沒有辦法檢查完畢，則兩國海關官吏必須選擇將行李移到月臺上檢查，或是列車行駛進入對方的國家之後，繼續留在車廂內直到檢查完畢。正因為有這樣的規定，所以日滿兩國的直通快速列車「望」號（參閱一七二頁）的上行方向列車（進入朝鮮），朝鮮方的通關檢查可以在列車離開新義州之後，才在車廂內實施（列車通過鴨綠江時為清晨六點多，延後通關檢查可避免妨礙旅客安眠）。

根據昭和十三年（一九三八年）版的《旅程與費用概算》的記載，若是搭乘列車通過安東站的旅客，隨身行李是在車廂內接受檢查，而託運行李則是在車站月臺的檢查區接受檢查。除此之外，昭和十年（一九三五年）版還提醒了想要順利通關的注意事項如下：「檢查時若持有人不在場，行李會被扣留下來。又如果是先行寄送行李，上了鎖卻沒有附上鑰匙，也會被扣留在海關處，直到持有人到場，並檢查完畢，必須特別注意」。

進入昭和時期之後，鴨綠江上陸續架設起鐵路橋梁，跨國列車及轉乘列車也陸續開通。例如：連結滿洲國首都新京，以及朝鮮羅津的快速列車「朝日」號（參閱一八三頁），所通過的南陽到圖們間的圖們橋，是在昭和八年（一九三三年）架設。剛開始的時候，朝鮮方在圖們站內設置南陽稅關支署，在實務上已進行著兩國共同檢查。到了昭和十年（一九三五年），基於日滿兩國之間締結的協定，開始改由日本派遣稅關官吏，進駐屬於滿洲領土的圖們站。從此之後，旅客必須在圖們站接受兩國的正式共同海關檢查。如果是不在圖們站上下車的旅客，檢查是在車廂內進行，這點與安東站相同。主要為當地居民開設的上三峰（現稱三峰）到開山屯間的國境（只行駛區域性的列車）則情況相反，是由滿洲方派遣稅關官吏至屬於朝鮮領地的上三峰站，實施共同檢查。

如果是從圖們或是上三峰進入朝鮮，能夠攜帶的香菸數量會隨著旅客的目的地，而有所不同。如果目的地是羅南、清津、雄基（現稱先鋒）各站以北的旅客，數量為十根以內。而目的地比這三站更遠的旅客，則可攜帶的香菸數量為一百根以內。

到了昭和十四年（一九三九年），從平元線（現在的北韓國鐵平羅線）順川站分岔而出的鮮鐵滿浦本線（現在的北韓國鐵滿浦線），開通至鴨綠江沿岸的滿浦站，可經由滿浦鐵橋連接對岸的集安站，與滿鐵梅集線（梅河口到集安。現在的中國國鐵梅集線）接軌。雖然鮮鐵的載客列車皆可直通平壤，但滿鐵、鮮鐵兩線的列車都在屬於朝鮮領土的滿浦站調頭折返，沒有能夠通過滿浦站繼續前進，直接串聯兩線的列車。因此，滿浦站成為跨國轉運站，所有跨國旅客都必須在滿浦站的月臺上，接受日滿兩國的共同檢查。

值得一提的是鮮鐵的滿浦本線，與日本本地的省線有著「連帶運輸」制度，因此從日本本地就可以購買到鮮鐵的直通車票，但是滿洲國的梅集線，卻不在「連帶運輸」制度的範圍之內。再加上梅集線列車班次少，若要從日本本地經朝鮮跨越國界前往滿洲，梅集線並不是一個好選擇。

朝鮮 05

與日本本地之間一度陷入混亂的時差

最初使用比日本本地晚三十二分鐘的京城標準時間

日韓合併之前，大韓帝國是以首都漢城（後改名京城，即現在的首爾）的時間為整個朝鮮半島的標準時間，與日本本地的時間差了三十二分鐘。當時的日本人將這個標準時間稱為「京城標準時間」，韓國的鐵路正是依據此時間規劃時刻表。

但是到了一九〇四年（明治三十七年）十一月，由日本人負責營運的京釜鐵路（現在的韓國鐵路京釜線）將列車運行的基準時間，由京城標準時間變更為日本本地的中央標準時間。事實上到了明治三十九年（一九〇六年）五月，韓國統監府就將所屬機關的時制，變更為日本的中央標準時間。其後日本政府在同年七月，將京釜鐵路收編為國有鐵路，交由統監府鐵路管理局負責運行。鐵路的運行當然也繼續沿用日本的中央標準時間。因此，韓國的鐵路旅客除了日常生活中所使用的京城標準時間之外，還得同時使用有著微妙差距（三十二分鐘）的日本中央標準時間。

為了解決這種雙重時制的不便現象，韓國政府在一九〇八年（明治四十一年）四月下達敕令，改以東經一二七・五度為基準，訂定新的韓國標準時間，與日本的中央標準時間差距為三十分鐘。過去原本採用日本中央標準時間的公家機關，也都改為採用這個新的韓國標準時間。就連統監府所管理的國有鐵路，也都全部改為依據新的韓國標準時間運行。

其後因日韓合併，日本與朝鮮（韓國）成為單一國家，朝鮮總督府在明治四十五年（一九一二年）一月，又將朝鮮的標準時間改成中央標準時間，徹底解決了三十分鐘時差的問題。自此之後，朝鮮半島內的鐵路時刻表才不再與日本本地有時差問題。往來於日本本地與朝鮮半島的旅客，不必再麻煩地將身上的錶調快或調慢三十分鐘，轉乘的時候也不必再為時差的問題而煩惱。值得一提的是與朝鮮鐵路互相銜接的滿鐵，從明治四十年（一九〇七年）五月開始採用日本的西部標準時間（比中央標準時間晚了一小時，適用於臺灣等地），而朝鮮採用了中央標準時間，因此朝鮮與滿洲的鐵路時差從三十分鐘擴大為一小時。到了昭和十二年（一九三七年）一月之後，滿洲國的標準時間變更為日本的中央標準時間，時差的問題也不復存在（參閱二八〇頁）。

不過，日本本地的中央標準時間是以通過兵庫縣明石市的東經一三五度子午線為基準，而這條線並沒有通過朝鮮半島。因此，朝鮮實際上的日照時間帶比日本本地晚，雖然時間相同，但生活作息時間並不一致。搭乘列車的時候，能夠欣賞窗外景色的時間帶也比日本晚開始、晚結束。以夏至為例，京城必須等到將近晚上八點才會天黑。當然現在的首爾也是一樣。

值得一提的是，現代的韓國所採用的標準時間，雖然與日本統治時期民眾早已習慣的日本中央標準時間相同，但曾有一段時期，韓國嘗試恢復大韓帝國末期的韓國標準時間，也曾經嘗試採用夏令時間，故意設定得比日本還早三十分鐘。北韓則在戰後依然長年採用與日本相同的標準時間，但就在相當於戰後七十年的二〇一五年（平成二十七年），北韓恢復了日韓合併前的韓國標準時間，並命名為「平壤時間」。這個政策讓朝鮮半島首次出現南北產生時差的狀況，這可是歷史上頭一遭。

朝鮮旅行的匯兌問題

朝鮮銀行券的價值與日幣相等

日本統治時期的朝鮮半島，可直接使用日本銀行所發行的日幣。因此，日本本地的旅客搭乘關釜接駁船抵達釜山碼頭時，不必兌換手邊的日幣，就可以直接搭乘自釜山碼頭發車的快速列車，也能夠直奔釜山的市區裡觀光。

不過，在朝鮮地區除了日幣之外，還流通著獨自的貨幣，稱為朝鮮銀行券。大韓帝國時代所設立的朝鮮銀行，是朝鮮半島上有史以來的第一家中央銀行，擁有發行專屬於朝鮮半島貨幣的權限。由於朝鮮銀行券與日幣能夠等價兌換，因此日幣在朝鮮半島內能夠直接當成朝鮮銀行券使用。

而且在滿洲國成立且貨幣制度穩定之後，朝鮮銀行券還能跟日幣一樣在滿洲國內流通，價值等同於滿洲國的貨幣（國幣）。因此，如果搭乘跨國列車從朝鮮前往滿洲國，不見得一定要把手邊的朝鮮銀行券用完，或兌換成滿洲國國幣。

不過，就跟臺灣銀行券一樣，朝鮮銀行券雖然價值等同於日幣，卻無法在日本本地使用。因此，旅客在返回日本本地時，倘若手上還有沒用完的朝鮮銀行券，必須兌換回日幣。搭乘關釜接

● 圖2-6　宛如朝鮮大門的釜山碼頭（左）及釜山車站（右）。旅客可以在這裡進行日幣與朝鮮銀行券的兌換（摘自《釜山導覽》）。

駁船的釜山碼頭有著朝鮮銀行的服務櫃檯，方便上下船的旅客兌換貨幣。而且就算在碼頭忘記兌換，到了船上還是可以兌換。除此之外，下船後也可以在下關車站內找到朝鮮銀行櫃檯。從清津搭乘日本海航線的船隻，同樣也可以利用當地的朝鮮銀行分行。

如果不放心攜帶大量現金，還可以使用相當方便的旅行支票及旅行信用狀（Traveler's Letter of Credit）。旅行支票在現代依然是受到廣泛使用的工具，此處只針對旅行信用狀稍作說明。

所謂的旅行信用狀，指的是旅客事先向銀行支付一筆錢，在此金額之內，該銀行向各地銀行請求收購該旅客針對指定銀行，所開立票據的保證狀。當旅客抵達國外時，可利用此方式取得當地通用貨幣。只要提出信用狀跟證明本人身分的筆跡證明書，就可以提領現金，這點跟旅行支票有點類似。但不同處在於信用狀只適用於指定銀行，如果遇上該銀行放假，沒有營業的日子，當然也就無法提領現金。

昭和初期的《旅程與費用概算》中針對前往朝鮮各地旅行，皆推薦使用「正金銀行信用狀」及「JTB支票」。所謂的「正金銀行」，指的是專門從事外國匯兌業務的橫濱正金銀行，在二戰後其業務由號稱處理外幣業務極為拿手的東京銀行（現在的三菱東京UFJ銀行）所繼承。不過，朝鮮地區並沒有橫濱正金銀行的分行，如果要使用信用狀，必須指定其它銀行。

至於JTB支票，則顧名思義，就是由JTB所發行的旅行支票。JTB在昭和二年（一九二七年）發行了全日本第一張以日幣為基準貨幣的旅行支票。《旅程與費用概算》推薦使用JTB支票，顯然是因為這是JTB發行的刊物，當然要順便為自己公司發行的旅行支票打廣告。由於朝鮮地區並沒有正金銀行的分行，實際上前往朝鮮旅行根本不適合使用「正金銀行信用狀」。如果讀者完全相信這本刊物的說詞，最後的結果當然就會選擇JTB的旅行支票。如此想來，更覺得宣傳的意圖極為明顯。

值得一提的是長年以來，對全世界的旅客而言，一直是不可或缺的旅行支票，已逐漸因信用卡及國際現金卡的普及而失去其意義。日本國內的所有旅行支票發行業務，也在平成二十六年（二〇一四年）全部廢除。作為海外旅行必備品的旅行支票，如今也逐漸成為歷史名詞。

朝鮮的鐵路旅行與使用語言

站名標示牌上共使用了四種文字

朝鮮雖然在日韓合併後成為日本的領土，但朝鮮半島上的使用語言，當然不可能在一夜之間改變為日語。命令一個從小到大只會講母語的人，「從今天起必須講另一種語言」，只是強人所難，相信不擅長學外語的現代日本人應該能深刻體會吧。

大正八年（一九一九年）由鐵道院所發行的《朝鮮滿洲中國導覽》（朝鮮滿洲支那案內）一書中，在〈旅客須知事項〉章節內有「語言」一項，針對前往朝鮮旅行時必須理解的當地語言狀況，作出了以下說明：

「鮮人相互之間使用朝鮮語雖無可避免，但自合邦以來內地移居者逐漸增加，如今母國語的普及已幾乎遍及全土，國人旅客所到之處並無語言不通之慮。」

然而在昭和十九年（一九四四年）由朝鮮總督府所製作的第八十六屆帝國議會說明資料〈昭

和十八年末現在的朝鮮人國語普及狀況〉（《朝鮮總督府帝國議會說明資料・第十卷》，不二出版，一九九四年）中，有一個從大正二年（一九一三年）末至昭和十八年（一九四三年）末的朝鮮人國語（日語）理解人數與人口比例的圖表。根據此圖表上的紀錄，大正七年（一九一八年）末全朝鮮人約一千六百六十九萬人，「會說國語」的人口之中，「稍微會說國語」及「一般會話可以溝通」的合計人數約三十萬人，僅占全人口的一・八一％。前述《朝鮮滿洲中國導覽》的發行年份為大正八年（一九一九年），短短一年內是否有可能改善至該書中所說的「如今母國語的普及已幾乎遍及全土」，實在令人懷疑。

不過，若單論旅客搭乘鐵路列車所須進行的對話溝通，使用日語應不至於產生溝通上的困難。根據大正十年（一九二一年）滿鐵京城（現在的首爾）管理局製作的《統計年報》中〈現業從事員表〉的記載，主要必須與旅客溝通的車站鐵路嚮導人員、站務人員、剪票口人員、賣票人員、小型行李託管人員等職務人員之中，朝鮮人只有四十四名，而「內地人」佔了三百二十一名。在列車上負責與旅客應對的車掌也是比例懸殊，朝鮮人只有十二名，「內地人」佔了一百六十八名。除此之外，站長之中朝鮮人只有一名，「內地人」佔了一百七十一名；副站長之中朝鮮人只有三名，「內地人」佔了一百七十七名；列車區的區長及副區長則全部都是「內地人」。由此可知若不具備一定程度以上的日語能力，很難擔任主管階級或負責與旅客應對的事務。但會說

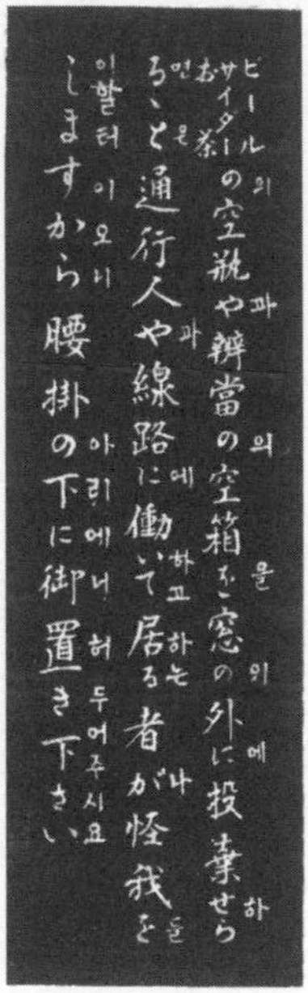

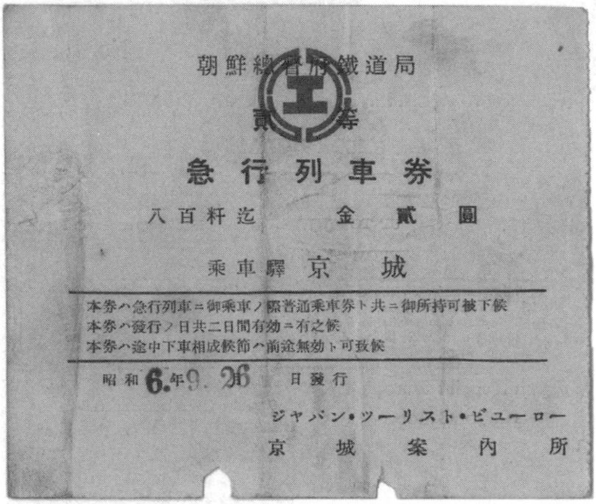

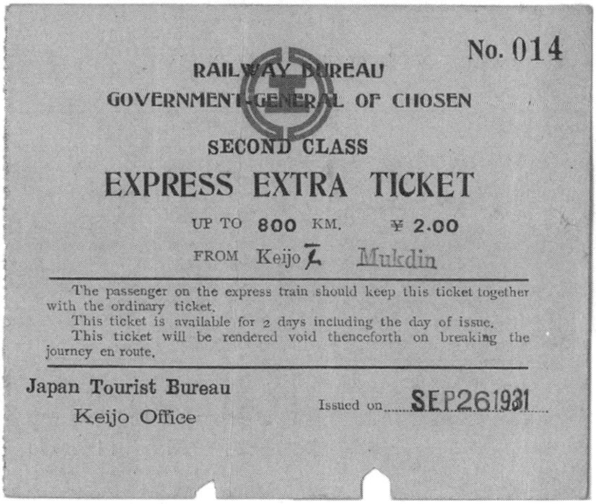

● 圖2-7　左圖為大邱車站所販賣的鐵路便當上注意事項，內容為「請勿將啤酒、汽水、茶的空瓶或便當空盒扔出窗外，以免傷及路人或線路上的作業員。請將這些東西置於座位底下」。使用語言除了共通的漢字之外，還包含日語的假名及朝鮮語的字母。右圖為從京城到奉天的二等快速列車票（昭和六年〔一九三一年〕發行）的正面（上）及背面（下）。正面的日語是使用了大量漢字的候文體（日語傳統文體之一），背面則使用了英語，不愧是跨國快速列車的車票。

日語的朝鮮人在大正十年（一九二一年）應該人數不多吧。

不過，根據鮮鐵所發行的昭和十年（一九三五年）度版《年報》中的〈職名別人員表〉紀錄，車務人員為「內地人」九十二名，朝鮮人三十二名；站務人員為「內地人」二百七十六名，朝鮮人一百五十七名。朝鮮人的比例明顯增加了。車掌的情況更為明顯，「內地人」三百二十一名，朝鮮人一百六十八名。十四年前「內地人」與朝鮮人的比例為十四倍，這時已降低至不到兩倍。此外，根據前述帝國議會說明資料的記載，昭和十三年（一九三八年）末「會說國語」的朝鮮人約二百七十一萬人，佔全體的十二・三八％；昭和十八年（一九四三年）末為五百七十二萬人，佔全體的二十二・一五％（計算上若排除未滿十歲的人口，更會達到三十三・七％）。資料亦顯示元山、釜山、京城這些都市區的日語普及率高於偏遠地區。

不過，即使是到了昭和十八年（一九四三年）底，十歲以上的朝鮮人依然每三人中就有兩人的日語能力，別說是「一般會話可以溝通」，就連「稍微會說國語」也稱不上。若看大正七年（一九一八年）的紀錄，雖然分母多了未滿十歲的孩童，但懂日語的朝鮮人即使把「稍微會說國語」的人數也算進去，每五十人只有一人。依據大正十一年（一九二二年）由朝鮮鐵道協會所統計的資料，朝鮮鐵路的旅客族群結構為朝鮮人佔全體的八十・二％，「內地人」佔十七・二％。依照這幾乎是唯一可以取得的資料，再配合前述帝國議會說明資料的數據來看，概觀整個日本統

● 表2-7　《朝鮮旅行導覽記》（昭和九年）中列出的特殊讀音站名

站名	日語發音
勿禁（京釜本線）	ふっきん　Fukkin
倭館（京釜本線）	わかん　Wakan
新灘津（京釜本線）	しんなんしん　Shinnanshin
裵山店（平元線）	はいざんてん　Haizanten
夢灘（湖南本線）	むなん　Munan
葛麻（京元本線）	かつま　Katsuma
歙谷（東海北部線）	きゅうこく　Kyukoku
箭灘（咸鏡本線）	せんなん　Sennan
川內里（川內里線）	せんないり　Sennairi
獒樹（慶全北部線）	ごうじゅ　Goju
大場（全羅線）	おおば　Oba
極樂江（光州線）	ごくらくこう　Gokurakuko
吾夢里（咸鏡本線）	ごむり　Gomuri
長箭（東海北部線）	ちゃんぜん　Chanzen

治期間，朝鮮載客列車的乘客是由不懂日語的朝鮮人佔了大多數。

由上述種種資料可知在車站買車票時，不管使用日語還是朝鮮語應該都沒有問題。向旅客公告周知的文字除了使用雙方共通的漢字之外，還會同時附上日語假名及朝鮮語字母。車票的票面雖然使用的是日語，但站名及重要事項使用大量漢字，就算是朝鮮人應該也不會有理解上的困難。

站名的標示牌更同時使用漢字、羅馬拼音、日語假名及朝鮮語字母共四種文字。羅馬拼音是依據該漢字名稱的日語發音，而朝鮮語字母則當然是依照該漢字名稱的朝鮮語發音。以日語發音而言，朝鮮的站名原則上是採用音讀發音。但站名的開頭如果有東、西、南、北、上、下這些字眼，則唯獨該字會採用訓讀發音。不過，這些都只是原則，還是會有例外。例如：東海北部線的「長箭」站，讀音不知為何是「ちゃんぜん」（Chanzen）。如果依照日語發音，應該是「ちょうぜん」（Chozen），而如果依照朝鮮語的發音，則應該是「ちゃんじょん」（Chanjon）。因此「長箭」站可說是混合了日語發音及朝鮮語發音。

運行於京城、釜山、平壤等各都市的路面電車（參閱一六五頁以下內容），司機及車掌則大多為朝鮮人。而且搭乘路面電車的乘客大多是當地居民，因此同樣以朝鮮人佔了壓倒性多數。跟鮮鐵等一般鐵路列車相比，包含司機在內的車務人員有較多的機會跟乘客接觸。或許因為這個緣故，朝鮮人較容易獲得錄用。

如果要利用路面電車之類的交通工具，在朝鮮各地進行較長期的旅行，就算只是身為過客的日本旅客，多少知道幾句朝鮮語畢竟還是比較方便。例如：鮮鐵於昭和九年（一九三四年）發行的《朝鮮旅行導覽記》有這麼一段內容：「近來（於朝鮮）國語已相當普及，幾乎沒有國語不能溝通的地區，但要深入了解朝鮮及朝鮮人，對朝鮮語的理解依然有其必要。只要記住兩、三個單字，就能讓朝鮮人感覺非常親近。以下列出一些對內地旅客有所幫助的單字……。」

緊接著該書列出了長達四頁的日語與朝鮮語的單字及片語對照表。朝鮮語還標注了日語假名式的拼音，簡直就跟現代的海外旅遊導覽手冊上的「旅行簡易會話集」沒什麼不同。

朝鮮 08

朝鮮各地多采多姿的鐵道路線

為載運觀光客而攜手合作的國營與民營鐵路

在日本統治時期的朝鮮，旅客主要利用的大眾運輸工具，以遠程而言是鐵路，以近程而言則是公車及路面電車為主。但即使同樣是鐵路，朝鮮的鐵路也有著許多不同於「內地」鐵路的特徵。

鮮鐵

正式名稱為朝鮮總督府鐵道局（昭和十八年後改組為交通局）。大正六至十四年（一九一七至一九二五年）之間，曾經委託給南滿洲鐵路公司負責經營。此外，清津以北的咸鏡本線（現在的北韓國鐵咸北線）及其它共約三百三十公里的路線，在昭和八年（一九三三年）至十五年之間曾再度委託滿鐵經營。其中北鮮線（上三峰〔現稱三峰〕到雄基〔現稱先鋒〕）等大約一百八十公里的路線，到了昭和十五年（一九四〇年）之後依然維持著委託經營的狀態。到了昭和二十年（一九四五年）三月，甚至完全讓渡給滿鐵。昭和二十年（一九四五年）八月時，鮮鐵的路線總長約五千公里。

「日本本地」的省線（現在的JR在來線）統一為窄軌規格（軌道寬度一〇六七公釐），但鮮鐵採用的是國際標準軌寬（軌道寬度一四三五公釐，與現代的新幹線相同），因此車廂尺寸較大，內部不像日本本地的車廂那麼擁擠。鮮鐵與滿洲及中華民國之間都有直通列車，可搭配關釜接駁船建立起日本本地與大陸之間的國際運輸路線。與日本本地有著「連帶運輸」制度，從日本省線各車站便能夠買到前往鮮鐵各車站的直通車票。

從朝鮮穿過滿洲，再經由西伯利亞鐵路前往歐洲，是當時日本前往歐洲的最快路線。日本本地的《鐵路時刻表》最前面的「歐亞運輸」欄，便可查到從日本經由朝鮮轉乘列車，前往巴黎或倫敦的轉乘時刻表。根據昭和九年（一九三四年）十二月號《鐵路時刻表》上的記載，從東京經由朝鮮及滿洲，前往巴黎或倫敦只須費時十五天。但如果是從橫濱港搭船，經蘇伊士運河（Suez Canal）前往南法的馬賽（Marseille）就須耗費四十二天，若要到倫敦更要花上五十天。因此，經由朝鮮搭乘列車的時間僅為船運的三分之一。而且在日韓合併之前，鮮鐵就長期委託英國的Thomas Cook & Son公司代理販售車票，因此在英國及歐洲各地的該公司服務據點，都能購買到鮮鐵的車票。

在日韓合併初期，鮮鐵的票價跟日本本地的國營鐵路一樣，採用長距離遞減制（參閱七十三頁）。但為了方便鐵路沿線的居民，讓短程旅客也能有效利用鐵路，因此在明治四十五年（一九一二年）變更為距離比例制。大正九年（一九二〇年）與滿鐵達成票價統一，省線與三等車票的基本價格相同。

雖然鮮鐵與日本本地的鐵路不同，長距離搭乘在票價的計算上並沒有比較划算，但依據大正元年（一九一二年）至昭和十九年（一九四四年）的紀錄，鮮鐵乘客每人平均搭乘距離為五十至八十公里，而日本本地國營鐵路乘客的平均搭乘距離僅二十五公里，相較之下前者長得多。以定期車票的使用比例來看，日本本地國營鐵路乘客使用定期車票的比例約五十%出頭，但鮮鐵的比例約只有十%出頭。由此可知，鮮鐵的主要客層為來自日本本地的觀光客之類，非日常性的長距離移動者。

民營鐵路

除了組成主要幹線的鮮鐵之外，分布於各地的大小民營鐵路，也是組成朝鮮鐵路網的重要環節。有些亦是前往名勝景點的重要交通工具，深受旅客依賴。

尤其是在大正十二年（一九二三年）由既有的六家民營鐵路公司，合併組成的朝鮮鐵路公司，在昭和十二年（一九三七年）時的距離總長超過六百公里，成為當時全日本最大的民營鐵路公司。相較於「鮮鐵」，朝鮮鐵路公司的簡稱則為「朝鐵」。有些民營鐵路採用的是跟鮮鐵一樣

● 圖2-8-1　朝鮮京南鐵路的汽油車廂（摘自《朝鮮交通史》）。

的標準軌距，但也有些民營鐵路採用的是比日本本地的窄軌，還要狹窄的七六二公釐輕軌鐵路。前者的代表路線如忠北線（烏致院到忠州。現在的韓國鐵路忠北線）及慶北線（金泉到慶北安東〔現稱安東〕。於昭和十五年〔一九四〇年〕國有化。現在的韓國鐵路慶北線）等，後者的代表路線如於朝鮮中部地區的黃海道，建立起二百七十八公里路線網的黃海線（於昭和十九年〔一九四四年〕國有化。現在的北韓國鐵殷栗線、甕津線等）。

除此之外較重要的民營鐵路，還有與下關航線建立起「連帶運輸」制度的南朝鮮鐵路（全長一百六十公里。麗水港到全南光州。於昭和十一年〔一九三六年〕國有化。現在的韓國鐵路全羅線及慶全線），以京釜本線的天安為據點在忠清道地區，建立起總長二百一十四公里路線的朝鮮京南鐵路（天安到長項碼頭〔現在的韓國鐵路長項線〕、天安到長湖院）等。在鮮鐵鞭長莫及的地區，這些民營鐵路肩負起了運輸的重責大任。

部分軌道寬度與鮮鐵相同的民營鐵路，鮮鐵的列車可直接駛入。例如：朝鮮京南鐵路忠南線，在昭和十五年（一九四〇年）前後，從京城（現在的首爾）出發的列車可直通天安到溫陽溫泉之間，方便想要洗溫泉的旅客前往。至於朝鮮最著名的景點金剛山，則在旅遊旺季時有鮮鐵的三等臥鋪列車從京城出發，行經京元本線（現在的韓國鐵路京元線）至鐵原，接著由金剛山電力鐵路（於昭和十七年〔一九四二年〕與京城電氣公司合併。參閱一二四頁）的載客電車充當電力機關車，在清晨將臥鋪車廂牽引至一一六・六公里遠的終點站內金剛。

在第二次世界大戰結束之前，朝鮮的許多民營鐵路都國有化了。原本因載送觀光客前往金剛山，總是熱鬧滾滾的京城電力金剛山電鐵線，則跟其它部分線路在戰爭狀況惡化時，基於無迫切需要的理由而被迫停止運行。在第二次世界大戰

● 圖2-8-2　行駛於南大門附近的京城路面電車（摘自當時的風景明信片）。

● 圖2-8-3　行駛於平壤市中心的大和町（現在的金日成廣場附近）上的路面電車（摘自《日本地理大系第十二卷・朝鮮篇》）。

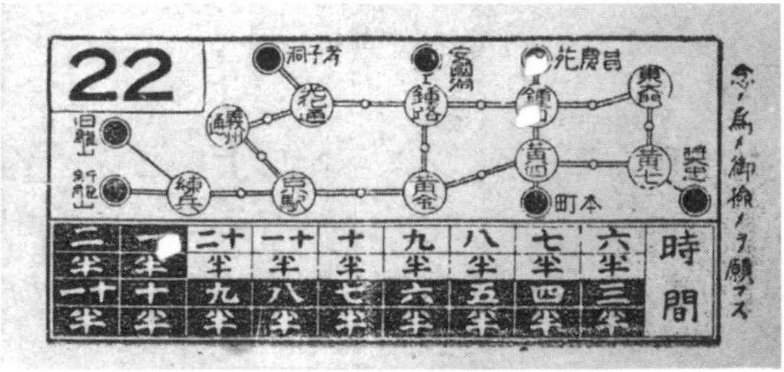

● 圖2-8-4　昭和初期的京城路面電車轉乘券。

● 圖2-8-5　京城路面電車與公車的介紹手冊。

剛結束時，朝鮮現存的民營鐵路總長度剩下約一千四百公里。

路面電車（軌道）

日本統治時期的朝鮮，在京城、釜山、平壤這三座都市有路面電車。

京城的路面電車是在一八九九年（明治三十二年，當時為大韓帝國時期）由韓國皇室與美國人的合資公司所創建，比作為朝鮮半島第一條鐵路的京仁鐵路（仁川到鷺梁津）開業更早了五個月。在大日本帝國勢力範圍內的所有路面電車之中，為歷史第二久遠，僅次於明治二十八年（一八九五年）開業的京都市電。到了明治四十二年（一九〇九年），經營權轉讓給日韓瓦斯電氣公司，該公司並於大正四年（一九一五年）改名為京城電氣公司。京城的路面電車網路總距離最長達到三十八・四公里，自開業之後便成為京城庶民所仰賴的重要交通工具。若排除戰爭末期的特殊狀況，京城府內線及郊外線的票價統一為五錢，兩者互相轉搭則為八錢，與圓計程車（市內車資僅一日圓的計程車）及人力車（每公里約二十錢）相比，不僅價格便宜而且距離各觀光景點很近，方便遊客利用。自昭和十五年（一九四〇年）四月起，加入了部分站牌不停車的快速電車制度。

釜山則是在大正四年（一九一五年）由朝鮮瓦斯電氣公司（於昭和十年〔一九三五年〕改名為南鮮合同電氣公司）在釜山市內鋪設軌道寬度七六二公釐的窄軌線路，開始營運市內電車。昭和六年（一九三一年）將軌道寬度擴張成一〇六七公釐，與京城、平壤的路面電車一致。路線總長涵蓋市內及市外，最長達到二十一・六公里，府內線車票均一價僅五錢，可說是庶民百姓日常生活中相當方便的交通工具。開往東萊溫泉的路線（東萊線）比市內線更早開業，後來由同業收購。這條路線四十五分鐘可自釜山直通溫泉，可說是相當方便的路線，搭乘的觀光客也不少。

平壤的路面電車，則是在大正十二年（一九二三年）以平壤府營軌道開業（起點為平壤車站前，僅三・二公里）以來，路線網逐漸擴張。到了昭和七年（一九三二年）全線長度達到十二・九公里，營運票價為府內均一價五錢。昭和十三年（一九三八年）民營化，經營權轉移至西鮮合同電氣公司。

然而這些路面電車都在戰後的南、北韓統治下遭到廢止。如今北韓平壤市內雖有名為「軌道電車」的路面電車，但那是在一九九一年（平成三年）之後新設的路線，與日本統治時期的運行路線並無關聯。

其它軌道

除了路面電車之外，從明治末期到昭和初期，包含濟州島在內的全朝鮮各地，還誕生了許多軌道式交通工具。這些軌道大多是作為近距離移動用途，絕大部分是靠人力移動的推車軌道。唯有以鮮鐵咸鏡本線（現在的北韓國鐵平羅線）的靈武（現稱豐漁）為起點的靈武軌道（終點為六坮里，全長三・二公里，營業於昭和三至八年〔一九二八至一九三三年〕）是同時使用人力與牛力（以牛隻拉動車廂）。日本本地的部分地區在明治時期曾出現過的馬車鐵路，並不存在於朝鮮地區。

非推車式的軌道且穩定經營載客業務的代表性例子，有京城軌道及咸平軌道，兩者皆為一〇六七公釐的窄軌軌道。京城軌道（昭和五年〔一九三〇年〕開業）以京城的東大門為起點，沿途經過鮮鐵京元本線的往十里站，終點為纛島遊樂場及漢江江岸，主線加支線共十四・七公里，採用柴油機動車及電車，每隔約三十分鐘一個班次。咸平軌道（昭和二年〔一九二七年〕開業）則以全羅南道的鮮鐵湖南本線（現在的韓國鐵路湖南線）的鶴橋（現在的咸平）為起點，以咸平邑內為終點，總長六・一公里，採用柴油機動車，一天約六至九趟來回班次。昭和十六年（一九四一年）被京城軌道吸收合併，成為京城軌道的咸平線。

馳騁於朝鮮地區的招牌列車

「望」、「光」列車皆誕生於朝鮮

快速列車「隆熙」：第一輛縱貫半島的快速列車

明治四十一年（一九〇八年）四月，釜山車站正式啟用，新設關釜接駁船的日間航班，在此同時也誕生了以二十六小時的行駛時間，從釜山直通新義州的快速列車，命名為「隆熙」號列車。日本本地的列車第一次擁有特別的暱稱，是昭和四年（一九二九年）誕生的東京到下關特快車「富士」及「櫻」，算起來朝鮮列車擁有暱稱的歷史，比日本本地早了二十年以上。

在「隆熙」誕生之前，京釜線原本只在白天運行，「隆熙」是第一班實施夜間運行的快速列車。由於「隆熙」的主要目的在於配合關釜接駁船，提升日本本地轉乘旅客的方便性，因此經常隨著關釜接駁船調整航運時刻而增減班次，也曾將運行區間縮短至南大門（後稱京城，即現在的首爾）為止。

值得一提的是「隆熙」是列車開始運行時的大韓帝國年號，因此在日韓合併後便不再出現於官方的正式資料之中，但這個暱稱在合併後依然持續使用了一段時間。明治四十四年（一九一一年）十二月調整運行時刻，從隔日運行變成了每日運行。

快速列車「光」：以豪華觀景車廂連結朝鮮和滿洲

在滿洲國建國後，日本為了強化從日本本地經由朝鮮，前往滿洲的國際運輸路線，在昭和八年（一九三三年）四月調整了相關車船航班的時刻。在此同時，亦將釜山碼頭到奉天（現在的瀋陽）的直通快速列車命名為「光」號。昭和九年（一九三四年）十一月，將運行區間延伸至新京（現在的長春），到了昭和十七年（一九四二年）八月又延伸至哈爾濱站及其郊外的三棵樹站（現在的哈爾濱東站），其後一直持續運行到二戰結束。

不論上行及下行皆是在傍晚從釜山、哈爾濱出發，並在兩天後的清晨抵達終點站。因此，能夠欣賞車窗景色的區間，下行（釜山到哈爾濱）大約是在京義本線（現在的北韓國鐵平義線）的平壤至滿洲國的奉天之間，而上行（哈爾濱到釜山）則是在滿洲國內及京釜本線（現在的韓國鐵路京釜線）的大邱一帶到終點釜山之間。

快速列車「光」的尾端車廂為頭等觀景臥鋪車廂（テンイネ3形，TENINE3型），這種車廂擁有兼具上下車階臺功能的觀景露臺，上頭掛著以日語平假名寫著「ひかり」（Hikari）的車

● 圖2-9-1　快速列車「光」的觀景露臺（上方照片。摘自昭和九年〔一九三四年〕版《朝鮮旅行導覽記》。日本國立國會圖書館藏）與頭等觀景臥鋪車廂的交談室（下方照片。摘自鮮鐵介紹手冊《到朝鮮》〔朝鮮へ〕）。這節車廂如今以「韓國總統專用車廂」的名義保存於首爾的鐵路博物館。

尾標示板，顏色為深綠色。除了頭等臥鋪車廂之外，還有二等臥鋪車廂、二等座位車廂、三等臥鋪車廂、三等座位車廂及用餐車廂，所有的車廂皆為鮮鐵所擁有。「光」是鮮鐵最具代表性的跨國快速列車，若翻看當時內地所發行的《鐵路時刻表》，會發現在經由西伯利亞鐵路前往歐洲的「歐亞運輸」路線刊載欄上，「朝鮮、滿洲區間」記載著快速列車「光」的時刻表。

用餐車廂可供應日式及西式餐點。日本本地的列車用餐車廂往往會區分為日式及西式車廂，而且後者給人比較高級的印象，但鮮鐵的用餐車廂並沒有這樣的區分，時刻表上的標記符號與日本本地的西式用餐車廂相同。不過，日式套餐（一日圓二十錢）跟西式套餐（一日圓五十錢）相比，還是西式套餐比較貴。「光」的西式套餐價格與日本本地的超特快列車「富士」（東京到下關）及「燕」（東京到神戶）的西式用餐車廂相同，比日本本地其它西式用餐車廂的價格貴了一點（日本本地的用餐車廂價格依據的是昭和九年〔一九三四年〕十二月的價格。「光」用餐車廂的價格則依據西木正明，〈追求夢幻的「光」〉〔幻の「ひかり」を求めて〕《旅》一九九二年三月號中，前「光」旅客專務長嶋繁三的證詞）。不過，到了第二次世界大戰末期，時刻表上的標記符號改成了日本本地日式用餐車廂的符號。

值得一提的是後述的「望」列車尾端，也使用相同的頭等觀景臥鋪車廂。這種TENINE3型臥鋪車廂有一輛在戰後成為韓國總統的專用車廂，專供歷任總統使用。如今在首爾郊外的鐵路博物館以靜態的方式保存著，顏色被改塗成了茶褐色及奶黃色。不過，寫著韓語及英語的說明板上，完全沒有提及原本是日本統治時期的豪華列車車廂。因此，對鐵路歷史毫無基礎知識的韓國參觀者，大概只會知道這是韓國總統的專用車廂，而不知道這還是一輛誕生於戰前的珍貴車廂。

快速列車「望」：「光」的姊妹列車

日本在昭和九年（一九三四年）十一月進行列車時刻調整的同時，將釜山到京城的快速列車運行區間延伸至奉天，並且取了「望」這個暱稱。到了昭和十三年（一九三八年）十月更延長至新京，其後一直持續運行，直到昭和十九年（一九四四年）二月才廢止。

開往奉天、新京的下行列車會在早上從釜山碼頭出發，而上行列車則會在傍晚之後抵達釜山碼頭，剛好銜接上關釜接駁船的夜間班次。相較之下，「光」的運行區間幾乎完全相同，但銜接的是關釜接駁船的日間班次。因此，「望」與「光」就像是白天與黑夜的互補關係，共同為鮮滿運輸路線盡了一己之力。

由於「望」的行駛時間剛好與「光」日夜顛倒，所以能夠欣賞車窗景色的時間也剛好相反。下行列車為京釜本線全線、京義本線到開城附近之前，以及（天亮後）滿鐵安奉線（現在的中國國鐵瀋丹線）的途中到終點。上行列車則為剛出發不久的新京附近，接下來就是天亮後從京義本

● 圖2-9-2　行駛於京釜本線安養到始興之間的快速列車「望」（昭和十五年〔一九四〇年〕攝影。照片提供：高田寬）。

線定州附近到平壤、京城，可欣賞到朝鮮半島的南北變化，日照時間大約會在大田到金泉一帶結束。當然會隨著季節不同而產生些許差異。

載客車廂跟「光」一樣屬於鮮鐵所有。最尾端的TENINE3型頭等觀景臥鋪車廂，為了降低行駛過程中的震動，車體兩端底部的臺車車輪並非二軸（四輪）而是三軸（六輪）。當列車通過鐵軌的間隙時，一般車廂的聲音是「噹、咚」，而這種車廂的聲音卻是「噹噹、咚咚」，可以很清楚地分辨出來。

車廂內部大致上可從中央切割為兩塊不同的空間，一邊是附觀景露臺的交談室，由乘客共同使用；另一邊則是頭等臥鋪區。觀景區的窗戶設計得特別寬大，讓乘客方便欣賞車窗外景色。歐式家具風格的書架及書桌上，隨時備有旅行地圖及導覽手冊，此外，還有名為「列車文庫」的圖書雜誌服務可供乘客查閱，可找到當地發行的時刻表。除了「望」之外，其它如「光」和「曉」等高級列車也有著相同服務。

窗戶旁邊擺著扶手椅及沙發椅，地上鋪著柔軟的地毯。木質部分統一使用柚木，看起來柔和素雅。金屬部分則經過炮銅霧面加工，呈現出厚重、沉穩感。這間交談室有著專屬的服務生，負責為乘客提供飲料及其它服務。

特快列車「曉」：京釜本線的巨星列車

昭和十一年（一九三六年）十二月進行列車時刻調整的同時，也誕生了這輛朝鮮唯一的特快列車。這是一輛日間運行的特快列車，從釜山碼頭到京城只花六小時四十分，比京釜間的日間快速列車「望」的行駛時間（七小時五十分）足足快了一小時以上，不愧是鮮鐵最引以為傲的特快列車。途中只停靠兩站（大邱及大田）。

頭等觀景車廂（ラテンイ1形，RATENI1型）、二等車廂、三等車廂加上用餐車廂共計七節，再加上一節行李及郵件車廂，一輛列車合計共八節車廂。所有的車廂都是為了「曉」全新打造的高速行駛用輕量載客車廂，顏色為深綠色。各節車廂皆設置車內廣播裝置，除了車掌廣播之外，有時也會播放音樂。剛開始的時候，車廂有著行駛中震動明顯的問題，後來鮮鐵針對搭乘舒適性，向乘客實施問券調查，並依照其意見改造車廂底下的臺車，減緩了震動的現象。

● 圖2-9-3　疾馳中的特快列車「曉」（昭和十一年〔一九三六年〕攝影。摘自《朝鮮交通史》）。

● 圖2-9-4　特快列車「曉」的頭等觀景車廂內的交談室（摘自鮮鐵宣傳手冊《要往滿洲請經由朝鮮》〔滿洲へは朝鮮経由で〕）。

● 圖2-9-5　特快列車「曉」的二等車廂（昭和十五年〔一九四〇年〕攝影。照片提供：高田寛）。

用餐車廂皆設置冷氣設備，有四人座及兩人座的餐桌，裝潢色調明亮，能夠在愉快的氣氛下用餐。三等車廂採用的是四人對望式的固定座位，由於人數限制比一般載客車廂嚴格，因此座位前方的空間也比較寬敞。不僅如此，「曉」的三等車廂還為「在三等車廂的天花板裝設電風扇」開了先例。二等車廂則是隔著走道的左右，各有一排兩人座的可旋轉式座位（椅背不可調整）。列車最尾端的頭等觀景車廂，則不同於擁有開放式露臺的「光」及「望」，觀景空間完全包覆在玻璃窗之中。交談室有沙發及書架，座位區則隔著走道的兩旁，有一人座或兩人座的可旋轉式座位。除此之外，車廂中央還設置了限制人數三人的特別包廂。

拉著這些特製車廂奔馳於朝鮮南部的特快列車「曉」，在昭和十八年（一九四三年）十一月遭到廢止。理由是第二次世界大戰的戰況惡化，日本政府決定刪減載客列車的數量。「曉」從誕生到廢止只有七年，可說是經歷了相當短暫的榮耀。原本的專用車廂被轉移至釜山到京城的新設快速列車使用，一直維持到戰爭結束。

如今位於首爾郊區的鐵路博物館內，保存展示著一輛綠色的車廂，與「光」及「望」的觀景臥鋪車廂（TENINE3型）並排擺放。日本的鐵路雜誌讀者及相關人士，一般都認為這輛綠色的車廂，就是曾經配置於「曉」列車尾端的頭等觀景車廂（RATEN1型）。筆者在平成九年（一九九七年）初次造訪韓國、參觀鐵路博物館時，也這麼信以為真，對於這個（其它書籍刊物上的）普遍說法絲毫沒有懷疑。筆者自己甚至也曾在雜誌文章上聲稱，「這節車廂就是當年『曉』使用過的車廂」。

但仔細比對RATENI1型的車廂設計圖，和博物館內展示的車廂，會發現不管是車廂長度、窗框數量和位置，以及支撐車體的臺座形狀都不相同。這些都是很難藉由改造來變更的規格。而且《韓國鐵道車輛百年史》（鐵道車輛技術檢定團編，一九九九年）一書中刊載了這節展示車廂的初期設計圖，由該設計圖可發現一個事實，那就是這節車廂在當初剛完工的時候，觀景區並不像現在一樣是以玻璃窗圍起的密閉空間，而是像「光」及「望」的TENINE3型觀景車廂一樣採開放式露臺設計。如今的密閉結構是後來改造的結果。而且該設計圖的樣式和車身尺寸數值，與另一種觀景車廂（TENINE4型）極為酷似。還有另外一點值得注意，那就是設置於這節車廂前方的說明板文字，並沒有提到這是「曉」的車廂，只說這節車廂是在日本統治時代製造，後來成為駐紮美軍司令官的專用車廂。

根據以上種種跡象，筆者認為保存於首爾鐵路博物館的這節密閉式觀景車廂，很可能根本不是當年連結在「曉」的尾端的頭等觀景車廂。針對筆者過去所發表「那就是『曉』的車廂」的斷定言論，筆者在此訂正為「目前無法下定論」，真相只能仰賴今後的進一步研究調查。但筆者認為這輛殘存於首爾郊外，無法開口說話的綠色車廂，讓我們學到了一個教訓：那就是要找出真正的史實，就必須仔細分析相關實物及證據資料，不應該因既有的傳聞而產生先入為主的觀念。

快速列車「大陸」：薄命的鮮滿中直通列車

昭和十二年（一九三七年）七月，日本與中國在華北地區因盧溝橋事件而發生了戰鬥，其後隨著日軍佔領華北，戰鬥逐漸平息，治安也恢復穩定。自此之後，自日本本地經朝鮮及滿洲前往天京或北京的日本旅客大量增加。日本於是在昭和十三年（一九三八年）十月，新設了一班釜山碼頭到北京的直通快速列車。這班列車在隔年被命名為「大陸」，並在昭和十九年（一九四四年）二月遭到廢止。這是一班連結日本與中國的列車，可直接從朝鮮直通中國大陸，但就算加上還沒有命名的期間，這班列車的壽命也只有五年多。

載客車廂的持有公司，為設立於昭和十四年（一九三九年）的華北交通公司（滿鐵的集團公司，參閱三三四頁以下內容）。連結在車尾的頭等觀景臥鋪車廂（TENINE2型）的觀景平臺不同於「光」或「望」，採用玻璃窗包覆的密閉空間，但與「曉」也不一樣，尾端的觀景區為半圓形，造型相當洗鍊。其玻璃使用的是足以映照出車內乘客全身的巨大曲面玻璃，將車尾的觀景樂趣發揮得淋漓盡致。觀景區的隔壁是休憩室，地上鋪著紫色的地毯，整體裝潢呈現出中華風格的美感。寢室空間共有六間房間，每間有一座折疊式的雙層床鋪，也就是一節臥鋪車廂最多只能容

● 圖2-9-6　行經京釜本線密陽站的快速列車「大陸」（上方照片。昭和十五年〔一九四〇年〕攝影。照片提供：高田寬）與其頭等觀景臥鋪車廂內的交談室（下方照片。摘自《朝鮮交通史》）。

納十二人。

除了這個散發中華美感的頭等觀景臥鋪車廂，還有二等及三等臥鋪車廂、二等及三等座位車廂，再加上用餐車廂。列車從釜山出發後，經京城、平壤、滿洲國的奉天，最後抵達北京，總長二〇六七・五公里，行駛時間為三十九小時三十分鐘（北京至釜山則為三十八小時四十五分鐘。以上皆為昭和十五年〔一九四〇年〕十月修正時刻表後的時間）。銜接關釜接駁船的夜間航班，讓東京到北京最快僅需耗費四天三夜的時間，「大陸」列車在這條路線上扮演相當重要的角色。這班列車同時也是當時行駛於大日本帝國內部的列車中，行駛距離最長的一班列車。由於行駛時間與「望」幾乎相同，在京釜本線、京義本線及滿鐵安奉線，能夠觀賞到車窗外景色的範圍也大同小異。

後來隨著戰局的變化，鐵路改以載貨為優先，載客列車陸續遭到刪減及合併。「大陸」的連結車廂數量愈來愈多，速度也愈來愈慢。在廢止前的昭和十八年（一九四三年）十一月，運行區間也縮短為京城到北京之間。

豪華的「大陸」用頭等觀景臥鋪車廂（TENINE2型），是由位於大連的滿鐵工廠所製造。在戰爭結束後，為中國國鐵接收，成為毛澤東、周恩來等政治要人的專用公務車廂。其中一輛自一九八〇年代起，便在中國遼寧省瀋陽受到動態保存，主要讓來自日本的團體觀光客承租，作為觀光遊覽用途，直到二〇〇八年（平成二十年）才不再使用，如今陳列於瀋陽的鐵路博物館。此外，也有一些同型車廂展示在北京的鐵路博物館。在大日本帝國時代馳騁於「外地」的眾多豪華載客車廂之中，這一型車廂的健在率算是相當高的。

快速列車「興亞」：沒有觀景車廂的樸素列車

快速列車「興亞」誕生於昭和十四年（一九三九年）十一月，行駛於釜山碼頭到北京之間，算是「大陸」的姊妹列車。載客車廂的持有公司同樣為華北交通公司，行駛時間也是三十八小時四十五分鐘，與「大陸」有著不少共通點。然而「興亞」卻也有著與「大陸」極大的差異。首先，「興亞」並沒有「大陸」最為人津津樂道的車尾頭等觀景臥鋪車廂，再者，「興亞」銜接的是關釜接駁船的日間航班，因此運行時間也跟「大陸」日夜顛倒。

雖然「興亞」與「大陸」相比顯得樸實無華，但作為連結朝鮮、滿洲國及中華民國的跨國快速列車，「興亞」直到戰爭結束的前一刻都還持續運行著。理由之一，就在於關釜接駁船為了避免遭美軍魚雷攻擊，而廢止了夜間的航行班次，導致「大陸」及「望」失去了能在釜山碼頭銜接的日本本地航班。相較之下，由於關釜接駁船的日間航班依然持續運行，所以與日間航班接駁的「興亞」及「光」都沒有受到影響。「興亞」的運行時間與「光」很接近，相同的運行區間內，能夠欣賞車窗外景色的區段也大同小異。

值得一提的是「興亞」也跟「光」一樣，原本時刻表上的用餐車廂符號，使用的是西式車廂符號（實際上日式及西式餐點皆可供應），但在昭和十九年（一九四四年）前後變更為日式車廂符號。

京元線、咸鏡線快速列車：沿著日本海北上的快速列車

隨著滿洲國的成立，從日本本地或朝鮮前往滿洲的載客需求量也大增。因此日本在昭和八年（一九三三年）四月，除了原本就作為鮮滿連結路線的京義本線之外，又將一班沿著橫斷朝鮮半

● 圖2-9-7　行駛於京元本線平康站以南區域的快速列車（昭和十九年〔一九四四年〕。攝影：竹島紀元）。

島中部的京元本線（現在的韓國鐵路京元線及北韓國鐵江原線）行駛至港都元山，接著又轉入咸鏡本線（現在的北韓國鐵平羅線）沿著日本海北上的長程普通列車，升格為快速列車，並以朝鮮北部的朝鮮和滿洲國境附近的上三峰（現稱三峰）作為終點。這班列車並沒有取任何暱稱，卻是第一班沿著朝鮮北部的日本海沿岸前進的快速列車（不過以快速列車模式行駛的區段只有京城到朱乙〔現稱鏡城〕之間）。

其後這班列車又從上三峰站繼續延伸，經由在蘇滿國境線附近往北繞了一圈的圖們線（現在的北韓國鐵咸北線），延伸至接近蘇聯（現在的俄羅斯）國境附近的港灣終點站雄基（現稱先鋒）及羅津。昭和九年（一九三四年）十二月號的《鐵路時刻表》上，這班列車的時刻表旁加注了一句「本列車附掛往朝陽川方向的車廂」。這裡的「朝陽川」是位於滿鐵京圖線上的車站。京圖線是從上三峰站分岔出去的線路，渡過豆滿江，通往滿洲國首都新京。

這班列車雖然沒有頭等車廂，但由於過去要前往日本海沿岸的旅客，只能搭乘普通列車，這班快速列車讓行駛時間一口氣縮短了六小時三十分。只不過這班列車通常都是在下午才從京城出發，因此在太陽未下山前，能夠欣賞到的窗外日本海景色相當有限，旅客大部分的時間都是看著京元本線的山區地帶、清津以北的內陸區，或是分隔朝鮮與滿洲國的豆滿江。

除此之外，到了昭和十三年（一九三八年）十月，又誕生了另一班京城到清津的快速列車。這班列車在京城銜接另一班同一時期誕生的釜山碼頭到北京快速列車（昭和十四年〔一九三九年〕命名為「大陸」），因此對於從日本本地搭乘關釜接駁船，來到朝鮮的旅客來說也很方便。到了昭和十五年（一九四〇年）十月，又出現另一班從京城直通滿洲國牡丹江的快速列車。這班跨國快速列車具備二、三等的臥鋪車廂及座位車廂，另外還有用餐車廂，一直運行到戰爭結束的前一刻。值得一提的是這班列車就跟「光」及「興亞」一樣，隨著第二次世界大戰的戰況改變，時刻表上的用餐車廂符號被改成了日式用餐車廂符號。

快速列車「朝日」：由朝鮮北部進入滿洲國

快速列車「朝日」以朝鮮北部的港口都市羅津為起點，越過南陽到圖們之間的國境線，通往滿洲國的首都新京。在擁有暱稱的朝鮮快速列車之中，「朝日」是唯一不以京城為起迄站的列車。不過，「朝日」在朝鮮領地內的行駛區間（北鮮線）也是委託給滿鐵負責營運，或許把「朝日」視為滿鐵的快速列車比較恰當。

自從昭和十一年（一九三六年）出現了這班由新京到羅津、清津的直通列車後，由日本本地的敦賀、新瀉搭乘日本海汽船之類船隻，進入這些港口之後，再轉乘列車前往滿洲的北鮮航線，成為當時的旅客心中由內地前往滿洲的新路線。在此之前，日本與中國之間的國際交通路線基本上以關釜航線及大連航線為主，但不管是由JTB在滿洲奉天發行的《滿洲中國鐵路時刻表》（滿洲支那汽車時間表）昭和十五年（一九四〇年）八月號上的〈日滿聯絡〉欄，還是由日本本地鐵道省編纂的《時刻表》昭和十五年（一九四〇年）十月號上的〈日、鮮、滿、支方面主要列車聯絡〉欄，都已將從敦賀、新瀉經由朝鮮北部進入滿洲當成主要路線之一，並且列出了「朝日」的班次時刻。

車廂包含頭等到三等的座位車廂，以及可供應西式及日式餐點的用餐車廂。二戰末期幾乎所有朝鮮用餐車廂，在時刻表上的符號都改成了日式車廂，但「朝日」直到廢止前依然維持西式車廂的符號。

由於運行時刻的安排是在一大早從起點站出發，當天晚上就會抵達目的地，因此「朝日」並沒有臥鋪車廂。尤其是對從日本本地要前往新京的旅客而言，從新瀉或敦賀搭上船，會在清晨抵達羅津，下船後馬上就可以轉乘「朝日」列車，實在相當方便。

然而知道「朝日」這個列車名稱的人並不多。雖然時刻表上的朝鮮、滿洲欄位確實記載著「朝日」這班列車，但書首的國際接駁欄卻有別於京義本線的各班快速列車，並沒有出現「朝日」這個列車名稱。相當於鮮鐵正史的《朝鮮交通史》，以及相當於滿鐵正史的《南滿洲鐵道株式會社第四次十年史》（兩書皆刊行於戰後），在該時期的載客列車史部分也都沒有出現「朝日」這個列車名稱。

在朝鮮輕鬆旅行的划算車票

不管在日本本地或當地購買，都有各種車票可以選擇

若不論草創初期，朝鮮的鐵路載客收費方式就跟臺灣一樣，是採取距離比例制（參閱七十三頁）。日韓合併初期所採用的長距離遞減制收費方式，對沿線居民及短距離乘客而言太不划算，因此到了明治四十五年（一九一二年），不僅轉換為距離比例制，而且調降了近距離的票價。其後雖然在第一次世界大戰後，及第二次世界大戰中曾經調漲價格，但依據前述《日本殖民地鐵道史論》中的論述，其票價制度「以長期的眼光來看是安定，且沒有上漲趨勢的」。

話雖如此，但因為不像日本本地的省線一樣採長距離遞減制度，對於想要在朝鮮各地搭乘遠程列車旅行，或是想要前往滿洲的觀光客而言，如果到了當地才要購買普通車票，相較之下當然會比在日本本地搭乘列車的價格高一些。有鑑於此，鮮鐵配合旅遊型態設計了來回票、周遊券等各式各樣的折扣車票，以滿足這些長程列車旅客、團體旅客，以及學生旅客的需求。

尤其是周遊券，只要一券在手，不僅費用能夠享受折扣，而且在列車、船運之間轉乘的時候，還可以得到行李自動轉送的服務。絕大部分遠渡重洋、穿越國境進入朝鮮的旅客，都帶著不

少隨身行李，因此在釜山碼頭進行關釜接駁船，以及列車之間的轉乘時，若能不必自己搬沉重的行李，往往能省下不少麻煩。

值得注意的是朝鮮方面的折扣車票，往往會與滿洲方面的折扣車票互相連動，而且發行的時期也各自不同，以下主要僅針對朝鮮內部的觀光旅行，介紹昭和時期之後，持續一定期間以上的便利折扣車票或制度的代表性例子。

日本本地、朝鮮相互間來回折價車票

如果要從日本本地的省線各車站前往鮮鐵各車站，或是朝鮮半島內的民營鐵路中，與日本本地省線實施「連帶運輸」制度（在時刻表上可查得到）的車站，而且是同站來回，不管是購買頭等、二等或三等車票，都可以選擇打八折的來回折價車票。適用期限為兩個月之內。可於日本本地的省線各車站，以及在東京、大阪由滿鐵及鮮鐵共同開設的鮮滿諮詢服務處購買。

朝鮮、滿洲相互間來回折價車票

如果要搭乘鐵路列車在滿洲與朝鮮之間來回，符合以下兩種條件之一，而且是原路來回，便可購買八折的來回折價車票。適用期限皆為兩個月。

①起迄站的一端為比鮮鐵京義本線（現在的北韓國鐵平釜線）的平壤更遠的車站（京城〔現在的首爾〕方向，或是鮮鐵平南線〔現在的北韓國鐵平南線〕的鎮南浦〔現在的南浦〕方向），另一端為比滿鐵安奉線（現在的中國國鐵瀋丹線）的蘇家屯更遠（經新義州、安東〔現在的丹東〕）的滿鐵社線車站（若是滿鐵國線車站，僅限相互指定車站。滿鐵的「社線」與「國線」的差別請參閱二四〇頁）。

②起迄站的一端為比鮮鐵咸鏡本線（現在的北韓國鐵平羅線）的城津（現在的金策）更遠的車站（元山方向），另一邊為比滿鐵京圖線（現在的中國國鐵長圖線）的敦化更遠（新京〔現在的長春〕方向），或是比滿鐵圖佳線（現在的中國國鐵圖佳線）的東京城更遠（牡丹江方向）的滿鐵社線車站（若是滿鐵國線車站，僅限相互指定車站），且須經過朝鮮北部。

日本本地、北鮮來回折價車票

從日本本地的省線各車站出發，由敦賀或新瀉搭乘日本海汽船，經北鮮航線前往朝鮮北部的清津或羅津，再轉搭列車前往鮮鐵咸鏡本線的輸城到咸興之間，或是滿鐵營運下的咸鏡本線的輸城以北，或是北鮮線（現在合稱為北韓國鐵咸北線）的各車站，可購買八折的來回折價車票（相反方向亦可）。適用期限為兩個月。

內鮮滿周遊券（原本的名稱為「日鮮滿周遊券」）

從日本本地經朝鮮前往滿洲，繞一圈後從關東州的大連港搭乘客船，回到日本本地的環狀旅行周遊券。適用於各區間的票券是連在一起的一張張小紙片，上頭有點狀痕跡方便撕取。旅客在搭乘車、船的時候，將這些票券一張張撕下來使用。這種形式的周遊券從大正時期就開始販售，可說是適合「外地」旅客的折價車票之中，最具代表性的一種。

能夠選擇的路線最多時有十三種，其中較具代表性的部分路線，會公布在每一年的《旅程與費用概算》等刊物上（參照圖2-10-1）。最多人選擇的路線，為從日本本地搭乘關釜接駁船到朝鮮，轉搭京釜本線（現在的韓國鐵路京釜線）、京義本線（現在的韓國鐵路京義線、北韓國鐵平釜線及平義線）北上，越過鴨綠江進入滿洲，轉搭滿鐵安奉線前往奉天（現在的瀋陽），然後搭乘滿鐵南下至大連，最後從大連搭船回日本本地。只要路線相同，就算方向相反也沒有關係。

除了上述路線之外，還可以選擇許多不同的路線。例如：不走大連航線，改從敦賀、新潟走北鮮航線。但不論怎麼選擇，去跟回必定會有一邊搭乘朝鮮的鐵路列車。

只要使用周遊券，購買省線、鮮鐵、滿鐵的各種車票皆為八折，大連航線船票則為九折。適

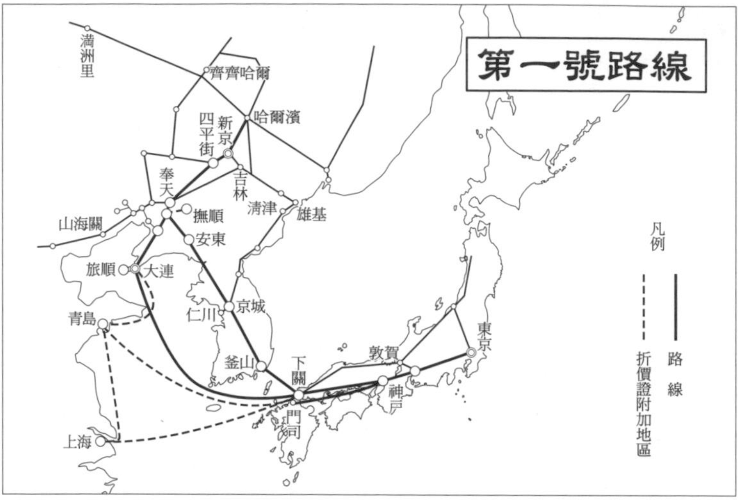

● 圖2-10-1　依據昭和十年（一九三五年）版《旅程與費用概算》所刊載內鮮滿周遊券第一號路線所重新繪製的示意圖。

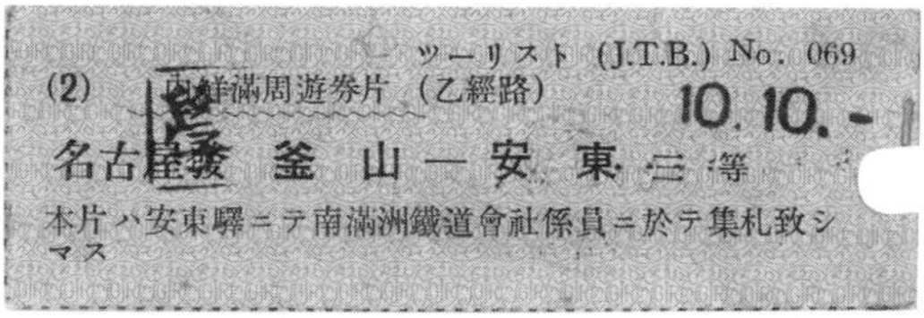

● 圖2-10-2　昭和十年（一九三五年）發行，以名古屋為起點的內鮮滿周遊券的票券之一。

用期限為包含發行日在內的兩個月內。途中可於任何地點自由下車。

除了在日本本地的主要車站之外，在鮮鐵、滿鐵的主要車站也能買到周遊券。例如：住在滿洲國新京的人，可以由奉天搭乘列車南下至朝鮮半島，在平壤、京城觀光後，搭乘關釜接駁船前往日本本地，到神戶、大阪、東京觀光，接著從新潟經北鮮航線前往清津，搭列車越過豆滿江，最後利用滿鐵京圖線回到新京。

此外，為了方便旅客前往距離幹線鐵路較遠的觀光地，周遊券還包含了許多自由附加行程的優惠方案，而且其範圍一年比一年大。《旅程與費用概算》每年都會以附錄的形式，在書中夾入說明周遊券內容的小手冊，足見在宣傳上投入許多心力。根據昭和十三年（一九三八年）版的該書內容，可利用周遊券所附的折價證，購買七折車票的朝鮮地區附加行程如下：

①京城或永登浦仁川（京仁線）

②清津到朱乙※（1）（咸鏡本線）

③南陽到朱乙※（1）（咸鏡本線）

④安邊到外金剛（東海北部線）※（2）

⑤鐵原到內金剛（金剛山電力鐵路）

※（1）朱乙站現稱鏡城站。日本統治時期的鏡城站現稱勝岩站。

※（2）東海北部線現稱北韓國鐵金剛山青年線。外金剛站現稱金剛山站。

尤其是②、③、④、⑤這四個區間，特別適合想要前往朝鮮北部的朱乙溫泉（現稱鏡城溫泉）泡湯的旅客，或是想要前往朝鮮中部近日本海的名山金剛山的登山客。

朱乙溫泉在當時是日本國內首屈一指的溫泉，湧出量可與日本大分縣的別府溫泉比肩。加上當時許多居住在哈爾濱、上海、香港等地的歐美人，將此地視為避暑勝地，因此相當熱鬧。朱乙站本身是快速列車的停靠站，要到溫泉街還得從車站搭乘接駁公車，所需時間約三十五分鐘。

金剛山則是江原道群山的總稱，自古以來便是受朝鮮人景仰的名山，與矗立於北方鮮滿國境處的白頭山齊名。昭和十三年（一九三八年）版的《旅程與費用概算》中稱讚此山「其豪壯勝妙義百倍，即以千倍耶馬溪亦不足以形容」。意思是金剛山的壯觀為日本妙義山（群馬縣）與耶馬溪（大分縣）所遠遠不及。

金剛山地區還可細分為三區，日本海沿岸多奇岩怪石處稱為海金剛，其周邊近內陸的山巒稱為外金剛，最接近內陸區的山巒稱為內金剛。要前往海金剛跟外金剛，可從元山南方的京元本線（現在的北韓國鐵江原線）安邊站搭乘名為「東海北部線」的地方支線，自昭和七年（一九三二年）起已開通至外金剛站。若是要前往內金剛，以京元本線鐵原站為起點的民營鐵路金剛山電力鐵路於昭和六年（一九三一年）全站開通，每到旅遊旺季皆可由京城搭乘鮮鐵的列車直通內金剛（參閱左頁的金剛山遊覽路線略圖）。

這種周遊券還有另一個特色，那就是除了上述這些朝鮮內部的優惠方案之外，在日本本地省線的許多路線也能享有相同的折扣。例如：要從東京到名古屋，不見得要走東海道本線，也可以經鹽尻走中央本線。要從京都前往下關，除了山陽本線之外，也可利用山陰本線，或是經由山口

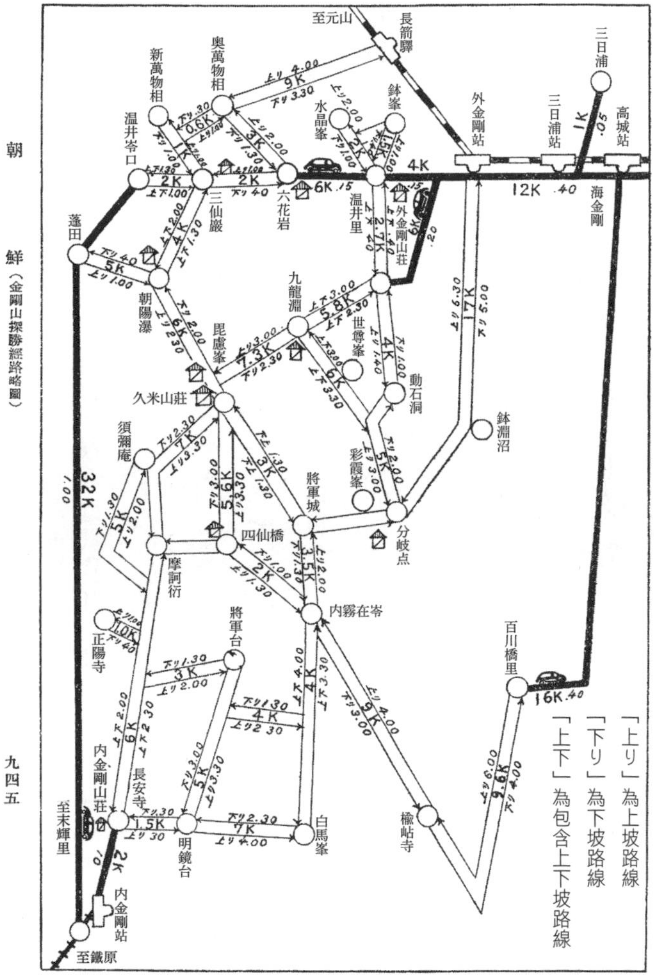

● 圖2-10-3　本圖依據昭和十三年（一九三八年）版《旅程與費用概算》內的金剛山遊覽路線略圖重新繪製。圖中詳細注明了距離及估計時間，可以見得當時從內金剛到外金剛的廣大區域，已建立起相當完善的健行路線。

線或美禰線。要從名古屋前往大阪，除了東海道本線之外，也能選擇關西本線，或是利用奈良線順便到京都、奈良觀光。如果要從神戶、三宮前往門司，甚至可以不搭列車，而選擇大阪商船的航海路線。

值得一提的是到了第二次世界大戰後，國鐵與JR已極少實施類似的民營鐵路、航線直通服務，唯有經瀨戶內海的大阪商船（昭和十七年〔一九四二年〕關西汽船自該公司分離獨立）航線的周遊券依然持續獲得承認。例如：四國廣域周遊券（四國的JR全線特快，以及快速列車皆可自由搭乘）的持有者，在平成十年（一九九八年）周遊券制度遭廢止（轉換為周遊票制度，但周遊票制度也在平成二十五年〔二〇一三年〕全面廢除）之前，前往四國的去程或回程（僅以一次為限）可免費搭乘高松到神戶、大阪的關西汽船二等船室。這是全日本國鐵、JR的周遊券在前往周遊指定地點的去、回程路上，可搭乘民營船運的唯一特例。或許這也是基於內鮮滿周遊券時期所留下的慣例吧。

以上是針對一般個人旅客的折價車票，如果是團體旅客，另外還有更划算的優惠制度。所謂的團體旅客，指的是同一團人集體旅行，且人數達十人以上，人數愈多折扣就愈多。例如：日本本地、朝鮮相互間來回折價車票的正常優惠價格為八折，但如果是二十人以上的團體，包含關釜接駁船及省線、鮮鐵、滿鐵列車的票價全都打五折，也就是變成半價。除此之外，負責安排旅行的人還可以享受省線、鮮鐵、滿鐵的車票全免（鮮鐵、滿鐵還包含快速列車的加價費用）的權利。二十人以上，未滿五十人的團體可指定一人；超過五十人則每五十人可指定一人。至於朝鮮、滿洲相互間車票，則是只要團體人數超過二十人以上，即可購買八至七折的團體票，即使只有單程也適用。如果要買的是來回票，則一八八頁所提到的「朝鮮、滿洲相互間來回折價車票」中的條件①的限制距離長度，會比個人購買的情況要短一些。

學生票方面，跟日本本地比起來折扣率也比較高。只要出示學校發行的學生優惠證，購買單程五十公里以上的長程車票，朝鮮地區的三等車票可打六折（日本本地的省線為八折，戰後的國鐵、JR也一樣）。除了學生之外，學校的教職員也適用。如果是教職員，三等及二等車票都可以享有折扣。而且如果是學生、教職員的團體旅客，只要人數夠多，甚至可以降低至三、四折。

以上說明的主要是在朝鮮以外地區購買優惠車票的情況。如果是在進入朝鮮之後，還可以在當地另外購買專為各觀光景點設計的優惠車票。以下列舉一些代表性的例子。

假如打算從日本本地進入朝鮮後，購買下列這些優惠車票，較聰明的作法是日本本地、朝鮮相互間來回折價車票只買到釜山為止，到了釜山之後再購買前往目的地的優惠車票。但如果想省下到了釜山又要買票的麻煩，也可以在東京、大阪、下關、門司等地的鮮滿諮詢服務處，或是全國各地的ＪＴＢ諮詢服務處，一次購買從日本本地到目的地的來回車票。

溫泉優惠車票

想要到朝鮮各地泡溫泉的旅客，可購買前往各溫泉景點的來回折扣車票，可乘車範圍除了從朝鮮的指定車站，到最接近該溫泉景點的車站之外，還包含接駁的民營鐵路或公車的乘車區間。鐵路列車的折扣率在平日為八至五折，若是週末、國定假日及其前一日則為七至五折。選擇月曆上所標示的假日前往，折扣率較高。服務範圍包含以下各溫泉景點：

東萊溫泉、海雲臺溫泉、儒城溫泉、溫陽溫泉、白川溫泉、延安溫泉、信川溫泉、三泉溫泉、水安堡溫泉、龍岡溫泉、陽德溫泉、業億溫泉、朱乙溫泉（現稱鏡城溫泉）、五龍背溫泉（※）。

※五龍背溫泉位於滿洲境內，從朝鮮前往必須穿越國境。

海水浴場、戲水區優惠車票

朝鮮的沿岸區域每到夏季就有多處海水浴場開放供民眾前往。即使是距離海岸較遠的內陸地區，也有許多河川、瀑布可前往游泳戲水。朝鮮人自古以來便視「冷泉」為治百病的靈丹妙藥，每年從春季到秋季都有大量朝鮮遊客以避暑之名，前往這些水源處遊玩。較具代表性的戲水區，如京義本線（現在的北韓國鐵平義線）的東林（現稱清江）、京元本線（現在的北韓國鐵江原線）的三防峽（現稱三防）及釋王寺（現稱光明）等。

每年到了夏季，鮮鐵便會發行從指定車站前往這些海水浴場、戲水區的來回車票，票價約在七至八折之間。

金剛山遊覽優惠車票

為了方便旅客前往世界名山金剛山遊覽觀光，從鮮鐵的各車站皆可買到前往金剛山電力鐵路內金剛站，或是東海北部線外金剛站的遊覽優惠來回車票，或是從內金剛繞到外金剛（相反方向亦可）的環繞型優惠車票。折扣率方面個人旅行為七折（學生六折），團體旅行二十人以上為六折，五十人以上為五折。適用期間為四十天內，在日本本地的鮮滿諮詢服務處及JTB各分店都能購買。

●圖2-10-4　鮮鐵針對朝鮮讀者刊登於昭和三年十一月二日《東亞日報》上的廣告。「御大典」指的是隔天十一月三日的明治節（明治天皇誕辰紀念日），自前一年（昭和二年）起被列為國定假日。

賞楓景點來回優惠車票

在每年的十月初旬至下旬，幾乎整個朝鮮半島都可以欣賞到美麗的楓紅。最具代表性的賞楓景點為金剛山，但除了金剛山之外，每到賞楓的季節，也能在鮮鐵的指定車站購買到以下各景點的來回優惠車票。

①內藏山（湖南本線（現在的韓國鐵路湖南線）井邑站）及白羊寺（湖南本線四街里（現稱白羊寺）站）※從內藏山到白羊寺約八公里，有著完善的健行路線。

②道峰山望月寺（京元本線倉洞站）※每年的新綠及楓紅時期為旅遊旺季，倉洞到議政府之間的望月川附近，會增設臨時車站。

③逍遙山（京元本線東豆川站）※楓紅時期的旅遊旺季在東豆川到全谷之間，會增設臨時車站。

④三防幽峽（京元本線三防峽站）。

⑤長壽山（朝鐵黃海線長壽山站）※四月至十一月皆可購買優惠車票，並不限於楓紅季節。鮮鐵線內為八折，朝鐵線內為七折。

朝鮮遊覽團體優惠車票

欲前往朝鮮地區指定觀光景點的旅遊團體，可購買朝鮮遊覽團體優惠車票。鐵路列車的折扣率方面，二十人以上為七折，三十人以上為六折，其它海運航線、公車及各地軌道也都享有六至七折優惠。

里程券

這是一種直購式的優惠券，對於經常搭乘鮮鐵的旅客來說相當划算，但或許是沒有在JTB諮詢服務處販售的關係，JTB所發行的《旅程與費用概算》刊物上完全沒有提及。鮮鐵的票價採距離比例制，一般車票每公里的價格，二等票為二錢八釐，三等票為一錢五釐五毛（皆是未滿一錢以一錢計，未滿一公里以一公里計）。因此兩千公里遠的車票，二等票為五十六日圓，三等票為三十一日圓。所謂的里程券，就是把這兩千公里份的車票兌換券集合成一本手冊，販賣價格為二等票用四十五日圓，三等票用為二十五日圓。在車站只要使用兌換券，就可以換得等距離的車票。鮮鐵所發行的《朝鮮列車時刻表》昭和十三年（一九三八年）二月號上，列出了販賣地點，朝鮮共有四十三個主要車站可買到里程券。

朝鮮 11

探訪朝鮮鐵路著名景點

朝鮮的傳統車站建築與壯觀的賞景路線

朝鮮風格及大型西洋型式的經典車站陸續誕生

大正十四年（一九二五年）就任鮮鐵局長的大村卓一（其後成為滿鐵總裁）主張在為擁有悠久歷史的地區新建或整修車站時，應維持朝鮮風格建築的外觀與色調。其後京釜本線（現在的韓國鐵路京釜線）水原車站於昭和三年（一九二八年）進行改建時，便從西式的木造建築，變更為有著磚牆及朝鮮式屋瓦的朝鮮風格平房建築。自此之後，各地開始陸續出現相同風格的車站，如西平壤站（京義本線〔現在的北韓國鐵平義線〕）、全州站（全羅線）、南原站（全羅線）、慶州站（東海南部線）、佛國寺站（東海南部線）等各車站，都是在這股風潮下重新獲得了朝鮮式的外觀。其中新羅時代的古都慶州，以及其隔壁的佛國寺這兩個車站，都是採用了新羅時代建築工法的傳統車站建築，從竣工至今已歷經八十年以上的歲月，如今依然尚在使用。

此外，通往滿洲方向的幹線主要車站，由於具有國際運輸鐵路的性質，因此車站建築大多採

● 圖2-11-1　文藝復興式的京城車站（摘自當時的風景明信片）。直到二〇〇四年才不再作為車站使用。如今獲指定為韓國古蹟。

● 圖2-11-2　朝鮮式的西平壤車站（摘自當時的風景明信片）。韓戰後整座車站被遷移至它處，如今車站建築已不存在。

● 圖2-11-3　如今依然使用中的朝鮮式慶州車站。外貌與昭和十一年（一九三六年）落成時幾乎一模一樣。

用壯觀氣派的西洋風格。例如：自李氏朝鮮時代便是朝鮮首都的京城（現在的首爾），便於大正十四年落成了文藝復興式的紅磚車站建築，與明治四十三年（一九一〇年）的滿鐵奉天（現在的瀋陽）車站，以及大正三年（一九一四年）的東京丸之內車站齊名，有「東洋三大車站」美譽。除了京城車站之外，還有京釜本線的釜山、大邱、龍山等各站，京義本線（現在的北韓國鐵平釜線及平義線）的黃海黃州（現稱黃州）站，以及新義州的各車站，外貌皆是壯觀的大型西洋建築。除此之外，東海北部線（現在的北韓國鐵金剛山青年線）的外金剛（現稱金剛山）車站，作為著名景點金剛山的出入車站，雖然不是大型西洋建築風格，卻也是有如歐洲山莊一般的漂亮石造車站，自落成後每日迎接絡繹不絕的觀光客。

朝鮮最高車站：北溪水站

日本統治時期的朝鮮地區，標高最高的車站為鮮鐵白茂線（現在的北韓國鐵白茂線）的北溪水站，標高一千七百二十公尺。日本本地省線的最高地點為小海線清里到野邊山之間（長野縣）的一千三百七十五公尺，朝鮮的北溪水站足足高了三百四十五公尺。北溪水站距離鮮鐵惠山線（現在的北韓國鐵白頭山青年線）起點的白岩站只有兩站，距離只有十一・九公里，但由於白茂線為軌寬七六二公釐的輕軌鐵路，因此標準軌寬的惠山線列車無法直接進入。這是一座受雜木林環繞的高原小站，月臺沒有屋頂，立著一根標柱，上頭寫著「海拔壹千七百米」。

奮力跨越京元本線峰頂的新型電力機關車

京元本線（現在的北韓國鐵江原線）自京城出發，從朝鮮中部往東北方橫斷，最終抵達近日本海的元山。在接近內金剛的福溪到高山間五十三・九公里處，有著二十五‰的連續斜坡，原本一直是靠著在列車上同時連結數輛蒸汽車頭來加以克服。其後鮮鐵為了強化京元本線的輸送能力，而進行複線化工程時，決定將這個區域規劃為鮮鐵的第一個直流電化區間，藉由高速電車來克服這座高原（海拔約六百公尺）上的險峻山岳地帶。

鮮鐵投入這個電化區間的機關車，是當時最先進的電力機關車「DeRoI」（デロイ）。這種電力機關車的特徵就在於馬力強大，日本省線的電力機關車一般皆使用一五〇〇伏特的電壓，而「DeRoI」的直流電壓竟高達三〇〇〇伏特。正因為是一輛集結了最新技術的大型機關車，日本相當引以為傲，即使當時是什麼事情都要注重保密防諜的戰爭期間，兒童雜誌《科學朝日》的昭和十八年（一九四三年）八月號上仍然詳細介紹了這輛電力機關車的結構，還附上了照片。

自從電力機關車「DeRoI」於昭和十九年（一九四四年）四月開始運行之後，福溪到高山間的載客車廂牽引能力有了大幅度的成長。列車從京城到福溪（或是從元山到高山）之後，會先將

● 圖2-11-4　朝鮮標高最高的北溪水站（摘自《朝鮮交通史》）。月臺上可看見寫著「海拔壹千七百米」的標柱。

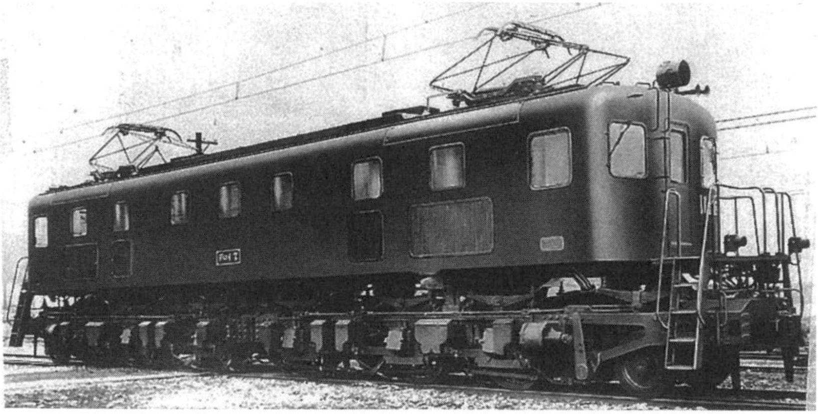

● 圖2-11-5　活躍於京元本線陡峻斜坡的東芝製直流電力機關車DeRoI（昭和十七年攝影。摘自《朝鮮交通史》）。二〇一〇年確認健在於北韓。

牽引車廂的車頭從複數的蒸汽車頭，變更為著名的電力機關車「DeRoI」，一口氣攀越標高六〇三公尺的分水嶺。如此氣勢洶洶的景象，是遍及朝鮮全土的其它鮮鐵各線所看不到的。

京元本線的這個山岳區間位在北緯三十八度線稍微偏北的位置，因此韓戰一結束，幾乎所有的「DeRoI」都被北韓接收，從此沒有人知道其下落。直到二〇一〇年（平成二十二年），有外國旅客在元山北方與平元線（現在的北韓國

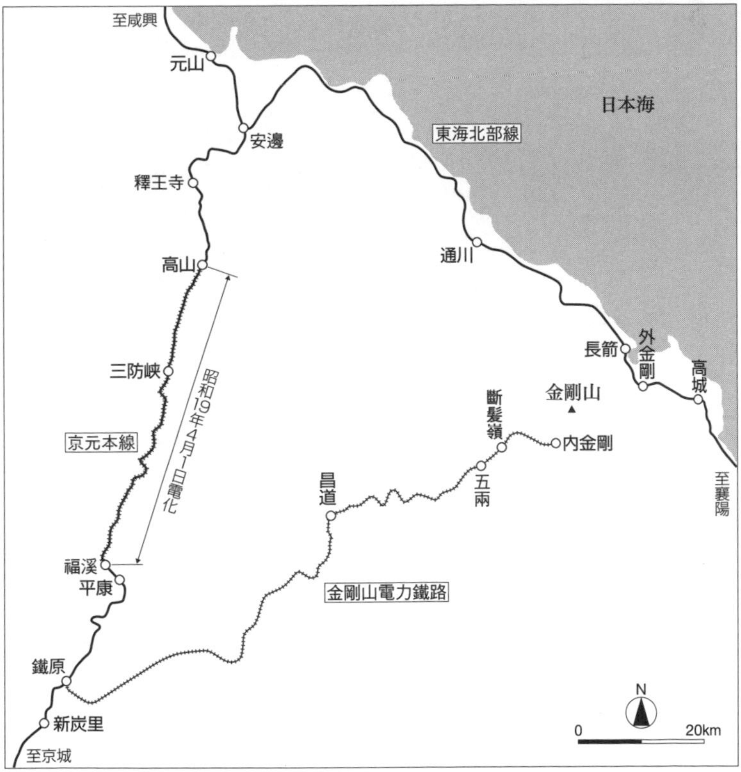

● 圖2-11-6　京元本線的電化區間，以及金剛山電力鐵路的路線周邊圖。

鐵平羅線）連接的高原車站附近，拍攝到了酷似「DeRoI」的機關車，才終於證實「DeRoI」在六十年之後依然於北韓健在。

金剛山電力鐵路的斷髮嶺連續折返線

前往著名景點金剛山的登山客所倚重的金剛山電力鐵路，是一條觀光用的民營鐵路，以京元本線的鐵原站作為起點，全長一一六・六公里。抵達終點站內金剛之後，還必須搭乘公車才能深入山中。然而事實上在抵達內金剛前的大約十五公里處，有一處名為斷髮嶺的陡峻斜坡，最大坡度達二十‰，可說是這條線路沿途上的最大難關。

開往內金剛的電車在抵達名為五兩的車站後，會先往反方向前進，登上另一處與來時的

● 圖2-11-7　《金剛山電氣鐵道株式會社二十年史》一書中以對開的方式刊載了斷髮嶺的三段式折返路線全景。右邊角落可看見電車正在爬上斜坡。（資料提供：小久保則和）。

線路不同的斜坡，接著轉回原本的前進方向，又登上另一處不同於目的地的斜坡，靠著這種三段式折返的前進方式，才能夠進入總長一千八百八十三公尺的斷髮嶺隧道。經由這座隧道橫斷了峰頂之後，還得再穿過另一座較短的隧道，然後再進行一次一下後退、一下前進的三段式折返，才能抵達斷髮嶺車站。電車到了斷髮嶺車站後，會先重新整頓妥當，才會朝著內金剛站繼續前進。

到了二戰即將結束的昭和十九年（一九四四年），這條鐵路被視為「沒有迫切需要」而遭到廢除。鐵軌都被拆走，作為建設其它鐵路的材料，一直到戰爭結束都沒有修復。朝鮮在戰後陷入南北對立的局勢，金剛山電力鐵路的位置屬於朝鮮半島的北側，但由於地點太接近軍事分界線，遭廢除的線路如今依然維持著無人修復的荒蕪狀態。若以Google Earth之類的系統查看當地的衛星照片，會發現在幾乎沒有屋舍或聚落的斷髮嶺附近山中，可以清楚看見疑似鐵路遺跡的白色細線，就連三段式折返的路段都清晰可辨。

鴨綠江上的旋轉橋梁

流經新義州與對岸的安東（現稱丹東）之間的鴨綠江，上頭有一座橋梁，是由美國籍技師所設計，竣工於明治四十四年（一九一一年）。除了兩側的人行步道之外，中央還有一條單線的鐵路，連結朝鮮與滿洲的跨國列車正是從這裡通過。

為了不妨礙往來船舶通行，這條重要的跨國橋梁採中央開閉式的旋轉橋桁設計，在當時頗有名氣，號稱東洋第一大鐵橋。鐵橋的全長為九百四十四公尺，部分的橋身能夠在河面的中央旋轉，直到與橋軸呈直角為止。

雖然可以自動旋轉，但由於旋轉速度容易過快導致危險，因此原則上是採手動旋轉。平日上午及下午各開一次，但風速達到二十五公尺的日子會中止實施。每當橋梁的中央旋轉成十字狀，有著高聳帆柱的帆船從中間通過時，總是會讓兩岸的觀光客看得讚嘆不已。

在竣工經過二十年之後，一來因為橋梁設施老朽，二來因為先進的帆船能在航行時將帆柱放倒，鴨綠江橋梁自昭和九年（一九三四年）起固定橋身位置，不再進行開閉。到了昭和十八年（一九四三年），為了推動京義本線的複線化，原橋梁的上游側又建起了另一座鴨綠江第二橋梁。

最初的旋轉式橋梁在第二次世界大戰後的韓戰期間遭美軍炸毀，如今中國將延伸至河川中央附近的斷橋開放給觀光客參觀。至於第二橋梁（現稱中朝友誼橋）如今依然在使用中，成為跨國列車與汽車皆能往來的併用橋。

龍山的鐵路博物館

京城府內的龍山，在昭和十一年（一九三六年）開設了一座由鮮鐵直營的博物館，收藏及展示自鐵道創業以來散布於朝鮮各地的鐵路

● 圖2-11-8　旋轉的鴨綠江橋梁與通過中的帆船（摘自《日本地理大系第十二卷・朝鮮篇》）。

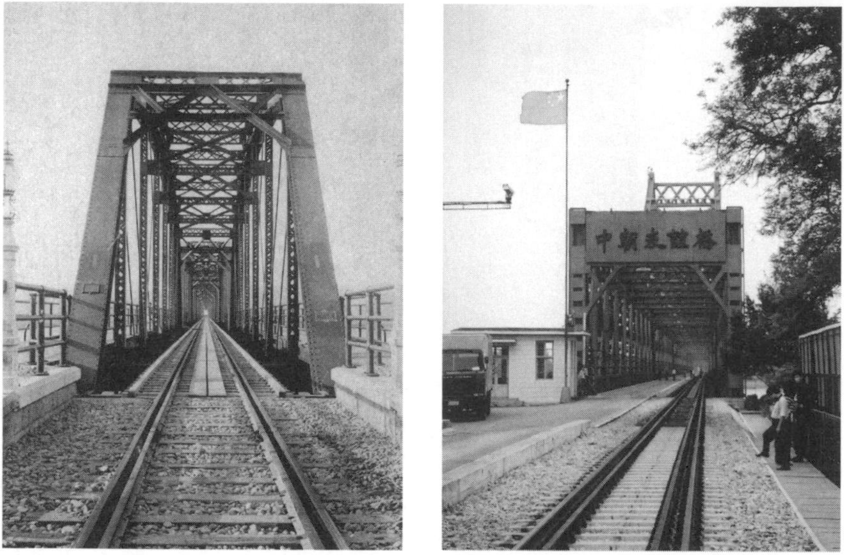

● 圖2-11-9　由安東（現稱丹東）的方向看鴨綠江橋梁的入口。左側為當時的風景明信片，右側為現在的中朝友誼橋入口（獲得許可後拍攝）。

● 圖2-11-10　歐式風格三層樓建築的新義州車站（摘自當時的風景明信片）與車站紀念圖章。圖章上畫的是著名的鐵橋及帆船。

● 圖2-11-11　保存於龍山鐵路博物館的帝王車外觀與車內模樣（兩張照片皆摘自《朝鮮交通史》）。戰後下落不明。

設備及照片。

其中特別值得注目的展示品，是在日韓合併前的明治三十三年（一九〇〇年），專為供大韓帝國皇帝乘坐，而製造的韓國版御用列車，也就是俗稱的「帝王車」。這輛完全不計成本的豪華車廂，是在東京製造後輸出至韓國，光是作為日本第一輛輸出國外的標準軌道載客車廂，便具有相當特殊的歷史價值。在日韓合併之後，這輛車廂也曾作為貴賓專用車廂，其後在昭和十一年（一九三六年）報廢，陳列於鐵路博物館。

CH 3

關東州的鐵路旅行

滿鐵所發行的大連觀光宣傳手冊。

關東州的鐵路概況

從手推車到直通滿洲的跨國路線應有盡有

關東州僅為遼東半島前端的一小塊土地，其內部鐵路的主角為直通滿洲的滿鐵本線（大連到長春之間。其後曾改名為滿洲本線、連長線，滿洲國成立後又改名為連京線。現在的中國國鐵瀋大線）。這條鐵路的歷史可追溯至俄羅斯帝國鋪設的東清鐵路（參閱二三四頁以下內容）。

甲午戰爭之後，日本曾一度獲得遼東半島的統治權，其後因三國干涉還遼，導致日本被迫將遼東半島還給清朝。俄羅斯帝國接下來卻開始染指遼東半島，獲得了旅順、大連的租借權，以及將鐵路延伸至這些地區的鐵路鋪設權。到了一九〇三年（明治三十六年），由哈爾濱經長春到旅順、大連的東清鐵路南滿洲支線全部開通。到了日俄戰爭之後，這條鐵路的權益依據《樸茨茅斯條約》而讓渡給了日本，日本於是在明治四十年（一九〇七年）以此線作為南滿洲鐵路本線，開始實施載客業務。

剛開始的時候，這條鐵路屬於寬軌鐵路（一五二四公釐），與俄國境內鐵路相同。但在日俄戰爭中，日軍為了利用這條鐵路來運送日本本地的鐵路車廂，因而將軌寬修改成了與日本本地相

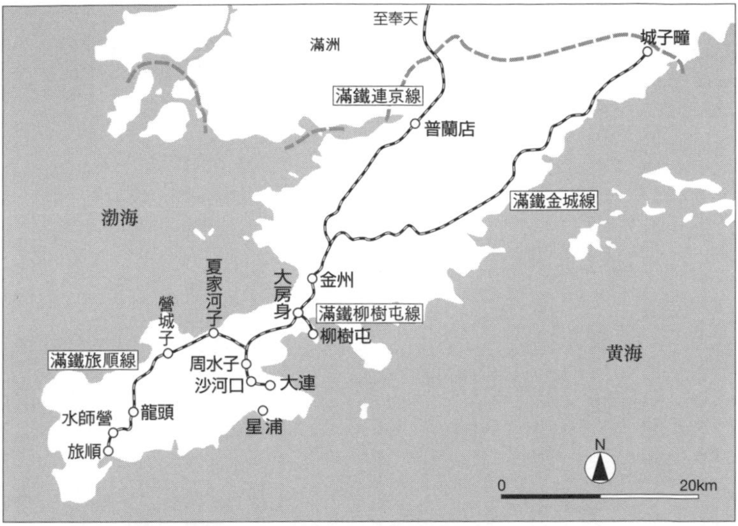

● 圖3-1　日本統治時代的關東州鐵路路線圖

同的窄軌（一〇六七公釐）。滿鐵開業之後，又為了建立朝鮮半島上的統一輸送規格，而再度修改成國際標準軌寬（一四三五公釐）。值得一提的是本線原本是由滿洲直通旅順的單線結構，後來滿鐵將大連變更為本線的終點站，而將從大連至旅順的路線，變更為從大連分岔出去的支線，並且廢除了當初從滿洲出發的直通線路。

旅順線的分支起點為周水子（大正十年（一九二一年）之前稱為「臭水子」），自此地往東北方十八・八公里處的大房身，有另一條長五・八公里的手推車支線往東南方延伸，終點為柳樹屯。雖然只是以人力推動推車的簡陋路線，卻也是繼承自俄國的國際標準軌寬路線，作為正式的滿鐵所屬路線之一，對大房身的本線載客列車發揮了接駁作用。

在大連市內，則有滿鐵的電氣作業所於明治四十二年（一九〇九年）開始經營路面電車。初期長度只有三・三公里，後來路線網逐漸往郊外擴張，到了昭和十二年（一九三七年）三月時已成長為全線總長達三十二・七公里、車輛數多達一百三十二輛的大規模交通系統。在大正十五年（一九二六年）以「南滿洲電氣」之名獨立為滿鐵的子公司，到了滿洲國成立後的昭和十一年（一九三六年）又將電力相關事業交由其它公司負責，更名為大連都市交通公司，專心致力於軌道及公車業務。

由滿鐵連長線的金州站往東分岔出去的金福鐵路（現在的中國國鐵金城線），是關東州內唯一的中日合資民營鐵路，於昭和二年（一九二七年）開業。終點為關東州與滿洲交界處的城子疃，長約一〇二・一公里。路線原本預計沿著黃海繼續往東延伸至安東（現在的丹東），滿鐵在鋪築鐵路時提供支援，開業後也設定了由大連出發的直通列車，讓金福鐵路的列車能夠直接進入滿鐵的鐵路。但鐵路若不延伸至安東，建立起連結朝鮮的捷徑路線，並與滿鐵合併經營，金福鐵路的營運業績不可能好轉。基於種種理由，昭和十四年（一九三九年）滿鐵收購金福鐵路，改名為金城線。關東州唯一民營鐵路的歷史就在短短的十二年間結束了。

前往關東州的路徑

陸、海、空皆可前往大連

關東州最主要的對外門戶為大連港。事實上大連更是中國大陸對外的出入口，除了要前往關東州的旅客之外，若是打算沿著遼東半島北上進入滿洲的旅客，也得經過大連。

從日本本地要前往大連，最熱門的路線為神戶—門司—大連的大阪商船航線。從大正時期到昭和十五年（一九四〇年）左右，幾乎每天都有十艘以上的大型客船往來於這條航線上。每艘客船從五千噸到八千噸不等，頭等至三等的總載客人數上限最大超過八百人。航行時間神戶到大連為四天三夜（若途中停靠廣島則需五天四夜），門司到大連為三天兩夜。

這條航線在日本本地、朝鮮、滿洲的周遊旅行路徑範圍之內，而且與日本本地的省線有「連帶運輸制度」，因此從日本全國各省線車站都能買到經大連航線轉乘滿鐵（或是從滿鐵經大連航線轉乘內地省線）的直通車票。凡是使用內鮮滿周遊券（參閱一八九頁）或東亞遊覽券（參閱三六六頁）等範圍涵蓋滿洲及朝鮮的大型周遊券的旅客，幾乎都會選擇這條標準路徑。

根據昭和十年（一九三五年）版的《旅程與費用概算》中的記載，這些由神戶、門司出發的大阪商船會在早上八點抵達大連港。但在昭和九年（一九三四年）起，由滿鐵開始運行的超特快列車「亞細亞」（參閱三四五頁）從大連出發的時間為早上九點（後來改成八點五十五分）。由於大連碼頭到大連車站約距離兩公里，因此滿鐵為了讓想要從大阪商船轉搭「亞細亞」的旅客能夠順利坐上車，特地安排了從碼頭到大連港的接駁公車，讓轉乘的旅客可以免費搭乘，公車的行駛時間約十分鐘。

從日本本地出發的航班，除了上述的大阪商船之外，還有從鹿兒島經長崎花四天三夜到大連的近海郵船（昭和十四年〔一九三九年〕與日本郵船合併），以及從鹿兒島經三角（熊本縣）至大連的大阪商船等各航線，這些航線皆與省線有著「連帶運輸」關係。從橫濱出發經名古屋、大阪或神戶、長崎再到大連港的近海郵船，會繼續航向華北的天津或滿洲的營口。

●圖3-2　關東州的海上門戶：大連碼頭（摘自當時的風景明信片）。

從同樣是「外地」的臺灣，則有由高雄出發，經基隆港的大連汽船，但為非「連帶運輸」航線。當時的時刻表上找不到連結朝鮮與關東州的航線，或許是因為搭乘鮮鐵及滿鐵列車經奉天（現在的瀋陽）的陸地路線，會比搭船要方便得多的關係。此外，大連與中華民國沿岸的上海、青島、天津等港口皆設有大連汽船航線。

大連的空中門戶則為周水子機場（現稱大連周水子國際機場），大日本航空的普通航班每天會有一班從東京、名古屋、大阪等地出發，經福岡、朝鮮的大邱（昭和九年〔一九三四年〕時稱為蔚山）、京城（現在的首爾）、平壤、新義州各地，最後抵達大連。昭和十五年（一九四〇年）四月時，搭飛機從大阪到大連（包含在途中五個機場降落的時間）費時八小時五十五分。此外，每天還有一班從京城直飛大連的快速航班，費時約兩小時。

滿洲國在昭和七年（一九三二年）建國之後，滿洲航空每天會有一班長程班機，由哈爾濱、新京（現在的長春）奉天等地飛往大連，此外，每星期還有三班短程班機，從奉天出發，經通化、安東（現在的丹東）等鴨綠江附近的都市，最後抵達大連。在某些時期還有從齊齊哈爾、海拉爾、滿洲里、佳木斯等滿洲國北部都市出發的航班。從滿洲國首都新京搭乘滿鐵的超特快列車「亞細亞」到大連，約費時八小時二十五分（昭和十四年〔一九三九年〕十一月的紀錄），但搭同時期的滿洲航空只需要二小時五十五分。但「亞細亞」的三等車票加上超特快車的加價費用，也只要十七日圓三十五錢，而滿洲航空的普通票價就要四十一日圓，價格為兩倍以上。

航空班機由於價格昂貴，加上載客人數有限，因此當時從滿洲前往大連的方式，主要還是利用滿鐵的連長線（連京線）。依據大正十四年（一九二五年）四月的時刻表，從長春到大連的直通快速列車一趟約費時十九小時十分，因此設定為兩天一夜的夜間列車。但是到了十七年後的昭和十七年（一九四二年）十月修改的時刻表，「亞細亞」的所需時間僅為八小時十六分，縮短了一半以上。下午從新京出發，當天晚上就能抵達大連。除了「亞細亞」之外，還有快速列車「鴿」（參閱三五五頁），能以十小時二十五分從新京到大連。另外，還有不少從哈爾濱、牡丹江等地直通大連的快速列車及夜間列車。

滿洲國在建國之後，與萬里長城以南的中華民國在昭和十三年（一九三八年）設立了中日合資的中華航空公司（參閱六十三頁）。昭和十五年（一九四〇年）修改航班表之後，從大連經天津前往北京，以及從大連經青島前往上海，每天各有一趟來回航班。

在關東州旅行的技巧

貨幣、語言及優惠票等

與以一九九七年（平成九年）為期限的「英屬香港」一樣，當時日本基於租借權而統治關東州。因此，從日本本地搭乘大連航線或航空班機進入關東州的日本國民，並不需要出示護照。

而且關東州是關稅自由地區，除了違禁品及買賣用的商品之外，旅客隨身攜帶物品幾乎都享有免稅的權利。但隔壁的中華民國（後來為滿洲國）基於行政上的考量，而在大連設置了海關機構，所以在船舶進入大連港，或是滿鐵的列車進入大連的時候，必須分別在船內及普蘭店以南的列車內接受菸、酒方面的檢查。相反地，如果要從大連站搭列車前往滿洲，則必須在大連站接受中華民國（後來為滿洲國）的檢查。

關東州在昭和十一年（一九三六年）之前，與隔壁的滿洲同樣採用日本西部標準時間，與日本本地的時差為一小時（比本地的中央標準時間晚了一小時。例如：當日本本地為中午十二點時，關東州為上午十一點）。與關東州設有直通列車的滿鐵，在開業約一個半月後的明治四十年（一九〇七年）五月中旬之前，採用的是與日本本地相同的中央標準時間，但之後就變更成了西部標準時間。到了三十年後的昭和十二年（一九三七年）一月一日，又再度變更回跟日本本地相同的中央標準時間，自此之後一直到二戰結束為止，關東州與日本本地不再有時差的問題。

值得一提的是日本本地的省線原本是採十二小時制（以上午、下午來區別），但是在第二次世界大戰期間的昭和十七年（一九四二年）十月，變更為二十四小時制。相較之下，關東州內的滿鐵則是在昭和四年（一九二九年）七月，就採用了二十四小時制。當時的市售時刻表上，省線為了區別上、下午，會以細體字代表上午，而以粗體字代表下午。但是在滿鐵欄位裡，則一律使用細字，過了十二時就以十三時、十四時……的方式一直記錄到二十四時。

●圖3-3　昭和十二年竣工的大連車站（摘自當時的風景明信片）。據說是模仿上野車站建造。

在關東州廣泛流通的貨幣是朝鮮銀行券，但日幣也能通用，來自日本本地的旅客並沒有匯兌上的困擾。而且朝鮮銀行券與日幣也能跟滿洲國幣（滿洲國的貨幣）等值通用，在昭和七年（一九三二年）滿洲國成立之後，從關東州搭滿鐵的長程列車前往滿洲，也沒有必要特地換錢。不過，由於朝鮮銀行券及滿洲國幣無法在日本本地使用，所以在大連碼頭及大連車站月臺上，皆設有免費的兌換處，方便要回日本的旅客將錢換回日幣。

在大連站及旅順站內要搭乘滿鐵列車，或利用鐵路諮詢服務處之類設施，全都可以直接使用日語。車站的標示板上會同時列出漢字、平假名及日語發音的羅馬拼音字母。設置於大連市內的JTB大連諮詢服務處，對旅客來說也相當值得信賴。更何況大連、旅順市內的居民平均每三人就有一人是日本的本地人，因此走在市區內也不太會有日語不通的問題。

大連與星浦（現稱星海）皆設有滿鐵直營的大和飯店，提供最高等級的住宿服務。除此之外，關東州各地都能找到許多兼具西式及日式房間的日本旅館。團體旅客若是在主要都市投宿於適用滿洲旅館協會協定的各大旅館，可依團體的種類（普通、學生、教職員或軍人）適用優惠住宿價格，而且關東州內的旅館價格比滿洲各地旅館要便宜得多。

關東州的觀光景點大多是分散於各地的日俄戰爭的戰場遺址。尤其是旅順，專為希望觀光戰場遺址的旅客所設計的旅遊服務可說相當充實。每到週末假日，大連車站皆會販賣從大連到旅順的來回折價車票。在旅順車站，站長會為旅客免費發行進入白玉山表忠塔內部的入場許可證，而且也會幫忙旅客雇用繞行戰場遺址的馬車及導遊。除此之外，在車站前的滿洲戰場遺址保存會的諮詢服務處，也有專人提供免費的介紹與說明。車站前有不少繞行戰場遺址的觀光巴士供旅客選擇，也可以將一整輛巴士連同導遊一起租下來。

州內的治安大致良好。在清朝末年至滿洲國建國時期前後，於滿洲各地為非作歹，有時甚至會攻擊滿鐵載客列車，或是破壞鐵路設施的滿洲馬賊（參閱二五四頁），在關東州也幾乎不必擔心會遇上。值得一提的是，大連與旅順及其近郊皆屬於要塞地帶，就算是觀光客，要拍照或寫生還是必須獲得要塞司令官的許可。

關東州的鐵道路線

如同觀光客雙腳的旅順線及大連路面電車

旅順線

若要參觀日俄戰爭的戰場遺址，旅順可說是觀光的重點區域。由於從大連搭列車可一日往返，因此有很多觀光客會選擇在一大清早，搭乘由大連前往旅順的第一班列車。昭和十三年（一九三八年）版的《旅程與費用概算》形容這個路段「窗外山河無一非往年日俄血腥激戰地」，尤其是龍頭到旅順之間的十一・三公里，更是會穿越當年曾是日俄戰爭主要戰場的山區及村落。而且在旅順開城之際，日本的乃木希典將軍會見俄國施特塞爾將軍（Anatoly Stessel）的「水師營會見場」，正是在這條路線的附近。日本著名童謠《水師營的會見》（水師営の会見）正是在描寫這場會見，這首歌還獲得日本文部省指定為國小教授歌曲，在日本全國的學校傳唱。昭和六年（一九三一年）該路線區間的中間地點增設了水師營站。

終點旅順的車站建築為俄羅斯風格建築，有著外觀貌似蔥花的塔屋。車站的另一頭能夠俯瞰

● 圖3-4-1　現在的旅順車站。俄羅斯風格的建築，過了一百年依然使用中。

● 圖3-4-2　矗立於白玉山頂上的表忠塔（摘自《滿洲概觀》）。從旅順車站的方向也可以看得很清楚。

旅順港的白玉山，座落於山頂的表忠塔清晰可辨。表忠塔的外型有如子彈，可自內部登上塔頂，在民政部及旅順車站皆可申請入場許可證。要到旅順觀光，搭乘列車還是最方便的選擇。

金福鐵路（金城線）

從金城到城子疃的一〇二・一公里路段由於地形多起伏，因此線內有不少橋樑。終點城子疃市區內的道路就是州境，道路以南為關東州，以北為滿洲。列車可從大連直通，從金州到城子疃約費時四小時。由城子疃可搭乘滿鐵直營的定期公車前往安東（現稱丹東），早上從城子疃站附近的公車站牌出發，傍晚之前就能抵達安東站（中途須換車）。

大連的路面電車

大連的路面電車在市區內及郊區都擁有路線網，不僅是民眾通勤、通學的重要交通工具，還有很多通往海水浴場、出租別墅、避暑勝地星浦（滿鐵直營的大和飯店所在地。歐美人特別喜歡這個地方，稱之為「Star Beach」）的路線，總是吸引不少觀光客。

由於大連是國際貿易都市，市區電車的小小車票上同時印著日語及英語。站牌名稱皆同時使用日語漢字，以及根據日語發音的羅馬拼音字母。而且地名的讀法比日本本地的都市交通系統，更加注重讓歐美人容易理解，例如：「沙河口工廠前」的「工廠前」標示為「Works」，而非日語讀音的「Kojomae」。

在大正十二年（一九二三年）以前，路面電車的座位還區分為兩個等級（特等、一般），以路面電車的制度而言相當罕見。或許是因為滿鐵集團公司對於乘客，雖然不抱持人種歧視的心態，但預期有很多乘客應該不想跟基層勞動階級相鄰而坐，因此設計了兩個等級的車票，讓乘客只要購買特等車票，就可以拉開與那些勞工的距離。日本在當時號稱亞洲唯一的強國，在表面上強調以否定人種歧視為施政方針，但畢竟是就連日本國民也必須以身分、收入，以及性別來決定是否能擁有參政權的時代，滿鐵對平等的觀念也不過就只是這種程度。

值得一提的是市內線的單程車票為特等六錢、一

●圖3-4-3　行駛在常盤橋通（現在的中山路附近）的路面電車（摘自奉天鐵道局宣傳手冊《大連》）。

般四錢，金額差距頗大，而且由於沒有轉乘券制度，所以直通路線以外的情況，購買特等票會讓價錢的差距更加明顯。基於這些理由，絕大部分乘客都集中在一般座位車廂。後來有一段時期廢除了單次有效的一般車票，改成三十分鐘或一小時內能無限乘坐的限時制車票，卻也引發了不當流用的嚴重問題。大連市電的車票制度就像這樣在初期發生數次變革，直到大正十三年（一九二四年）廢除市內線及市外線的區別，並且改採全線五錢均一價，車票制度才逐漸恢復穩定。

● 圖3-4-4　行駛於市區內的路面電車（摘自當時的風景明信片）。

CH 4

滿洲的鐵路旅行

滿鐵引以為傲的超特快列車「亞細亞」（摘自當時的風景明信片）。

滿洲 01

滿洲的鐵路概況

圍繞日本與俄國爭奪鐵路權益的發展史

滿洲的鐵路是在帝國主義時期，歐美及日本等列強試圖在中國大陸上擴大影響力的過程中，逐漸發展成形。若以中國大陸整體來看，鐵路的出現雖然比較晚，然而之後的鐵路網擴張速度卻是非常快。在發生瀋陽事變（或稱九一八事變、滿洲事變）的昭和六年（一九三一年），全中國約有四十四％的鐵路集中在滿洲地區。

在滿洲國成立之後，鐵路的路線繼續擴散，到了第二次世界大戰結束時，滿鐵線路的總長度已達到約一萬一千六百公里。即使是四年後，中華人民共和國成立時，中國的總鐵路長度僅將近二萬二千公里。換句話說，當時滿鐵的鐵路網長度佔了全中國鐵路長度的一半以上。因此，滿洲被譽為「解放前中國境內鐵路最集中的地區」（前述《日本殖民地鐵道史論》）。

滿洲的第一條鐵路，是在清朝末年的一八九三年自山海關越過萬里長城延伸而來。這條鐵路是中國最古老的鐵路之一，由英國在背後推動建設及投入資本。另一方面，日軍在日俄戰爭期間也在奉天（現在的瀋陽）一帶，鋪設了軍用的輕軌鐵路（新民到奉天的新奉鐵路）。到了明治四

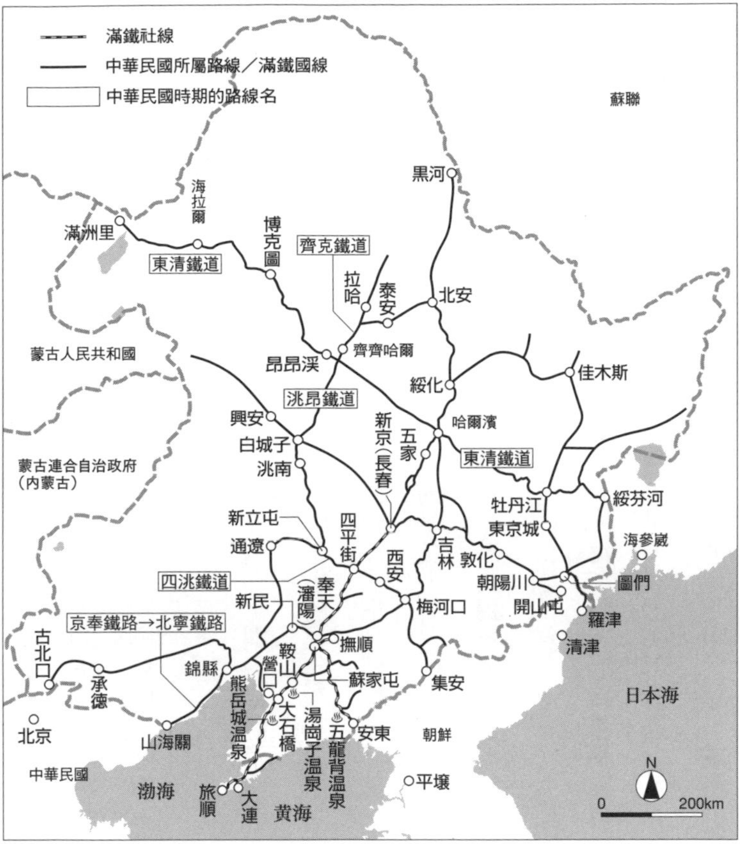

● 圖4-1-1　第二次世界大戰結束前的滿洲鐵路路線圖。

十年（一九〇七年），日本將這條鐵路賣給清朝，並且修改為標準軌寬（軌道間距一四三五公釐），串聯成從北京到奉天的直通鐵路（京奉鐵路）。但當時規定在收購費用付清之前（直到昭和二年（一九二七年）才付清），日本對借款鐵路擁有派遣鐵路技師等權利。

這條鐵路其後在中華民國國鐵的管理下，先後改名為平奉鐵路、北寧鐵路。在滿洲國成立後，滿洲境內的部分更名為滿洲國鐵奉山線，而中華民國境內的部分則自昭和十四年（一九三九年）起更名為華北交通京山線。雖然名稱及經營主體發生過多次改變，但不論是在哪個時期，都是一條連結北京與奉天的重要幹線鐵路。即使到了現代，當時的大部分路段還是發揮著幹線鐵路的機能，各自屬於中國國鐵的京哈線（北京到哈爾濱）及瀋山線（瀋陽到山海關）。

若說英國的作法是以鐵路自南方入侵滿洲，則俄羅斯帝國的作法是自北方擴張鐵路的路線。利用西伯利亞鐵路，將勢力深入遠東地區是俄國長年來的企圖，中日甲午戰爭之後，俄國從清朝手中取得了鋪設兩條鐵路的權利。一條是從西伯利亞鐵路分岔出來，走捷徑通過屬於清朝領土的滿洲北部地區，連結海參崴。另一條則是從上述路線再分岔出來，往南進入遼東半島（甲午戰爭之後，俄國藉由三國干涉的手法，強迫日本將遼東半島歸還給清朝，其後卻又從清朝手中奪得遼東半島的租借權）。這條全長達二五〇〇公里的鐵路，在一九〇三年（明治三十六年）正式開始營運。運行上以滿洲里—哈爾濱—綏芬河為本線，哈爾濱到旅順為南滿洲支線，負責管理的單位是俄國與清朝合資成立的「東清鐵路公司」（正式名稱為「大清東省鐵路公司」）。不過，雖然名義上為合資，實質的經營權還是掌握在俄國手中。除了鐵路事業本身之外，其附屬地的行政權及工商業的營業權也在授權的範圍之內。

其中東清鐵路南滿洲支線（長春以南）的各種權利，在日俄戰爭後依據《樸茨茅斯條約》由俄國讓渡給日本。後來的南滿洲鐵路公司（滿鐵），正是為了善加運用這些相關鐵路權利而設立。滿鐵於明治四十年（一九〇七年）開始執業，除了鐵路事業之外，還負責附屬地（滿鐵附屬地）的行政管理之責，屬於立場相當特殊的國策公司。據說滿鐵公司的原型，正是參考了俄國的東清鐵路公司。日本特地在滿洲設立滿鐵公司的理由，就在於滿洲的情況與臺灣不同。臺灣本身在當時已成為日本的領土（朝鮮半島成為日本領土〔日韓合併〕是在《樸茨茅斯條約》之後才發生的事，這個時期臺灣是日本的唯一海外領土），而日本從俄國手中奪得的只是在第三國（清朝）領土內的鐵路相關權益而已，因此日本政府必須避免過度直接干涉。

滿鐵（南滿洲支線）成為滿洲南部鐵路路線的基幹，而北部東清鐵路的諸項權利則在日俄戰爭後依然屬於俄國所有。滿鐵開始執業的不久之後，日本與俄國簽訂了《第一次日俄密約》（第一次日露協約），兩國約定以東清鐵路為中心的北滿洲地區歸屬於俄國，以滿鐵為中心的南滿洲地區歸屬於日本，兩國各自保有既得權利而互不干涉。這是因為當時美國也想要將勢力深入中國大陸，因此提議滿洲鐵路應共同經營及中立化，日本與俄國為了對抗美國的逼壓而攜手合作。到了明治四十二年（一九〇九年），滿鐵與東清鐵路在長春站正式連結，運行列車。明治四十四年

（一九一一年），開始販售從日本到俄國的直通車票，從新橋[1]到莫斯科只須購買一張車票。

當然滿鐵與東清鐵路並非涵蓋了滿洲的所有鐵路。從滿鐵的本線（大連到長春）分岔出去的支線，大多數都是在《樸茨茅斯條約》後由日本與清朝（辛亥革命後為日本與中華民國）雙方合意下新建的鐵路。

這些鐵路雖然在名義上歸屬於中國所有，但日本不僅提供了建設資金，而且鐵路在完成後委託給滿鐵負責經營，因此日本對這些鐵路在各方面皆具有影響力。由於這些路線的建設目的在於活化滿鐵的物流機能，在當時被稱為滿鐵的「培養線」。其目的也包含強化與朝鮮的聯繫，以及確保不經由東清鐵路的北滿洲輸送路徑。

但是東清鐵路（清朝因辛亥革命而滅亡後，日本以「支那」〔中國之意〕的「支」取代「清」，稱這條鐵路為「東支鐵路」，而中國則習慣將正式名稱「大清東省鐵路」中的「大清」拿掉，稱其為「東省鐵路」）因為一九一七年（大正六年）發生了俄國革命，從大正後期到昭和初期的列車運行狀況都蒙受了極大影響。

發生革命後不久，東清鐵路公司封鎖了滿洲里與綏芬河的國境，與西伯利亞鐵路的聯繫運輸

1 譯注：離東京車站兩站之距。從明治五年（一八七二年）日本最早的鐵路開通，一直到大正三年（一九一四年）為止，新橋車站都是東京最具代表性的總站。

也隨之中斷。新成立的蘇聯政府與東支鐵路形成對立關係，中國於是趁機收回當初授予前俄國政府的東支鐵路相關權益，企圖藉此恢復主權。此時，歐美列強及日本也出兵西伯利亞，致使東支鐵路有數年時間，由包含日本在內的列強共同管理。俄國貨幣盧布（Ruble）在革命後價值暴跌，使東支鐵路一度被迫大幅提高票價，再加上治安惡化令乘客數量減少，種種原因都令東支鐵路的營運狀態趨於惡化。東支鐵路一度被視為不可信任的交通工具，連結滿鐵的南部支線（長春到哈爾濱）沿線上甚至出現了原本早已消失的傳統馬車輸送。

其後在東支鐵路的問題上，想要回收權益的中國，與想要維持既得權益的蘇聯展開了激烈的外交攻防。中蘇甚至一度斷交，爆發武力衝突。到了一九二九年（昭和四年），原本遭中國回收的蘇聯鐵路權利全部恢復原狀，不久後東支鐵路便重新恢復國際鐵路的機能，並且出現了哈爾濱到莫斯科的快速列車。

在這段交涉過程中，中國逐漸改以「中東鐵路」來稱呼東支鐵路，日本受其影響，旅遊手冊上也開始出現「中東鐵路」這個稱呼。現代人看見這個名稱，可能會誤以為這是一條鋪築於阿拉伯地區的鐵路，但其實這裡的「中東」指的是「中國東部」，英文名稱是「Chinese Eastern Railway」。

中東鐵路與西伯利亞鐵路建立直通關係後，由日本本地經滿洲前往歐洲的鐵路路線，再度受到世人關注。原本利用西伯利亞鐵路前往歐洲的歐亞交通路線，因第一次世界大戰爆發、俄國革命等因素而中斷，後來因日本與蘇聯在大正末期恢復邦交，以及歐亞運輸會議的召開等理由，才在昭和二年（一九二七年）恢復通行。滿鐵成為從日本本地經朝鮮或大連，前往歐洲的最短路線的一部分，若再加上從海參崴利用中東鐵路，在滿洲北部抄捷徑的路線，從日本本地要到西伯利亞的旅客，共有三條路線可以選擇。

但是從海參崴進入中東鐵路的路線，在昭和十年（一九三五年）因滿洲國收購該鐵路（滿洲國成立後，中東鐵路又被改名為北滿鐵路）的關係，連結歐亞的機能反而降低了。這是因為在收購之前，中東鐵路（北滿鐵路）為寬軌鐵路（一五二四公釐），與蘇聯國鐵相同，因此列車可以直通西伯利亞鐵路。但是在滿洲國收購之後，軌寬被修改成了與滿鐵相同的國際標準軌寬（一四三五公釐），因此與西伯利亞鐵路不再能直通行駛。蘇聯賣掉北滿鐵路，等於是將勢力全面撤出滿洲鐵路。

另一方面，在日俄戰爭後由俄國割讓給日本的滿鐵（南滿洲鐵路），則一直是南滿洲的大動脈。雖然鐵路收益約有八成是來自於載貨收入，但載客收入自公司創立期到昭和時期每年穩定成長，列車速度也隨著設施改良與車輛更新而年年提升。

由於滿鐵採國際標準軌，而日本本地採窄軌（一〇六七公釐），因此無法將日本本地的鐵路車輛直接運到滿鐵使用。而且明治時期的日本也還沒有自行製造這些車輛的技術，因此初期必須從美國進口大量蒸汽機關車及載客車廂，以及從英、德等國進口各種車廂。

到了大正後期，滿鐵的工廠才終於有能力製造出與那些進口機關車的型式相同的車廂。到了創業達二十年以上的昭和二年（一九二七年），滿鐵更將完全自行研發設計的快速列車用帕西克型（パシコ形，為全名太平洋五型〔パシフィックの五【コ】番目〕的日語縮寫）大型機關車，投入運行業務。這些成功的例子，可說是為世界最高等級超特快列車「亞細亞」（參閱三四五頁）在昭和九年（一九三四年，當時滿洲國已成立）的誕生奠定了基礎。

但是在進入昭和初期之後，世界經濟大恐慌（Great Depression）所帶來的不景氣對滿鐵也造成了影響。不僅如此，而且實際統治滿洲的張作霖、張學良父子所率領的奉天軍閥，鋪設了與滿鐵平行的鐵路，瓜分滿鐵的載貨生意，導致滿鐵的營業狀況更加惡化。昭和六年（一九三一年）度的營運收支甚至出現赤字，這是滿鐵自成立以來第一次赤字，也是滿鐵四十年歷史中的唯一一次赤字。日本主張奉天軍閥鋪設平行鐵路的行為，已違反了日俄戰爭後，日本與清朝之間所合意的「併行線建設禁止條目」，曾向奉天軍閥提出抗議，但遭奉天軍閥無視。這件事成了昭和六年（一九三一年）關東軍發動瀋陽事變（滿洲事變）的主因之一。

奉天軍閥在瀋陽事變後瓦解，包含併行線在內的所有線路（不包含滿鐵本身）都由昭和八年

（一九三三年）成立的滿洲國鐵所接收，而滿洲國鐵將這些線路全部委託給滿鐵負責營運。滿鐵為了因應這些改變，新設置了一個名為「鐵路總局」的單位，作為統籌運行部門，將過去原本就屬於滿鐵的路線稱為「社線」，而受滿洲國鐵委託經營的路線稱為「國線」。自此之後，滿鐵建立起了涵蓋全滿洲的統合性列車運行系統，在當初滿洲屬於中華民國的時期是不可能實現的事情。原本是造成滿鐵營運業績下滑主因之一的併行線（當時有人稱這些併行線為「滿鐵包圍網」），此時已與滿鐵成為同一事業體，併行線問題就這麼得到了戲劇性的解決。昭和十年（一九三五年）由蘇聯讓渡給滿洲國的北滿鐵路，如今也成了國線的一部分。

到了昭和十一年（一九三六年），鐵路總局吸收了其它部門，改組為鐵道總局。原本市售的時刻表將滿鐵的線路區分為「滿鐵線」及「滿洲國鐵線」，自此之後也統一稱為「鐵道總局線」。但是到了昭和十八年（一九四三年），為了強化戰時體制，鐵道總局遭到裁廢，業務由滿鐵本社接手。在這個時期，國線已完全成為滿鐵的一部分。

● 圖4-1-2　因當地旅客而變得熱絡的京圖線葦子溝站（摘自《滿洲概觀》）。

由此可知，「滿洲的鐵路」並非全部可歸屬於滿鐵。只要仔細釐清鐵路的歷史，就會發現在二戰結束前夕，滿洲的鐵路包含許多原本應該不屬於滿鐵範圍的路線，而且也存在著一些不受滿鐵管理的民營鐵路（中國資本），以及公司形式的都市交通運輸系統。但是到了二十一世紀的現代，大多數的人都會直接把當年「滿洲的鐵路」與「滿鐵」畫上等號。造成這個現象的原因，除了一部分是單純的歷史錯誤認知之外，還有另一個很重要的理由，那就是滿洲國成立後，滿鐵大力推動社線與國線一元化，而滿鐵的歷史剛好就在這個時期驟然落幕。

滿洲 02

滿洲的觀光發展

以滿鐵沿線為中心陸續出現的觀光景點

自從日本在日俄戰爭中獲勝，依據《樸茨茅斯條約》自俄國手中取得滿鐵及其附屬地（滿鐵附屬地）的相關權益後，前往滿洲旅行的日本人越來越多。當時前往朝鮮或滿洲的團體旅行被日本人稱為「視察旅行」，從明治末期開始就相當盛行。日本政府也給予想要到中國大陸進行修學之旅的日本本地學生，相當多的優惠與方便。滿鐵及報社經常招待知名作家前往當地旅行，再以其遊記作為宣傳手段。這些遊記在內地傳開之後，自然令旅行的熱潮更加升溫。

在滿洲國建國之前，日本的權益僅局限在滿鐵本身及滿鐵附屬地內。因此日本旅客的觀光地點主要也在這範圍之內，也就是滿鐵沿線上。這也意味著對當時的日本人而言，到滿洲旅行幾乎可以跟搭乘滿鐵旅行畫上等號。

若翻閱明治、大正年間由滿鐵及日本本地的鐵道院（後來的鐵道省、國鐵。現在的JR集團的前身）所編纂及發行的滿洲旅行導覽手冊，會發現章節區分方式並不像現代的旅遊手冊一樣，依地區劃分再列出主要都市及觀光景點，而是以鐵路的路線來分章節，於每章再列出停車車站或主要車站，以及車站周邊的景點、住宿設施等。昭和時期之後的《旅程與費用概算》也承襲這樣的編纂方式，因此在包含滿洲在內的「外地」章節，依鐵路路線區分的傾向比較明顯，有別於同一本書內的「內地」章節。顯然意味著與日本本地相較之下，搭乘鐵路列車是滿洲觀光旅行的大前提，一旦離開了鐵路沿線，往往找不到開發成熟的合適觀光景點。

滿洲觀光景點的性質與朝鮮非常相似。日本能在滿洲獲得特殊權益，靠的是在日俄戰爭中獲勝，因此日俄戰爭在滿洲各地的戰場遺址，從明治末期到大正時期陸續成為觀光景點。許多日本人的團體旅客以宛如朝聖的心態，到滿洲探訪這些景點。從大正時期到昭和初期，日俄戰爭對日本人而言，是一場盡全力與大國帝俄搏鬥後，獲得勝利的痛快經驗，因此許多年長者都喜歡以各種不同的方式，分享自己的親身經歷。至於年輕一輩，則是從小到大不斷聽大人們談起這場成功經驗，學校也是一再重複教導類似的觀念。

因此，前往遙遠的滿洲探訪日俄戰爭的遺址，在當時被視為具有回顧大日本帝國發展基礎的重要社會學習意義，並非只是單純的遊山玩水。滿洲國建國之後，昭和六年爆發的瀋陽事變（滿洲事變）史蹟也成了「新戰場遺址」，吸引大批觀光客。

除了戰場遺址之外，日本人還盛行將溫泉地區開發為渡假勝地。滿鐵本線（現在的中國國鐵瀋大線）沿線上的熊岳城溫泉、湯崗子溫泉，以及滿鐵安奉線（現在的中國國鐵瀋丹線）的安東

● 圖4-2-1　滿洲三大溫泉之一的熊岳城溫泉（摘自《日本地理大系・滿洲及南洋篇》）

（現稱丹東）附近的五龍背溫泉，合稱為滿洲三大溫泉。不僅休憩設施完備，而且滿鐵會讓快速列車停靠於最近的車站，以及設置直營的旅館、發售折價車票等，在吸引觀光客上盡了一份力。由於這些溫泉都不像日本本地的溫泉一樣位於火山帶，因此並非硫磺泉或酸性泉之類的火山性溫泉，而是無色透明的鹼性泉，特色是溫和不傷肌膚。

若扣除這些溫泉勝地，滿洲的觀光景點大多為滿鐵相關鐵路車站附近的都市地區，與南方擁有不少自然景觀型觀光景點的朝鮮，剛好形成了對比。會有這樣的差異，主要正是因為日本在滿洲的權益，僅止於滿鐵及其附屬地，並非像整個朝鮮都受日本掌控。即使在滿洲國建國之後，這個現象也沒有劇烈變化，遠離市區的原野、森林及山區地帶，有很多名為馬賊的遊擊武裝勢力，根本沒有辦法安心漫步與觀光（關於滿洲的治安請參閱二五三頁以下內容）。

此外，還有一個重點，滿鐵主要車站的都市街道本身，對日本人而言就是充滿異國情調的觀光景點。從日俄戰爭爆發前到俄國革命時期，都屬於俄國權益地區的哈爾濱，是最具代表性的例子。即使到了昭和時期之後，哈爾濱的整個街景依然帶有濃濃的俄國情調。另一方面，在清朝時代被視為首都或副都，而深受重視的奉天（現在的瀋陽），則散發著中華式的城塞都市風情。再加上滿洲國建國後的新京（現在的長春），在迅速發展整頓後連日本本地的地方性都市也有所不及。對來自日本本地的旅客而言，滿鐵沿線的主要都市本身便具有令人嘖嘖稱奇的觀光魅力。

這些都市皆設有ＪＴＢ的諮詢服務處，能夠以日語提供購買鐵路車票、安排住宿旅館等旅遊相關服務。若以昭和十三年（一九三八年）四月為基準，ＪＴＢ在奉天、四平街（現稱四平）、新京、吉林、圖們、營口、撫順、鞍山、安東、哈爾濱、牡丹江、佳木斯、齊齊哈爾、滿洲里、錦縣（現稱錦州）、承德等都市皆設有據點，而且大多就位在車站前方。哈爾濱及奉天的ＪＴＢ據點是在滿鐵直營的大和飯店內。

大和飯店是由滿鐵直營的純西式高級飯店。由於滿鐵附屬地內的住宿設施，多為採用和室的日本旅館，因此各地的大和飯店以其莊重氣派的西式風格，而廣受經由西伯利亞鐵路來到亞洲旅行的歐美人士好評。大和飯店的外觀多為文藝復興式，或新藝術式（Art Nouveau），營造出莊嚴肅穆的氣氛。除了哈爾濱及奉天之外，在長春（新京）及關東州的大連、旅順也開設了大和飯店。就算不住在裡頭，也可以到飯店內的餐廳用餐。

餐飲方面，滿鐵附屬地內由於日本居民眾多，日式餐廳當然少不了。但在名為滿人街的漢族、滿族聚集地區內，也有一些受日本居民喜愛的中式餐廳。哈爾濱之類的北滿洲地區，還住了不少白俄移民（參閱三五二頁），因此也有不少俄式餐廳。昭和十三年（一九三八年）度版的《旅程與費用概算》中，哈爾濱的章節裡介紹了不少「露西亞料理」（俄式料理）餐廳，數量甚至超越了「支那料理」（中式料理）餐廳。而且除了俄式料理之外，甚至還有名為「高加索料理」的獨立分類，同樣列出了不少店名（高加索〔Caucasus〕是裏海〔Caspian Sea〕以西，涵蓋亞塞拜然〔Azerbaijan〕、亞美尼亞〔Armenia〕等地區的區域名）。

就跟臺灣、朝鮮等其它「外地」一樣，內地時刻表上的滿洲頁面找不到代表鐵路便當販賣車站的符號。但在當地所發行的《滿洲中國鐵路時刻表》上，各線的時刻表欄皆以符號標示出了鐵路便當販賣車站，以及有站內餐廳的車站。若翻開JTB滿洲支部在奉天所發行的該時刻表昭和十五年（一九四〇年）八月號，會發現書末還公布了鐵路便當的種類及價格。便當為五十錢（各站統一）、壽司三十至四十錢、茶七錢。此外，奉天站的雞肉飯為五十至六十錢、新京站的三明

● 圖4-2-2　滿洲國時期的奉天大和飯店（摘自當時的風景明信片。資料提供：服部朗宏）。

● 圖4-2-3　長春（新京）的大和飯店，如今以春誼賓館（舊館）的名義繼續營業。外觀（左）依然保有當時的建築風格，但內部（右）已經徹底翻修。

治為四十錢。

這一版的時刻表上，還列出了附有站內餐廳的車站一覽表，以及套餐的金額。筆者將這些車站依線路區分，整理成表4-2-1。由此表可以看出滿鐵總局直營的餐廳佔了約一半左右。套餐有西式及日式兩種，各自還區分為早餐、午餐及晚餐。

跟鐵路便當及車站內餐廳相比，用餐車廂雖然利用的機會不多，但搭乘長程列車時也是選擇之一。滿洲的列車除了特快及快速之外，就連部分普通長程列車也帶有用餐車廂。各列車所提供

● 表4-2-1　滿鐵設有站內餐廳的車站一覽表（依據《滿洲中國鐵路時刻表》昭和十五年〔一九四〇年〕八月號內容重新繪製）。

路線名	設有站內餐廳的車站（○符號為滿鐵總局直營店）
連京線	○大連、大石橋、遼陽、○奉天、鐵嶺、○開原、昌圖、○四平街、公主嶺、○新京
安奉線	○安東
奉山線	大虎山
奉吉線	○吉林
錦古線	○承德
京圖線	蛟河、敦化、○圖們
平齊線	鄭家屯、○齊齊哈爾
京白線	白城子
京濱線	德惠※、陶賴昭、雙城堡、○哈爾濱
京綏線	阿城、珠河、亞布洛尼、石頭河子、海林、○牡丹江、○綏芳河
綏佳線	○佳木斯
濱州線	昂昂溪、扎蘭屯、博克圖、海拉爾、○滿洲里
綏寧線	東寧

※德惠在本時刻表書末的附站內餐廳車站一覽內，原本寫作「窯門」。但窯門站已在昭和十四年（一九三九年）六月更名為德惠，應該是忘了修改。

● 表4-2-2　主要列車的用餐車廂營業細節（依據《滿洲中國鐵路時刻表》昭和十五年〔一九四〇年〕八月號內容重新繪製）。

營業區間	列車編號	列車種類及暱稱	餐點種類
大連到哈爾濱	11、12	特快列車「亞細亞」	西式套餐、單點；日式套餐、蓋飯
大連到新京	13、14	快速列車「鴿」	
大連到哈爾濱	15、16	快速列車（無暱稱）	日式套餐、單點、蓋飯；西式單點
	17、18	快速列車（無暱稱）	西式套餐、單點；日式蓋飯
安東到新京	1、2	快速列車「光」	西式套餐、單點；日式套餐、蓋飯
安東到北京	3、4	快速列車「興亞」	西式套餐、單點；日式套餐、蓋飯
安東到新京	7、8	快速列車「望」	西式套餐、單點；日式套餐、蓋飯
安東到北京	9、10	快速列車「大陸」	西式套餐、單點；日式套餐、蓋飯
奉天到北京	401、402		西式套餐、單點；日式套餐、（早餐）蓋飯
	403、404		西式及滿式單點
奉天到承德	411、412		西式套餐、（早餐）單點、午餐套餐；日式套餐、（早餐）蓋飯；滿式單點
奉天到吉林	501、502		西式單點、午餐套餐；日式蓋飯；滿式單點
奉天到北安	801、802		日式套餐、（早餐）蓋飯、單點、午餐套餐；滿式單點
四平街到齊齊哈爾	805、806		西式、滿式單點
白城子到阿爾山	845、846		便當、日式蓋飯、咖哩飯、烏龍麵、木須干飯、咖啡、牛奶
新京到羅津	201、203	快速列車「朝日」	西式套餐、單點；日式蓋飯
哈爾濱到黑河	301、302		西式單點；日式套餐、蓋飯；滿式單點、午餐套餐
哈爾濱到滿洲里	701、702		西式套餐、單點；日式套餐、蓋飯
哈爾濱到綏芬河	901、902		西式單點；日式套餐、蓋飯；滿式單點

的餐點種類也記載於前述《滿洲中國鐵路時刻表》各線時刻表的欄外。提供的餐點為西式、日式還是兩者皆有，會依列車種類而不同，這點與日本本地的列車相似。但滿洲的用餐車廂有一個特色，那就是有些會提供「滿式」餐點，也就是滿洲人（實際上為滿族及漢族的合稱）的菜色，因此在列車上也能享用中華料理。整體而言還是以日式、西式居多，但開往中華民國的跨國列車及一部分的長程普通列車，會提供「日、西、滿式」或「西、滿式」餐點。時刻表的書末還記載了餐點價格，就跟日本本地一樣，西式的價格普遍高於日式，而滿式則未標注價格。

至於搭乘飛機的情況，由於時間較短，不須為移動過程中的用餐問題煩惱。滿洲在昭和七年（一九三二年）設立了滿洲航空，國內路線網一年年擴大，除了往來於主要都市之間，還有載客航班飛往滿蘇國境上的滿洲里及黑河等邊境城市。

有些地區常有馬賊、匪賊出沒，治安狀況不佳，飛機航班能夠確保這些地區內，都市的對外交通聯繫，有時候比陸地上的鐵路更加重要。除此之外，滿洲航空總公司所在的奉天，每個星期日上午還提供奉天觀光飛行服務，飛行時間約十分鐘，費用為大人五日圓（昭和十年〔一九三五年〕的情況）。

公車的路線網也十分充實。前述《滿洲中國鐵路時刻表》上記載了許多由鐵道總局直營的公車路線，有些路線對於沒有鐵路的偏遠地區，可說是具有不可或缺的重要性。

都市地區除了市內公車，還有馬車及路面電車可作為代步工具。在新京、哈爾濱、奉天這些主要都市，路面電車跟巴士一樣密集，觀光客也能輕鬆利用。

如果同行人數少，在都市內遊覽可選擇搭乘計程車、馬車或人力車。計程車還分為四人座的大型車及三人座的小型車（暱稱為「豆車」），市內的搭乘費用各自不同。滿洲國成立後的新京率先實施里程計費制度，初次造訪的觀光客也能安心搭乘。

當時的日本人稱馬車為「Macho」（マーチョー），形式從兩人座到四人座都有。人力車則稱為「Yancho」（ヤンチョー，漢字寫作「洋車」），車站前廣場及大馬路上，隨時都有好幾輛在等著客人上門。奉天車站前的人力車競爭尤其激烈，搭乘遠程列車的旅客只要一走出車站，立刻會被一大群高喊「洋

● 圖4-2-4　奉天到撫順的滿鐵總局公車（摘自《滿洲概觀》）。站牌上寫著「總局汽車」四個大字。

車！洋車！」的人力車伕包圍。雖然車伕絕大部分是滿洲人（包含漢族），但日本旅客只要以漢字將目的地寫在紙上，就算不會說滿洲語或華語，也幾乎不會有溝通上的問題。居住在當地的日本人，多以人力車作為近距離交通工具，而以馬車作為遠距離交通工具。價錢從高至低依序為大型計程車、豆車、馬車、人力車。

除了這些交通工具之外，奉天及新京原本還準備要興建中國大陸最初的地下鐵。奉天是由在大阪經營地下鐵事業的大阪市電氣局（現在的大阪市交通局），負責提出具體計畫及實施現場測量，但直到第二次世界大戰結束還是沒有實現。奉天就是後來的瀋陽，這裡的第一條地下鐵誕生於二〇一〇年（平成二十二年），時間上相隔了六十五年。

旅行時的治安問題

滿鐵附屬地以外地區須注意安全

現代的海外旅遊導覽手冊不管目的地是哪個國家，必定會有一些章節說明當地治安狀況，以及確保自身安全的注意事項。就算是治安不比日本差的國家，畢竟身為異國旅客還是必須具備最低限度的防備心。

然而在本書經常引用的昭和初期旅遊導覽手冊《旅程與費用概算》一書中，卻完全沒有「外地」治安狀況的相關敘述。臺灣、朝鮮、樺太（庫頁島）雖然稱為「外地」，但名義上仍屬日本國內，而關東州與滿鐵附屬地則是日本的權益持有地，或許對當時的人來說感覺不像外國。但就連滿洲國成立後的滿洲介紹章節，也完全沒有提到治安方面的問題。

唯獨在昭和十三年（一九三八年）版的〈北支五省〉一章中，有一小節的標題是〈關於治安〉。所謂的北支五省，指的是中華民國的華北地區（當時日本人稱為北支或北支那）五個省分的總稱，與滿洲相鄰，位在滿洲的西南方。《旅程與費用概算》一書特地在這一版中，加入關於治安的說明，據推測應該是因為前一年（昭和十二年）北京爆發了盧溝橋事件，整個中國都陷入了中日軍事衝突狀態，旅客不可能沒有意識到這將造成的影響。

在這節說明文之中，有一小段的主題並非關於北支五省，而是關於滿洲在昭和十三年（一九三八年）的治安狀況。這段文字是這麼說的：「鐵道方面也一樣，在北寧線已通車的現在，臨時營業中的各線絕對安全，但如同滿洲事變後的滿洲鐵路沿線一般，必有殘敗勢力分散於各地，意外事故發生與否將難以預見。」這段話明確地指出了一個事實，那就是在昭和六年（一九三一年）發生瀋陽事變後，滿洲鐵路沿線上散布著一些殘敗勢力。

旅遊雜誌《旅》的初期文章（大正末期到昭和初期），在介紹滿洲旅行時也常提及一些關於治安上的疑慮。但畢竟這是一本由鼓勵旅行的團體（日本旅行文化協會，即JTB的前身）所發行的雜誌，因此秉持的主張大多是「實際上在滿洲觀光旅行時遭馬賊襲擊的機率，如同在日本本地都市區域遭遇車禍或遇上強盜的機率，只能說是運氣太差」。但反過來說，旅遊雜誌會這麼強調，足見大正末期至昭和初期的日本人，大多認為滿洲是個「馬賊頻繁出沒的危險地區」。正因為有這樣的共同認知，鼓勵旅行的團體才會想盡辦法改變世人心中的印象。

滿洲的馬賊、匪賊聽起來就是一群窮凶極惡的盜賊，令人聞之色變，但其中有一些其實是清朝末年治安惡化，滿洲民眾為了自保而組成的自衛集團。這些集團與當時企圖在滿洲擴張勢力的日本人，以及蘇聯各有著不同的利害關係，有時相互是敵人，過了一陣子卻變成朋友。因此，隨

● 圖4-3-1　正在通過滿鐵京濱線（舊稱東清鐵路南部支線）五家附近的「亞細亞」列車，以及守護於一旁的日本兵（昭和十年〔一九三五年〕攝影。照片提供：高木宏之）。

著社會局勢及集團的不同，日本人有時會遭到攻擊，有時不會。其中甚至有些馬賊的勢力在滿洲內外迅速擴大，最後形成了軍閥。在日本的支援下成為滿洲最大軍閥的張作霖，正是最好的例子。

滿洲國成立之前，滿洲雖然在名義上為中華民國的領土，但實際上許多地區是由像這樣的軍閥所掌控，中央政府無力干涉。因此為了確保這些地區的鐵路（滿鐵）通行安全，當時鐵軌旁邊每隔一定距離，會配置關東軍的士兵（《樸茨茅斯條約》中規定每一公里可配置十五名以下的鐵路守備隊）。從滿鐵列車的車內往外看，就算是什麼都沒有的荒原，還是會看見站哨的日本兵。不分春夏秋冬，這些哨兵就只是孤零零地站著，一動也不動。

滿鐵自從創立之後，每隔十年就會發行一本社史（公司歷史集）。在其中的〈滿洲特有的列車馬賊〉（《南滿洲鐵道株式會社十年史》）一節中，詳細記錄了載客列車遭襲擊時，馬賊採用的手法，以及受害的情況。根據其記載，明治末期的載客列車在結構上是各車廂獨立，車廂與車廂之間的移動非常困難。即使是帶著許多節車廂的列車，往往也只會有數名日本警察隨行，難以顧及所有車廂。因此，當時常有歹徒趁著列車行駛時，在車廂內恐嚇或傷害乘客，搶奪財物後跳車逃逸。在某些案例裡，歹徒甚至還優先攻擊人力單薄的警察。因此後來改成了由守備隊的士兵代替巡查，在列車上保護乘客安全。[2]此外根據記載，差不多就在同一時期，載客車廂的結構變更成了能夠在車廂之間移動，降低了警備的阻礙，類似的案例也隨之大幅減少。

在大正至昭和的期間裡，滿洲馬賊襲擊列車的情況據推測，應該是幾乎不曾再出現過。但是到了昭和六年（一九三一年）九月爆發瀋陽事變之後，情況可就截然不同了。昭和十三年（一九三八年）以軍事機密資料性質發行的《南滿洲鐵道株式會社第三次十年史》中，具體記錄了許多重大案件。若細看這些馬賊襲擊列車的案例，會發現其手法跟明治末期的強盜完全是南轅北轍。

---

2 譯注：巡查是日本警察制度中的最低階級，在地位上約相當於臺灣所稱的「警員」。

這些馬賊在犯案時往往規模龐大且手段凶惡，例如：他們可能會在列車通過前，拔去鐵軌上的螺栓及道釘，或是直接將整段鐵軌拆掉，使列車脫軌。接著會有大約一百五十名馬賊衝上前去，朝著列車不分青紅皂白地開槍，殺死車務人員及隨車守備士兵。或者是在列車通過時引爆炸藥，讓大量旅客非死即傷。在一些站務人員或守備士兵奮力應戰擊退馬賊的案例裡，雙方激戰的程度幾乎與戰爭沒有兩樣。

若仔細查看該書所公布的「匪賊致鐵路損害件數」（表4-3），會發現數字在瀋陽事變的隔年（昭和七年）大量增加。作家林芙美子在瀋陽事變發生短短兩個月後，就搭乘列車經滿鐵及西伯利亞鐵路，前往巴黎旅行。她以這段搭乘列車的經驗寫下了隨筆文〈西伯利亞的三等車廂〉（シベリアの三等車）。在這篇文章裡，她提到當列車在經過奉天的時候，她多次聽人說起「滿鐵的員工在列車行駛途中突然被拉下車，從此下落不明」之類的可怕傳聞。而且長春車站到處擠滿了揹著刺刀步槍的日本士兵，光是要走到等候室就得費一番功夫。即使是一個想要遊山玩水的旅客，也能清楚感受到當時劍拔弩張的緊張氛圍。

加強警戒的作法除了讓士兵隨行之外，為了防止列車遭馬賊襲擊，有一段時期取消了夜間列車班次，或是讓「先驅列車」早一步出發，行駛在真正的列車前面。關於「先驅列車」，《旅》昭和七年（一九三二年）十二月號內有詳細介紹，還放上了附注解的照片，稱其為「經過偽裝的先驅列車」（近藤義長〈守護生命線〉〔生命線を守りて〕）。讓先驅列車行駛在真正的列車前面，就可以避免列車遭受炸藥攻擊，或是因鐵軌遭破壞而脫軌。而且先驅列車上配備了重火器，遇上馬賊襲擊可立即應戰。刊載於昭和九年（一九三四年）十一月號上的遊記〈窺望滿洲〉〔滿洲を覗く，三島章道〕一文中，也提到作者搭乘列車自朝鮮北部經圖們進入滿洲國時，看見鐵路前方有一輛「牽引裝甲車的汽油機關車」，在前往吉林的一路上「就算匪賊來襲也能全力與之一

●表4-3　昭和六至十一年（一九三一至一九三六年）的「匪賊致鐵路損害件數」（摘自《南滿洲鐵道株式會社第三次十年史》）。

種類／年度	車站遇襲	列車遇襲	妨礙行駛	電線破壞	鐵軌及設施破壞	員工遇襲		合計
						綁架	死傷及其它	
昭和六年度	12	5	25	26	9	3（6）	7（9）	87
昭和七年度	38	34	52	70	41	18（31）	46（65）	299
昭和八年度	9	6	7	11	2	7（8）	11（13）	53
昭和九年度	2	－	8	18	2	4（5）	3（4）	37
昭和十年度	－	2	10	7	－	2（2）	1（3）	22
昭和十一年度	4	3	5	7	4	2（3）	6（13）	31
六年合計	65	50	107	139	58	36（55）	74（107）	529

＊（）內為人數。

戰」。

但日本兵能在列車上隨行及沿途護衛，是因為日本擁有滿鐵及滿洲國成立後的滿洲國鐵的權益（嚴格來說滿洲國鐵的權益並不歸屬於日本，但滿洲國在成立之初就將國鐵委託給滿鐵負責營運。參閱二三九頁）。至於滿洲國成立前，以中華民國國鐵的名義運行的非滿鐵路線，當然就不在日本兵的保護範圍之內。日本著名詩人與謝野晶子在昭和三年（一九二八年）與丈夫一同前往滿洲旅行，她在作品中描述了當時搭乘滿鐵連長線（現在的中國國鐵京哈線），從四平街（現稱四平）轉搭中華民國國鐵的四洮鐵路，前往內蒙古時的情況。

「跟昨天之前搭乘的列車完全不同，車上有負責監視的武裝支那軍官及士兵，以及沒有買票的乘客，這些人坐在我們的車廂裡粗魯地談笑、飲食。途中經過的每個車站也都聚集了很多全副武裝的支那士兵及巡查。乘客只有我們四人，以及另外一位日本紳士，其他都是支那人，其中有少數幾名男女是滿洲人，還有幾名身穿漢裝的蒙古人。在昨天之前，不管是站務員、警衛兵還是巡查全是日本人，跟當時那種搭乘列車時的安心感相較之下，如今我們都對於四周景象的巨大變化感到不安與驚奇，彷彿被推入了陌生人的世界之中。」（〈前往內蒙古〉〔內蒙古を行く〕《鐵幹・晶子全集26》）

四洮鐵路是從奉天不經由長春、哈爾濱，而直接通往齊齊哈爾方向的捷徑路線的一部分。與謝野晶子等人下車的終點站（往齊齊哈爾方向的接駁列車起點站）洮南擁有五萬人口。這絕對不是一條深入窮鄉僻壤的地方性支線鐵路，而是橫斷廣大土地、連結主要都市的重要幹線的一部分，與滿鐵的地位極為相似。只不過負責管理的組織由滿鐵變成了中華民國國鐵，列車內的氣氛竟有如天壤之別。

至於長春以北的東清鐵路，由於既不屬於滿鐵，也不屬於中華民國國鐵，狀況可說是更加特殊。這條鐵路的權益歸屬於俄國，名義上雖由中俄合資公司負責管理，但長期以來列車的護衛權一直是由俄國警備隊所掌握。

然而俄國在發生革命後陷入混亂，東清鐵路的護衛權於大正後期回到中國的手上。中國派出一批來自地方軍團的士兵，命名為「中東鐵路護路軍」，負責在車內及車外的護衛工作。當時俄國籍的車掌一邊查驗乘客的車票，一邊會有護路軍的中國士兵在車廂內巡邏。

但是昭和六年（一九三一年）的瀋陽事變引發護路軍的內部對立，整個組織瓦解。失去了護衛人員後，東清鐵路變得極不安全，時常有馬賊襲擊列車，妨礙列車通行或傷害鐵路人員。因此到了昭和八年（一九三三年）之後，東清鐵路的護衛工作也落在滿洲國治安部的肩上。隸屬於關東軍的日本兵，會為了維持治安，而進入權益歸屬於俄國的東清鐵路列車內。這個狀況一直維持到昭和十年（一九三五年），滿洲國收購東清鐵路為止。

旅客只不過是在某個車站轉搭了另一條線路的列車，並沒有跨越國境，卻會發現在列車內外負責護衛工作的士兵，以及警察已換了國籍。在滿洲國成立以前，這也是在滿洲搭列車旅行時的特徵之一。

而且滿洲只有奉天、長春（新京）、安東、鞍山，這些滿鐵沿線附屬地內的主要都市是安全的。其它的廣大地區不管是滿洲國成立前，還是成立後，大多處於治安不穩定的狀態。因此在進入昭和時代後，滿洲航空的定期航空班機顯得更具有舉足輕重的意義。因為飛機能夠直接連結廣大原野上的日本殖民都市，相形之下比陸地上的鐵路安全得多。

值得一提的是滿洲嚴格禁止旅客在飛機上，對窗外景色拍照或寫生。即使是在陸地上，也有一些地區不得在未經許可之下，擅自拍照或寫生。例如：鴨綠江鐵橋、圖們江鐵橋等跨越朝鮮、滿洲國境的鐵橋附近，以及受指定為「特殊地帶」的蘇聯國境附近的黑河省（相當於現在的黑龍江省北部），還有擁有眾多日本、朝鮮移居者的間島省（相當於現在吉林省的一部分）等。《旅》昭和十五年（一九四〇年）四月號上的〈大陸旅行心得〉（大陸旅行の心得，山本三平）一文詳細列舉了滿洲地區禁止拍照、寫生的區域，若與昭和十年（一九三五年）版《旅程與費用概算》中列舉的區域相比，會發現禁止區域增加了。隨著戰爭的火藥味愈來愈濃厚，對拍照的限制也愈來愈嚴格。

● 圖4-3-2　一名旅客在新京站的月臺上對著「亞細亞」列車拍照（昭和十三年〔一九三八年〕攝影。照片提供：清水昭一）。雖然前一年才剛發生盧溝橋事件，但旅客朝「亞細亞」拍照似乎沒有觸犯禁忌。

若以這個表為基準，嚴格來說在鐵路車站內拍照，也有很高的機率遭到責罰。不過以滿鐵最引以為傲的特快列車「亞細亞」的情況來看，乘客在車站月臺上拍攝紀念照，甚至是將照相機鏡頭對準雄偉的流線型蒸汽機關車，在某些時期似乎都不至於構成太大問題（參照圖4-3-2）。

前往滿洲的路徑

大連路線與朝鮮路線互別苗頭

觀光客由日本本地前往滿洲的路徑，大致上可分為兩條，一條是搭船前往關東州的大連，再轉搭滿鐵列車進入滿洲；另一條則是沿著朝鮮半島北上，渡過鴨綠江。不論哪一條路線，都是歐亞運輸鐵路的一部分，可從滿洲再轉搭西伯利亞鐵路列車進入歐洲。

大連航線從神戶出港，經門司前往大連，需要四天三夜的時間。負責運行的大阪商船公司在全盛時期有十艘大型客船，噸數在五千噸級至八千噸級不等，幾乎每天都有航班。一艘船的載客上限包含頭等至三等約六百至七百人。船內為頭等票旅客提供西式，為二、三等票旅客則提供日式餐點。為了讓旅客能在大連順利轉搭昭和九年（一九三四年）登場的特快列車「亞細亞」，還有免費的接駁公車配合船隻入港時間，將旅客從大連碼頭的船客等候室，送往大連車站（參閱二一八頁）。只要利用這個接駁系統搭上「亞細亞」，當天傍晚就能抵達滿洲國首都新京（現在的長春）。昭和十年（一九三五年）起，路線更延伸至哈爾濱站，而且當天晚上就能抵達。

經由朝鮮半島的主要路徑，則是從下關搭關釜接駁船前往釜山，然後沿著京釜本線（現在的

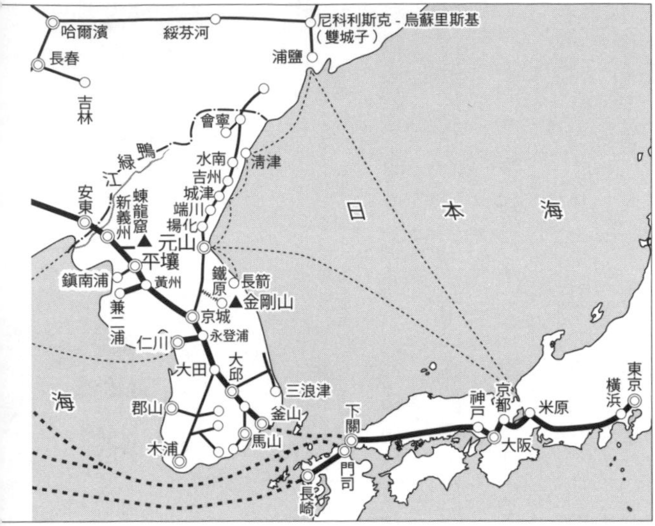

依據昭和六年版《旅程與費用概算》的「鮮滿中交通略圖」重新繪製。

韓國鐵路京釜線）及京義本線（現在的韓國鐵路京義線及北韓國鐵平釜線、平義線）北上，自新義州離開朝鮮，橫渡鴨綠江從安東（現稱丹東）入境。自明治四十五年（一九一二年）起，便有開往長春方向的鮮滿直通快速列車自釜山出發。到了昭和時期之後，更有暱稱為「光」及「望」（參閱一六九頁以下內容）的跨國快速列車，分成日夜班次直通新京。

日本本地的市面上所販售的《鐵路時刻表》（由鐵道省編纂）的書首，有一份自日本本地前往滿洲的轉乘時刻表，路線是從東京出發，沿東海道本線及山陽本線往西行，在神戶或下關搭船前往大連或釜山，然後轉搭開往滿洲方向的直通列車，最後到達奉天、長春（新京）或哈爾濱。昭和十五年（一九四〇年）十月號則同時列出了

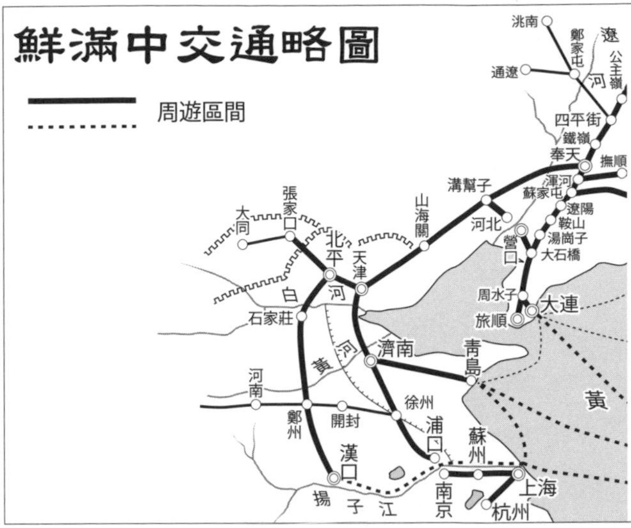

● 圖4-4-1　日本本地到中國大陸的路徑。

三條路徑，分別是經大連、經朝鮮、經敦賀或新潟（從敦賀或新潟搭船前往朝鮮北部的路徑）。

若搭乘由東京開往下關的跨國特快列車「富士」，在下午三點從東京出發，在隔天傍晚從釜山搭上「光」，能夠在第三天晚上抵達新京。反觀經由大連的路線，由於從神戶到大連就必須在船上待四天三夜，就算從大連出發的「亞細亞」列車速度再快，還得加上從東京沿東海道本線到神戶的一天時間，這樣算起來就五天四夜了。因此以抵達目的地的速度來看，經朝鮮的路線較佔優勢。

不過，經大連的路線雖然速度上輸了經朝鮮的路線一籌，受旅客歡迎的程度卻是不遑多讓。理由就在於抵達大連港之前的時間，能夠在寬敞的船上悠哉地渡過，而且轉搭滿鐵的大連站是藉由自由貿易港的地位，迅速蓬勃發展的新都市，距離日俄戰爭最有名的激戰地點旅順也很近。除此之外，昭和九年（一九三四年）之後登場的滿鐵招牌特快列車「亞細亞」也吸引了不少觀光客前往一睹風采。何況滿鐵的總公司就在大連，打從公司草創期開始，滿鐵的經營方針就被形容為「大連集中主義」，可見得滿鐵有多麼重視來自大連航線的客貨流通狀況。

經朝鮮半島進入中國大陸的路線，在昭和時期之後，除了傳統的安東路線之外，又多了另一條迅速崛起的路線。這條路線搭船橫越日本海進入朝鮮北部，被稱為北鮮航線。尤其在昭和八年（一九三三年）之後，由朝鮮北部的南陽跨越豆滿江，連接圖們的圖們橋開通，羅津到新京的直通跨國快速列車「朝日」登場，北鮮路徑成了前往滿洲國首都的最短路徑，更受到世人重視。

依據前述《鐵路時刻表》昭和十五年（一九四〇年）十月號書首的「國際接駁時刻欄」的記載，若早上八點搭乘快速列車從日本的上野出發，在下午抵達新潟，轉搭昭和八年（一九三三年）開設的嶋谷汽船（昭和十一年〔一九三六年〕起由日本海汽船繼承航線。日本海汽船是由嶋谷汽船，以及北日本汽船共同出資成立的公司）的大型客船，兩天後的早上六點可抵達羅津。在羅津轉搭九點發車的快速列車「朝日」，下午可由圖們越過國界，當天晚上十點五十分可抵達新京。這個從上野出發的三天兩夜行程，與東京經釜山前往新京的時間差不多。這條最短路線能夠誕生，理由就在於昭和六年（一九三一年）水上到越後湯澤的上越線全線開通，從上野到新潟的所需時間比原本經信越本線（繞行高崎、長野、直江津）的時間大幅縮短了。

位於福井縣的敦賀港，打從新瀉航班開設之前，就已經建立起前往羅津、清津的北鮮航線了。為了方便旅客在敦賀港接上日本海汽船的航班，因此從東京經東海道本線的米原，直通北路本線的敦賀港列車，會配合日本海汽船航班的出港日期，增加臥鋪車廂。到了羅津就轉搭快速列車「朝日」，這一段跟經新瀉的路徑相同，但由於從東京出發時間是晚上，因此到達新京的行程會變成四天三夜。

這條由敦賀出發的日本海橫斷航線，過去還能選擇自蘇聯的海參崴入港，再轉搭東清鐵路列車前往哈爾濱。等於是北鮮航線繼續延伸，以海參崴為終點。在昭和十年（一九三五年）之前，有跨國列車從海參崴出發，以三天兩夜的時間直通哈爾濱。這是因為東清鐵路的經營權是從俄國政權轉移至蘇聯政權，軌道與蘇聯國鐵同樣採用寬軌（一五二四公釐），列車可以直通。

由於蘇聯是外國，如果要走這條路線，必

● 圖4-4-2　現在的海參崴車站。改建於帝俄時期的一九一二年，來自敦賀的旅客都是從這座車站出發。

須準備護照，並且先取得蘇聯的通行簽證。而且東清鐵路在昭和十年（一九三五年）由滿洲國收購之後，軌道寬度變更為與滿鐵及滿洲國鐵相同的國際標準軌（一四三五公釐），列車不再能互通，導致這條經海參崴前往哈爾濱的路線幾乎失去了意義。

話雖如此，但若以歐亞連結路線的票價方面優勢來看，在昭和十年（一九三五年）之前，價格最便宜的正是這條從海參崴轉搭東清鐵路列車的路線。次便宜的則是從釜山沿朝鮮半島北上，自安東進入滿鐵，在哈爾濱與東清鐵路會合的路線。大連航線則還要再貴上一點。值得一提的是如果乘客手上拿的是「可以經由安東，也可以經由大連」的共通車票，而乘客選擇了大連航線，在以大連為起迄點的大阪商船的船內，必須補足票價差額。

如果不在意票價高低，自昭和時期之後陸續有定期航空客機，在滿洲與日本本地、關東州、朝鮮及中華民國之間往來，移動時間將大幅縮短。如果是從日本本地出發，可搭乘大日本航空公司的快速班機，從東京羽田機場出發，途經朝鮮的京城後，直通奉天或新京。這個航班在昭和十五年（一九四〇年）開設，每天都有出發的班次，在當時有「日滿的空中特快列車」之稱。倘若早上六點從東京出發，當天下午三點十分可抵達奉天，下午四點三十五分可抵達新京。東京到新京的所需時間為十小時三十五分。機票價格為一七〇日圓，相當於利用鐵路及船運，經朝鮮安東的三等票價格的四・五倍左右。

● 圖4-4-3　滿洲航空的飛機。尾翼上畫著滿洲國旗（摘自《滿洲國概覽》）。

若是要從滿洲前往朝鮮的京城（現在的首爾）、關東州的大連、中華民國的北京、天津、張家口等地，則可利用滿洲航空公司（總公司位於奉天）的國際班機。滿洲航空的客機是以美國的福克（Fokker）Super Universal客機為主力，此外，還有日本製的中島飛機AT—2客機，以及與日本為同盟國關係的德國，所製造的容克斯（Junkers）Ju86客機等，種類可說是五花八門。特別值得一提的是滿洲航空公司還自行研發製造了一款名為「滿航式MT—1」的客機，而且真正加入了定期航班的班機陣容。像這樣由航空公司自行製造飛機的例子，在航空史上可說是相當罕見。

滿洲 05

不需要護照的外國：滿洲

打從屬於中華民國時期，日本人入境就不用出示護照

有些地區雖然統治權不歸屬於日本，但日本握有特殊權益，這樣的地區往往也會被視為「外地」，滿洲就是最好的例子。

事實上若查看《旅程與費用概算》昭和十三年（一九三八年）版的「鮮、滿、中國旅行」綜合導覽章節，會發現一個有趣現象，那就是文中提及了海關檢查、時差、匯兌等各種海外旅行必須注意的事項，卻完全沒有提到護照與簽證的問題。取而代之的是有一小節名為〈關於旅行證明〉，其中寫到「現在前往北支旅行須提出『北支旅行身分證明願』，若要移居則須提出『北支移住身分證明願』」。接著文中詳細說明到轄區警署申辦的方法，還強調不須支付手續費，但如果在國境或港口沒有出示上述證明文件，將會遭拒絕入境。

不過，這指的是要搭乘跨國列車或船隻進入北支（指隔著萬里長城與滿洲國相鄰的中華民國北部地區）的情況，而非入境滿洲國的情況。而且文中所提到的旅行證明文件，也不是護照與簽證。為什麼一本如此詳盡的旅遊書籍，會完全不提關於護照與簽證的注意事項？

答案就在於《旅程與費用概算》昭和十年（一九三五年）版的同一章節中。這裡多了一段昭和十三年（一九三八年）版所沒有的小節，標題為〈關於護照〉。文中提到「前往朝鮮各地及滿鐵、滿洲國境內各鐵路沿線，或是沿中日周遊路線於中國鐵路沿線，及港口地點進行視察旅行，並不需要攜帶護照」。由此可知當時日本人不僅是在滿洲國內，就連跨越萬里長城進入中華民國境內旅行，也同樣不需要護照。昭和十年版以前的《旅程與費用概算》也有〈關於護照〉這一小節（文字敘述上有些許不同），但不知為何到了昭和十三年版突然少了這一節。

本來在明治四十四年（一九一一年），鴨綠江橋梁落成，鮮滿直通列車開始運行時，日本與清朝簽訂了《國境列車直通運行相關日清協定》。依據此協定的內容規定，朝鮮人若要通過國境，「久居於清國內者」應依慣例處理，而「其他朝鮮人」（指日韓合併後成為日本領土的朝鮮半島上的朝鮮人）若未持有護照，則不得通過國境。但協定中既然特別列出了這一條，也可以用另一種方式來解釋，那就是日本國民不是朝鮮人，所以在搭乘跨國列車進入清朝領地滿洲時，並沒有攜帶護照的義務。

當然在當時這並不是什麼日本人進入清朝國境，不須護照的劃時代政策，也沒有任何明文規定，只能算是消極地默許大量日本人，在沒有護照的情況下前往中國大陸。日本自明治時期以來，雖然從不曾有前往外國不須使用護照的正式規定，但在大正初期之前，使用護照來證明身分的觀念，不像現代人這麼深厚。而且前往中國大陸的日本人與日俱增，日本政府核發護照的作業追趕不上，導致有很多日本人尚未取得護照，就前往了中國大陸。由此可看出護照在當時不像現代一樣被認為是「出國時僅次於生命的重要物品」。

到了大正六年（一九一七年），中華民國政府發出通牒，要求所有訪中外國人都必須攜帶護照。經日本與中國交涉，中國正式承認日本國民進入中華民國時不必攜帶護照。一年後的大正七年（一九一八年），日本政府也正式宣布訪日中國國民不須攜帶護照。

換句話說，進入滿洲不須出示護照的簡易出入境程序，雖然作法相當大膽，卻是在滿洲國成立的十五年前，就經中日雙方合意正式實施的政策。昭和七年（一九三二年）滿洲國自中華民國獨立時，只是沿襲了前例，繼續讓日本國民不必攜帶護照入境而已。

滿洲的政權雖然由中華民國轉移至滿洲國，但從大正時期到昭和初期，日本人前往滿洲觀光旅行都不需要護照，就跟國內旅行一樣。

話雖如此，但畢竟滿洲國並沒有完全和日本變成同一個國家，因此出入境的審查及手續並沒有完全免除。以下依照滿洲周邊地區的不同，個別介紹搭乘列車通過國境時，所須辦理的手續。

通過朝鮮國境（經由安東等地）

要從朝鮮搭乘列車渡過鴨綠江進入滿洲，必須在滿洲的安東（現稱丹東）、圖們，或是朝鮮的上三峰（現稱三峰）、滿浦等邊境車站，接受日本及滿洲方（依時期不同可能是清朝、中華民國或滿洲國）的共同海關檢查。如同前文所述，大正六年之後日本國民通過國境不須出示護照。通過國境時的手續細節請參閱一四二頁。

通過中華民國國境（經由山海關或古北口）

連結滿洲奉天與清朝首都北京（昭和三至十二年〔一九二八至一九三七年〕改稱「北平」）的京奉鐵路（平奉鐵路、北寧鐵路）沿線上的山海關，在昭和七年（一九三二年）滿洲國建國時成為國境。自此之後，搭乘列車的旅客必須在中華民國境內的山海關站，接受滿洲國與中華民國雙方的海關檢查。此外，還有一條以比山海關站更靠近內陸側的滿洲國鐵錦古線，若是以這條線從承德方向前往北京，則須在國境附近的古北口站，接受與山海關站相同的檢查。

在山海關站接受檢查時，手提行李是在車內檢查，託運行李則是在車站月臺上的海關檢查所檢查。但託運行李在檢查時若旅客本人不在場，行李會被扣留在車站。因此，昭和十三年（一九三八年）版的《旅程與費用概算》中，提醒從奉天（現在的瀋陽）要前往中華民國的旅客「託送物一定要在奉天站先行領取，再託送至自己要搭乘的列車上，如此才能在山海關陪同行李接受檢查」。至於從中華民國要入境滿洲國的旅客，文中則提醒「貌似戰利品的青龍刀、槍彈等物」及「於中國或外國發行的雜誌及報紙」這兩種物品嚴格禁止攜帶入境。[3]尤其是後者，如果曾經在中國境內購買東西，接受檢查前必須再三確認商家拿來包裹商品的舊報紙，是不是所謂的「排日報紙」（抵制日本人或日本產品的報紙）。

另外，雖然前往華北旅行不需要護照，但如同本節前文所述，必須出示居住地轄區警署所發行的旅行身分證明書。若是從山海關出境，在海關檢查結束後，山海關日本領事館的警員會進入列車檢查，無法出示證明書就不能進入中華民國。但身穿制服的軍人及公務員免查驗證件。

此外還有一點，那就是在滿洲國建國之後，滿洲國幣、日幣及朝鮮銀行券等日幣相關貨幣（統稱為「圓系通貨」）大量流入中華民國，因此山海關站對於旅客入境時的兌換貨幣金額，以及出境時的攜帶滿洲國幣金額皆有所限制。具體的限制金額隨著時期而異動，如果出境旅客帶了超過限制的滿洲國幣出關，依規定必須在山海關的貨幣兌換所，將超出的金額寄送回出發地。昭

---

3 譯注：日語中所稱的青龍刀形狀類似中國的柳葉刀或彎刀，並非一般華人印象中的青龍偃月刀。此處的「戰利品的青龍刀」指的可能是清末民初中國士兵所使用的軍刀，因為戰爭等因素而落入日本人手中。

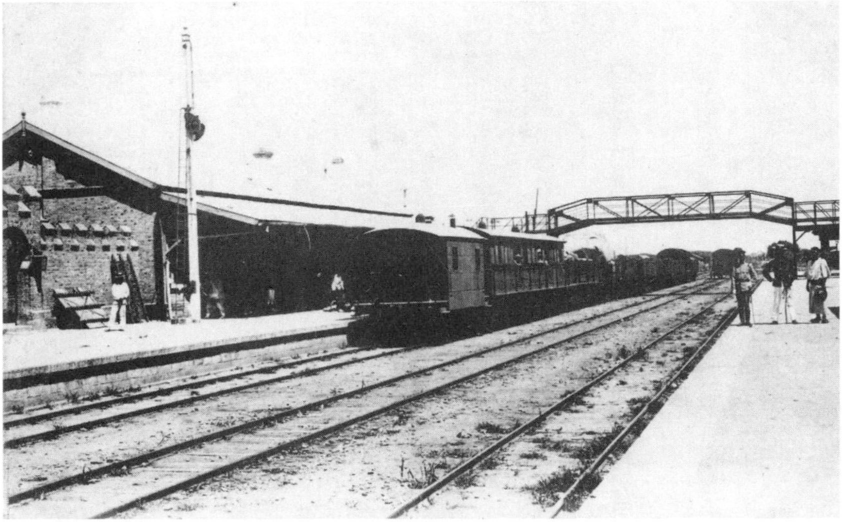

● 圖4-5-1　滿洲國與中華民國的邊界車站——山海關站（摘自當時的風景明信片）。

和十五年（一九四〇年）八月由ＪＴＢ滿洲支部所發行的《滿洲中國鐵路時刻表》中特別強調，如果目的地並非北京或天津的旅客，在山海關的貨幣兌換所遭命令辦理這個寄送手續，「很有可能會搭不上第一班列車」，言下之意自然是這項手續非常花時間（目的地為北京、天津的旅客，依規定可在這兩個都市內的指定銀行辦理寄送手續，所以時間上不至於「搭不上第一班列車」）。

通過關東州國境（經由普蘭店）

從關東州的大連搭滿鐵列車入境滿洲的旅客，必須在關東州境內的起點站大連接受中華民國（後來變更為滿洲國）的海關檢查（參閱二二一頁）。除了違禁品及買賣用的商品之外，旅客隨身攜帶物品幾乎都享有免稅的權利。若有託運行李，也是在大連站的行李檢查所接受檢查。如果身上帶了必須課稅的貨品，也必須在這裡主動提出申告。

相反地，如果是搭乘開往大連的列車自滿洲出境，海關檢查是在進入關東州後的普蘭店以南的車廂內進行。

大連車站第一月臺有免費的貨幣兌換所，方便想要兌換貨幣的旅客。不過，關東州流通的貨幣雖然以朝鮮銀行券為主（參閱二二二頁），但在滿洲國建國之後，滿洲國幣也在關東州內等值通用。因此，離開滿洲國後必須在大連車站換錢的旅客，大多是準備從大連港搭船回日本本地或臺灣。朝鮮銀行券與滿洲國幣都無法在日本本地使用，但關東州及臺灣都能使用日幣，因此離開滿洲後若要從大連前往日本本地或臺灣，較聰明的作法是在大連車站月臺上的免費兌換所將手上的滿洲國幣全部換成日幣。

通過蘇聯國境（經由綏芬河或滿洲里）

與滿洲相鄰的外國之中，唯一日本人入境須要出示護照的國家，就是蘇維埃社會主義共和國聯盟（簡稱蘇聯，即現在的俄羅斯）。由於蘇聯繼承了俄國的國家地位，因此擁有東清鐵路的權益。東清鐵路位於滿洲北部，連結西伯利亞鐵路，在昭和十年賣給了滿洲國。在其沿線上，北邊

● 圖4-5-2　連接西伯利亞鐵路的滿洲里站（摘自《日本地理大系・滿洲及南洋篇》）。

的滿洲里及東邊的綏芬河皆與蘇聯國鐵銜接，要入境的旅客必須先到蘇聯大使館或領事館申請護照上的背書（即簽證）。

綏芬河這個地名在日語中稱為「ポグラニーチナヤ」（Poguranichinaya），這是俄語名「Пограничная」（Pogranichnaya）的譯音，意思是「國境」。在昭和十年（一九三五年）之前，由於東清鐵路是受蘇聯掌控，所以即使是在滿洲國境內，也是以俄語名作為車站的正式名稱，住在滿洲的日本人則多半以簡化的「ポグラ」（Pogura）來稱呼這個站。跨國的旅客必須在這個車站內接受滿洲，以及蘇聯兩方面的海關檢查。

由於滿洲里有很多旅客是想要經由西伯利亞鐵路前往歐洲，因此車站內設有JTB的服務處，且有日籍職員負責提供協助，可使用日語委託代為處理車站內的通關事宜，以及行李託運、貨幣兌換等。這條利用西伯利亞鐵路連接歐洲及亞洲的交通路線誕生於明治末期，到了大正時期曾一度因俄國革命而中斷，直到昭和二年（一九二七年）日蘇恢復邦交後才重新開通。在第二次世界大戰爆發之前，許多持有「東京至倫敦」之類車票的旅客，都是在滿洲里站接受滿洲及蘇聯兩方的海關檢查，接著搭上蘇聯的列車前往莫斯科。

值得一提的是入境蘇聯的唯一目的只是為了前往歐洲諸國的旅客，跟打算滯留於蘇聯的旅客相比，前者不僅可享有免關稅的優惠，而且違禁品的限制也較少。不過，在書籍及印刷品方面，不管是要通過還是要滯留，都會受蘇聯海關人員嚴格檢查。照相機最多只能攜帶一臺，而且會被貼上封條，在蘇聯的境內若無官方許可絕對不可拍照。

進入蘇聯之後，列車內的用餐車廂及各停靠車站的商店，都只能使用蘇聯貨幣盧布。但很多人都知道在邊境的銀行將大量日圓兌換成盧布，並不是明智的作法。雖然《旅程與費用概算》從不曾針對邊境上的盧布兌換問題提出任何建議，但盧布的公定匯率與黑市的實價匯率差距非常大，在昭和五年（一九三〇年）前後，價差甚至達到了五倍之多。假如在蘇聯境內三餐都上列車用餐車廂吃飯，以公定匯率兌換，據說一天就要花上大約日幣五日圓（以現代的物價換算，大約是一萬五千日圓）。

因此，從滿洲要搭乘列車進入蘇聯的旅客之中，手頭較不寬裕的三等車票乘客大多會在坐上開往滿蘇國境的列車之前，先在哈爾濱等城市購買大量食物。入境蘇聯之後，在列車內若是要給服務生小費，據說日圓也比盧布更受歡迎。

滿洲 06

停在相同月臺的列車卻有時差現象

滿鐵與東清鐵路的時刻表差了二十六分鐘

滿洲在昭和十一年（一九三六年）之前採用的是日本西部標準時間，與日本本地的時差為一小時（比日本本地的中央標準時間晚一小時。日本若是中午十二點，滿洲就是上午十一點）。行駛於滿洲境內的滿鐵也相同，雖然在明治四十年（一九〇七年）四月剛設立的時候，採用的是與日本本地相同的中央標準時間，但一個半月後的五月中旬就變更成了西部標準時間。在時制方面，滿鐵也在昭和四年（一九二九年）修訂時刻表的同時，提早日本本地一步從區分上下午的十二小時制，變更為二十四小時制。因此，在滿洲國建國（昭和七年）初期，每次跨越鮮滿國境都必須將鐘錶指針調早一小時，而且列車時刻表上的時間也必須從「下午三時」變更為「十五時」。

當然一般情況下只要在入境時調整一次，直到出境前都不必再為時差的問題煩惱。然而在明治末期到昭和初期的滿洲，有時卻會遇到並非如此的特殊狀況。

例如：當旅客搭乘滿鐵列車抵達長春（後稱新京）站後，如果要轉車前往哈爾濱方向，必須一邊看著月臺上的時鐘，一邊將手上鐘錶的指針往前調。兩條鐵路明明同樣位於滿洲境內，而且兩輛列車在長春車站內就停在月臺的兩側，各自卻是以不同的標準時間作為基準。

而且兩者的時差並不是三十分鐘或一小時，而是半調子的二十六分鐘。日韓合併以前的朝鮮半島曾有一段時期採用京城時間，與日本標準時間差了三十二分鐘（參閱一四六頁），但那至少只會發生在跨越國境的時候。相較之下，發生於滿洲北部的這二十六分鐘時差被稱為「哈爾濱時間」，一直到昭和初期才結束這樣的現象。在大正中期以前，時差為二十三分鐘。

不管是日本本地市售的《鐵路時刻表》，還是JTB發行的《旅程與費用概算》，都清楚地標明了這半調子的時差問題，稱之為「哈爾濱標準時間」。設置於長春站月臺上的時鐘，除了代表滿洲標準時間的黑色長針與短針之外，還以紅色的長針與短針代表差了二十三分鐘（或二十六分鐘）的哈爾濱時間。如此一來，旅客才能同時確認月臺兩側列車所使用的不同標準時間（圖4-6）。

滿鐵在明治末期至昭和初期，每隔數年就會發行一本《南滿洲鐵道旅行導覽》。在大正十三年（一九二四年）的版本中，有這麼一句說明：「長春、哈爾濱、滿洲里以東、浦鹽間採哈爾濱時刻，須以中國時刻加上二十六分。」這一段文字中所提到的站名，都在長春以北的東清鐵路本線（滿洲里—哈爾濱—綏芬河）及南部線（哈爾濱到長春）上，但值得注意的是「浦鹽」是日本人對「海參崴」的稱呼，而海參崴是蘇聯領土。由此可見哈爾濱時間的適用範圍，延伸到了蘇聯

● 圖4-6　大正時代的滿鐵宣傳海報。主題畫的是滿鐵列車與東支清鐵路列車在同一月臺銜接的景象（資料提供：中村俊一朗）。本書的封面亦採用了本圖的彩色版本，從彩圖來看，屋頂下方的大時鐘有兩組長針及短針，分別為黑色及紅色，代表同一月臺上竟然有二十三分鐘的時差。

境內。從哈爾濱時間的適用範圍，也可看出東清鐵路與烏蘇里鐵路（Ussuri Railway）發揮了一體化的效果，成為西伯利亞鐵路的捷徑路線。

至於為何會有二十三分、二十六分這種零碎數字的時差，據推測可能是俄國及蘇聯皆容許本國各地以分為單位設定時差。經度每小時會往西前進十五度，若從通過英國格林威治的本初子午線（經度〇度）算起，往東八小時二十六分的經線為東經一二六・五度，哈爾濱市就在這條經線上。《滿鐵史餘話》（滿鉄史余話，龍溪書舍，一九八六年）中收錄的〈關於滿鐵標準時間〉（滿鉄標準時について，渡邊諒）一文，比較了日俄戰爭中的日本、俄國雙方戰鬥紀錄，發現俄國的波羅的海艦隊（**Baltic Fleet**）在日本海海戰中的行動，正是以哈爾濱時間為標準時間。由此可見早在日俄戰爭之前，哈爾濱時間便在包含滿洲在內的俄國遠東勢力圈中，受到廣泛使用。

而且在大正七年（一九一八年）之前，若從滿鐵列車轉搭東清鐵路列車，不僅是時間，就連日期也會改變。俄國的曆法在這一年的二月之前皆採儒略曆（**Julian calendar**），但日本從明治六年（一八七三年）起就採用格里曆（**Gregorian calendar**，即現行的陽曆）。儒略曆的日期比格里曆晚了十三天，東清鐵路當然也是以儒略曆為基準。因此東清鐵路的車票上所印的日期，會比滿鐵晚十三天。如果在長春車站從滿鐵轉乘東清鐵路，不僅要將身上的錶調快二十三分鐘，還必須將月曆上的日期退回十三天。

不僅如此，而且在滿洲必須特別留意的時差問題，可不是只有哈爾濱時間而已。在靠近東清鐵路沿線的黑龍江省省會齊齊哈爾市內，採用的是比哈爾濱時間還快三十分鐘的齊齊哈爾時間，與滿鐵所採用的滿洲時間差了五十六分鐘。

不過，《旅程與費用概算》的昭和八年（一九三三年）版中特別注明：「齊齊哈爾的時刻與列車進出站時刻無關，一般旅客不必理會」。這是因為齊齊哈爾是一座由內城及外城所組成的城塞都市，而齊齊哈爾時間只適用於齊齊哈爾市內，並沒有作為鐵路運輸上的標準時間。東清鐵路與齊克、洮昂兩條鐵路（後來合併為滿洲國鐵平齊線）在齊齊哈爾附近相交，而且還有另一條約二十五公里長的齊昂輕便鐵路，從東清鐵路的昂昂溪站延伸至齊齊哈爾的市區南方。因此那一帶可說是鐵路相當密集的區域（參閱三七七頁以下內容），但唯獨東清鐵路是採哈爾濱時間，其它路線都是採滿洲時間。

前述昭和八年版《旅程與費用概算》一書中還有「搭乘洮昂線抵達昂昂溪時，須將錶往前調二十六分鐘」及「往齊齊哈爾方向的輕軌鐵路，時刻同中東鐵路」等說明詞句，另外，又寫到若從中東鐵路（即東清鐵路）的適用時間（即哈爾濱時間）區域「進入齊齊哈爾時，還須再將錶往前調三十分鐘」。換句話說，齊齊哈爾的市區本身是以齊齊哈爾時間為準，而往來於齊齊哈爾附近的數條鐵路之中，中東鐵路是以晚三十分鐘的哈爾濱時間為準，而其它鐵路則是以晚五十三分及五十六分的滿洲時間為準，時差的問題可說是相當複雜。

滿洲國成立之後，哈爾濱時間與齊齊哈爾時間都統一變更為滿洲時間。日本本地發行的時刻表上不再出現哈爾濱時間的說明，昭和十年（一九三五年）版《旅程與費用概算》中則加了一句說明文字：「過去使用的哈爾濱時間已廢除，統一為滿洲時間，旅客不必再為滿洲內的時差問題擔心。」至於齊齊哈爾過去也有時差的問題，書中更是完全沒有提及。

到了昭和十二年（一九三七年）一月，滿洲時間也統一變更為日本的中央標準時間，日本本地與滿洲不再有時差問題。對滿鐵而言，等於是時隔三十年再度採用日本本地時間。

滿洲 07

鐵路旅客必須掌握好幾種曆制

解讀時刻表內年號的秘密

如果要從滿鐵列車轉搭東清鐵路列車，時差是轉車的當下才需要思考的問題。但是在搭乘列車之前，也就是在規劃滿洲鐵路旅行的階段，翻開時刻表的那一瞬間，就有一個問題必須清楚掌握——那就是曆制，尤其是年號的問題。對於生活在大日本帝國領土內的絕大多數日本人而言，日常生活中使用「明治、大正、昭和」這些日本年號是理所當然的事。但這樣的常識在滿洲搭列車時並不適用。

市面上販售的《鐵路時刻表》中的各路線時刻表，必定會以「〇年〇月〇日改正」或「補訂」之類的字眼，說明該時刻表的最近一次更新日期。在這些數字中，代表年的數字意義並不統一。當然這個現象本身並不算稀奇，即使到了現代，也有著同樣的狀況。例如：《JR時刻表》使用日本年號（「平成」之類年號省略，只留數字），而《JTB時刻表》使用的卻是西元年後兩位數。

然而，在昭和初期之前的《鐵路時刻表》情況更加複雜得多，因為代表年的數字可能是依據根本不在大日本帝國內採用的中華民國曆制，或滿洲國曆制，而且並沒有提供換算表。

例如：翻開昭和九年（一九三四年）十二月號，滿洲鐵路中的滿鐵時刻表上寫著「九年十一月一日改正」。雖然滿洲國對日本而言依然屬於外國，但滿鐵是日本的鐵路公司，因此「九年」的意思是日本正式曆制的「昭和九年」。但翻到滿洲國鐵的時刻表，雖然改正日期同樣是十一月一日，年份處卻寫著「康德元年」。滿洲國在剛建國時，是以「大同」為年號，但清朝的「末代皇帝」愛新覺羅溥儀在三月一日復辟為滿洲國皇帝，變更年號為「康德」，這個年號一直使用到滿洲國滅亡。

時刻表上也刊載著與滿洲國鐵路可直通一部分的中華民國國鐵運行時刻。其曆制以該年為「中華民國二十三年」。這是以辛亥革命成功之年，也就是中華民國成立的一九一二年為元年，如今臺灣所使用的正是這個曆制。滿洲國鐵在滿洲國成立前，曾經屬於中華民國的國營鐵路，以及省級的公營鐵路，因此在當時的時刻表上，滿洲北部的非滿鐵路線採用的是中華民國曆制。

像這樣把外國的曆制直接寫在時刻表上，而且不加注解，應該沒有人能立即在心裡換算成日本的「昭和」之類的曆制吧。不過，中華民國元年恰巧就是日本的大正元年，因此對習慣以大正年來換算的昭和初期日本人來說，中華民國曆制算是一種相當方便的外國曆。要把從大正算起的年數換算成昭和年，由於昭和元年的前一年為大正十四年，所以只要減去十四就行了。例如：中華民國二十三年就是大正二十三年，二十三減十四等於九，所以是昭和九年。當然這樣的一致性完全只是巧合。

到了昭和十五年（一九四〇年）十月號，滿洲國曆全部都被改成了日本曆，在書中再也找不到這些特殊的曆制。原本滿洲國鐵只是委託給滿鐵負責營運（稱為「國線」），但是到了昭和十一年（一九三六年），滿鐵開始對社線及國線進行實質上的合併經營，以鐵道總局的名義開始一元化的管理。到了這個階段，國線時刻表採用滿洲國曆已幾乎不具意義。

而且從這一號起，就連中華民國境內路線的時刻表也注記為「昭和十五年」，中華民國曆也消失了。這或許是因為日本時刻表上主要列出的中華民國境內路線，都歸屬於華北交通公司（滿鐵的集團公司）或是華中鐵道公司（中日合資公司）的關係（關於華北交通公司及華中鐵道公司的詳細介紹請參閱三三四及三三九頁）。

簡單來說，在昭和時期之前，滿洲地區的鐵路時刻表同時混雜著以上三種曆制，這些曆制各據一方，完全沒有考慮到讀者的方便性。由於當時並沒有一個萬國共通的公用曆制，會有這樣的現象也是理所當然的事。不過，現代人還是習慣換算成西元年，因此表4-7列出各曆制與西元年的換算表作為參考。

如果到了當地，看到的年份很可能只會以一至二位數的數字來表示，並不會特地寫出「昭

● 表4-7　年號換算表（僅列出曆制有所變動之年）。

<table>
<tr><th>日本</th><th>西曆</th><th>中國大陸</th><th>滿洲</th><th>臺灣</th><th>朝鮮</th></tr>
<tr><td>明治26年</td><td>1893年</td><td colspan="4">光緒19年</td></tr>
<tr><td>明治27年</td><td>1894年</td><td colspan="3">光緒20年</td><td>開國503年</td></tr>
<tr><td>明治28年</td><td>1895年</td><td colspan="2">光緒21年</td><td>光緒21年
／明治28年</td><td>開國504年</td></tr>
<tr><td>明治29年</td><td>1896年</td><td colspan="2">光緒22年</td><td rowspan="12">使用日本曆直到昭和20年</td><td>建陽元年</td></tr>
<tr><td>明治30年</td><td>1897年</td><td colspan="2">光緒23年</td><td>建陽2年
／光武元年</td></tr>
<tr><td>明治40年</td><td>1907年</td><td colspan="2">光緒33年</td><td>光武11年
／隆熙元年</td></tr>
<tr><td>明治42年</td><td>1909年</td><td colspan="2">宣統元年</td><td>隆熙3年</td></tr>
<tr><td>明治43年</td><td>1910年</td><td colspan="2">宣統2年</td><td>隆熙4年
／明治43年</td></tr>
<tr><td>明治45年／
大正元年</td><td>1912年</td><td colspan="2">中華民國元年</td><td rowspan="7">使用日本曆直到昭和20年</td></tr>
<tr><td>大正5年</td><td>1916年</td><td colspan="2">中華民國5年／洪憲元年※</td></tr>
<tr><td>大正6年</td><td>1917年</td><td colspan="2">中華民國6年</td></tr>
<tr><td>大正15年／
昭和元年</td><td>1926年</td><td colspan="2">中華民國15年</td></tr>
<tr><td>昭和7年</td><td>1932年</td><td>中華民國21年</td><td>中華民國21年
／大同元年</td></tr>
<tr><td>昭和9年</td><td>1934年</td><td>中華民國23年</td><td>大同3年
／康德元年</td></tr>
<tr><td>昭和20年</td><td>1945年</td><td>中華民國34年</td><td>康德12年／
中華民國34年</td></tr>
</table>

※僅存在於一九一五年底至一九一六年三月的中華帝國（袁世凱稱帝）曾以「洪憲」為年號。

和」、「康德」、「中華民國」這些年號。因此，搭乘列車的乘客若沒辦法判斷出每個數字所代表的年號，就沒辦法正確看懂時刻表。

滿洲國統一貨幣前的兌幣技巧

讓旅客傷透腦筋的複雜貨幣問題

若要問滿洲國成立後與成立前，旅遊導覽手冊內容變化最大的部分是什麼，想必就是關於貨幣兌換的介紹章節了吧。在《旅程與費用概算》昭和十三年（一九三八年）版的〈關於貨幣〉一節中，針對滿洲國的貨幣流通狀況只寫著「流通貨幣的種類為日本貨幣、朝鮮銀行貨幣及滿洲國幣這三種。滿洲國幣與日幣可等值通用不必兌換」，也就是告訴旅客要前往滿洲，只要帶日幣就行了。在滿洲各地車站窗口購買車票時，可以用上述任何一種貨幣直接付款。現代有些開發中國家因為本國貨幣信用度太低，可以直接使用美金進行交易，但幾乎沒有一個日本以外的國家，能夠直接使用日幣來交易。由此可知，當時日幣與朝鮮銀行券能夠在滿洲國內等值通用，不管是對來自日本本地，還是來自隔壁朝鮮半島的觀光客，都是求之不得的好事。

但如果是看昭和八年（一九三三年）版的該書，絕對無法想像貨幣問題會在短短五年之後變得如此簡單省事。該年版的內容是以滿洲國剛誕生一個月後的昭和七年（一九三二年）四月的調查結果為基準，關於剛成立的滿洲國，則是以後來增印的插入頁來介紹。至於具體的當地旅遊導覽內容，則大多沿用前一年的版本。由此可知該年版關於當地旅遊的描述，大致上可視為滿洲國成立前不久的實際狀況。

翻開該年版的〈關於貨幣〉一節，會發現內文有著這麼一段感慨：「前往北滿哈爾濱地區及中國旅行的最大不便，並非語言不通或環境陌生，而是一般貨幣種類實在太過複雜。」該文章接著介紹起了流通於各地區的各種不同貨幣，複雜的程度確實足以讓人有如丈二金剛摸不著腦袋。當時並沒有一種能夠在中華民國全境（包含滿洲）皆通用的貨幣，滿洲國建國後的昭和十年（一九三五年）版的該書中更明白指出：「據說中國是世界上貨幣種類最複雜的國家。」雖然這句話中的「中國」已不包含滿洲，但不管是滿洲還是中國，貨幣種類複雜的根本原因都是相同的。

中國大陸從清朝時代到一九三五年（昭和十年）為止，都是採用銀本位的制度，也就是貨幣與白銀能夠直接兌換。因為這個緣故，比起擁有貨幣發行權的中央政府，民間的兌換商更加受到信任與重視。貨幣價值的高低，取決於能不能順利換到足量的白銀，因此比起太過遙遠的中央銀行，民間百姓大多認為在各地經濟圈中，擁有鞏固基礎的兌換商具備更強的兌換能力。在這樣的觀念之下，昭和初期在全中國大陸各地出現了各種五花八門的貨幣。除了常作為貿易用貨幣，而廣為流通的墨西哥銀圓及港幣之外，還有許多「僅適用於單一地區」（引自《旅程與費用概算》昭和八年〔一九三三年〕版）的地方性貨幣。至少以貨幣的角度來看，當時的中華民國實在稱不上是個近代化的統一國家。

《旅程與費用概算》中介紹整個中國大陸的章節，並沒有依地區介紹各自的通用貨幣。或許是因為實在太複雜，所以省略了吧。不過，旅行雜誌月刊《旅》的〈鮮滿中旅行之栞〉（鮮満支旅行の栞，昭和六年〔一九三一年〕三月號）一文中列舉了一些各地的通用貨幣，表4-8為其一覽表。

根據此表的貨幣說明文字，可以得知奉天省、吉林省之類的省級政府也發行了獨自的貨幣。哈爾濱大洋則是一九一四年（大正三年）由中國銀行與交通銀行的哈爾濱分行所發行的貨幣，簡稱為「哈大洋」。旅客在購買由蘇聯所經營的東清鐵路的車票時，雖然票價都是以盧布為基準訂定，但旅客在付錢時是換算成哈爾濱大洋，以哈爾濱大洋來支付。「大洋」是「大洋錢」的簡稱，亦稱作「銀元」，其意思是中國基本貨幣（單位為元）的統稱。清朝時代有大量墨西哥銀圓之類的外國貨幣，被當作貿易貨幣流入中國大陸各地，其後中國人開始模仿這些外國貨幣的形狀，鑄造出各種獨自的貨幣，這些都統稱為「大洋」。

雖然各地都出現了自行鑄造的大洋錢，但受信賴的程度卻有高有低。例如：若將滿洲各省所發行的大洋錢，拿到同屬中華民國境內的廣東省，想要兌換當地的大洋錢，即使面額相同也必須打折扣。換句話說，單一地區所發行的貨幣一旦遠離了發行地區，離得愈遠往往價值會愈低。

而且硬幣跟紙幣明明都算是貨幣，價值卻不相等（整體而言紙幣的價值會比較低，但會依發行的地方政府，或銀行的信用度而有所不同）。此外，當作大洋錢輔助貨幣的小洋錢（單位為角，一元等於十角）也是一樣，由於小洋錢在世人心中的評價較低，所以實際上要以小洋錢換大洋錢一元，必須拿出十二角而非十角。

以上的概述是依據《旅》大正十三年（一九二四年）九月號中的〈中國旅行與其通貨之事〉（支那旅行とその通貨の話，荒尾榮次）的內容彙整而成，此處不再深入探討。光是看了上面這些說明，應該就能理解，當時包含滿洲在內的中華民國貨幣種類有多麼複雜。

滿洲國剛從中華民國獨立的時候，同樣繼承了銀本位制度，所以滿洲國幣與日圓的兌換匯率，會依當天的白銀行情價格起伏而有所變動。這個時期若前往滿洲旅行，日圓（以及與日圓等值的朝鮮銀行券）只能在滿鐵沿線的鐵路附屬地，以及日本人之間流通，非日本人經營的滿洲人商店大多會以滿洲國幣作為明訂價格的單位。

就算是要搭乘鐵路列車，在滿鐵（日本公司）的車站買票可以使用日圓或朝鮮銀行券，但在與滿鐵並非相同組織的滿洲國鐵車站買票，則要使用滿洲國幣。滿洲國內的主要轉乘站都有兌換店，持有日圓的旅客若要在車站購買車票，必須先依照當天的白銀行情價格兌換滿洲國幣。若除了滿洲之外還想到中華民國境內旅行，昭和十年（一九三五年）版《旅程與費用概算》則建議使用橫濱正金銀行的旅行信用狀（參閱一五〇頁）及ＪＴＢ的旅行支票。

● 表4-8-1　流通於中國大陸的各地貨幣概要。依據《旅》昭和六年（一九三一年）三月號〈鮮滿中旅行之栞〉的內容彙整而成。

地區	通用貨幣種類
滿鐵沿線	日本銀行所發行的貨幣、朝鮮銀行所發行的貨幣、橫濱正金銀行所發行的圓銀幣及紙幣。
奉天、洮南地區	在遠離新市區的中國街購物，須使用奉天省當局發行的貨幣（俗稱「奉天票」）。
吉林地區	吉林省當局所發行的貨幣（俗稱「吉林官帖」）。
東支鐵路沿線	蘇聯貨幣（金盧布）、哈爾濱大洋（哈大洋）。鐵路車票以外的付款主要使用哈大洋。日本人之間亦可使用日本貨幣。
其它中國各地	中國貨幣。採銀本位制的大洋元。種類有北洋銀、湖北銀、廣東銀、墨西哥銀圓、港幣、日圓等。 其中流通最廣的是墨西哥銀圓。其次是港幣，可於南中國一帶及北平、天津等地使用。 此外，還有小洋銀、銅元、票子（紙幣）等輔助貨幣。

● 表4-8-2　滿洲國自康德元年（昭和九年〔一九三四年〕）七月後，停止於國內流通的貨幣一覽（依據《滿洲國概覽》彙整而成）。

紙幣的名稱	發行組織與券種
現大洋票	東三省官銀號發行的兌換券
	邊業銀行發行的兌換券
	遼寧四行號準備庫發行的兌換券
奉大洋票	東三省官銀號發行的匯兌券
奉小洋票	公濟平市錢號發行的銅元票
哈大洋票（有監理官印）	東三省官銀號發行的哈爾濱大洋票
	吉林永衡官銀錢號發行的哈爾濱大洋票
	黑龍江省官銀號發行的哈爾濱大洋票
	邊業銀行發行的哈爾濱大洋票
吉林官帖	吉林永衡官銀錢號的官帖
吉小洋票	吉林永衡官銀錢號的小洋票
吉大洋票	吉林永衡官銀錢號的大洋票
江省官帖	黑龍江省官銀號發行的官帖
江省四釐債券	黑龍江省官銀號發行的四釐債券
江省大洋票	黑龍江省官銀號發行的大洋票

＊除了上述十五種紙幣支外，還有營口流通的過爐銀、安東流通的鎮平銀等，以及名為「私帖」的地方性流通紙幣。

但是，就在昭和九年（一九三四年），全世界的白銀價格突然開始飆漲。許多人以滿洲國或中華民國的貨幣來換得白銀，高價賣到國外謀取暴利，導致白銀迅速流出中國大陸。因為這個緣故，滿洲國在昭和十年（一九三五年）停止了滿洲國幣與白銀的交換，變更為可與日圓等值交換。如此一來，打從草創期就讓前往中國大陸旅行的觀光客，大感困擾的複雜貨幣問題，終於在這個時候徹底解決，就連旅行導覽手冊上的貨幣兌換說明，也變得像前文所提到的那麼簡單易懂。

滿洲的鐵路旅行與使用語言

華語、日語及俄語

任何一個到外國旅行的旅客，都會關心當地使用什麼樣的語言。日本人前往滿洲雖然不必出示護照，但畢竟滿洲對日本人而言還是外國，日本人如果要到滿洲旅行，就沒有辦法對語言隔閡的問題完全置之不理。但關於這個問題的實際情況，從滿鐵開始經營到第二次世界大戰結束的大約四十年之間，發生了極巨大的變化。

滿鐵為南滿洲的幹線鐵路，而俄國（後來變成蘇聯）所經營的東清鐵路則為北滿洲的幹線鐵路。在明治末期至昭和初期，這些鐵路各司其職，當時搭乘滿鐵列車，或在滿鐵沿線的附屬地內，可使用日語及華語；而搭乘東清鐵路列車，或其沿線都市，則可使用俄語及華語。北滿洲最大都市哈爾濱，有不少由日本人所經營的商店或旅館，這些地方也都能使用日語。

相反地，即使是在南滿洲，只要離開滿鐵附屬地一步，就只能使用華語溝通。而且滿洲地區的華語帶有不少北京、山東地區的方言。大正八年（一九一九年）由日本本地的鐵道院所編輯、發行的《朝鮮滿洲中國導覽》一書中如此建議：「即便於滿鐵沿線上，若要進入鐵路地界外的岔路，應委託通該地土語人士帶路，或與具相同能力之嚮導結伴而行。」

滿鐵是日本的鐵路，所以站務員及車務員幾乎都是日本人。一般而言於殖民地開設的公司，通常會活用當地的低廉勞動力來提高公司獲利，但滿鐵的「最大特徵為日本人平均配置於各階層職位，而非僅擔任高層主管」（引自前述《日本殖民地鐵道史論》）。雖然地方鐵道局錄用了不少當地中國人作為職員，但基本上搭乘滿鐵列車時，幾乎不可能出現日語不通的情況。鐵路作為異國大陸旅行所不可或缺的主要交通工具，日語是沿線上第一公用語，而不用擔心無法溝通的問題，這點想必帶給當時的日本旅客相當大的安心感。而且由於站名標示牌，以及時刻表上的站名皆使用漢字，中國人及朝鮮人也都不會有看不懂的問題。

不過，站名漢字的讀法混雜了日本式的發音及中國式的發音。滿鐵在明治四十年（一九〇七年）剛創立時，內部規定為「除了一開始就取了日本式名稱的地名之外，原則上站名皆以中國式發音為正式讀音」。直到昭和十四年（一九三九年）之後，滿鐵才改採日本式讀音為正式站名。就連因為是日俄戰爭激戰地點，而在日本人之間頗有名氣的旅順（關東州），剛開始的正式讀音也是接近中國式發音的「リュイシュン」（Lushun），直到大正五年（一九一六年）才基於特例，而變更為日本式發音的「りょじゅん」（Ryojun）（同樣位在關東州的大連，也在很早的時期就變更為日本式發音的「だいれん」〔Dairen〕，算是另一個特例）。

因此，滿鐵車站的站名標示牌除了會以碩大的漢字寫上站名之外，還會附上中國式發音的羅馬拼音字母。不過，當時的羅馬拼音方式與現在中華人民共和國所採用的拼音方式又不相同，例如：「吉林」的現代拼音為「Jilin」，但滿鐵時期所用的拼音為「Kirin」；又如「四平」（昭和十六年以前稱為「四平街」）的現代拼音為「Siping」，但滿鐵時期所用的拼音為「Szeping」。又如「奉天」（現在的瀋陽）這個站名，除了中國式發音的「フェンティエン」（Fengtien）之外，還以滿洲語的該地名稱「ムクデン」（Mukden）作為英文名稱。此外，有些車站的站名標示牌上，漢字的旁邊會以日語片假名標注日本式讀音。

但日本式讀音到底該怎麼唸才對，往往沒有一個絕對正確的答案。例如：滿鐵本線（連京線）的「大石橋」站的讀音，依據昭和十二年（一九三七年）由鐵道省編纂的《鐵道車站一覽》的記載，為「だいせききやう（だいせききょう）」（Daisekikyo）。但是昭和初期所發行的該站風景明信片上，照片旁所標注的英文卻是「DAISEKKYO」，轉換為假名是「だいせっきょう」。如果依照當時的假名表記法及音便化規則，後者似乎比較正確，但畢竟站名是專有名詞，不見得能完全依照規則來判斷。日語與華語、朝鮮語的最大不同，就在於一個漢字可以有好幾種讀法，因此這可說是日語特性所產生的問題。網羅日本外地鐵路車站相關歷史紀錄的《舊國鐵、JR鐵路線廢止車站一覽（補訂第2版）》（高山擴志，旧国鉄・JR鉄道線廃止停車場一覧〈補訂第2版」，二〇〇〇年）一書中，有一篇名為〈舊殖民地鐵路車站一覽〉的附錄。這篇附錄比較了昭和十二年（一九三七年）版《鐵路車站一覽》與昭和十四年（一九三九年）由滿鐵社告公布的站名讀音，發現兩者所列讀音多有歧異（參閱表4-9）。

除了車站內的標示之外，其它告知事項也是一方面以使用日語為原則，一方面盡量使用漢字，讓當地的廣大中國居民也能夠藉由漢字推敲其意。例如：從〇〇站到△△站的車票，票面上的標示法原則上為「〇〇より△△」，平假名「より」（起點之意）亦可寫作片假名「ヨリ」，除此之外全部使用漢字及阿拉伯數字。又如：豎立在平交道旁提醒路人小心通行的標語牌，上頭以中文寫著「小心火車」，另外會再以平假名寫上一句「きしゃにちゅういすべし」。

●表4-9　文獻資料內日語讀音有所歧異的滿鐵站名一覽（摘自〈舊殖民地鐵路車站一覽〉）

路線名	站名	《鐵道車站一覽》（昭和十二年）	滿鐵社告※（昭和十四年）
連京線	三十里堡	さんじうりほSanjuriho	サンジュウリホウSanjurihou
	石河	せきかSekika	セッカSekka
	梨山	りさんRisan	ナシヤマNashiyama
	白旗	はくきHakuki	ハッキHakki

	大石橋	だいせききやう Daisekikyo	ダイセッキョウ Daisekkyo
	甘泉舗	かんせんほ Kansenho	カンセンポ Kansempo
	太子河	たいしか Taishika	タイシガ Taishiga
	平頂堡	へいちやうほ Heichouho	ヘイチョウホウ Heichouhou
	馬仲河	ばちうか Bachuka	バチュウガ Bachuga
	十家堡	じつかほ Jikkaho	ジッカホウ Jikkahou
	郭家店	くわくかてん Kakukaten	カッカテン Kakkaten
旅順線	革鎮堡	かくちんほ Kakuchinho	カクチンポ Kakuchimpo
安奉線	張家堡	ちやうかほ Choukaho	チョウカホウ Choukahou
	四台子	しだいし Shidaishi	ヨンダイシ Yondaishi
	祁家堡	きかほ Kikaho	シカホウ Shikahou
	石橋子	せききやうし Sekikyoushi	セッキョウシ Sekkyoushi

※指〈會社所管線（北鮮線除外）站名稱呼〉（昭和十四年〔一九三九年〕南滿洲鐵道社告第190號）

若是滿鐵以外的中華民國所屬線路，情況則與滿鐵頗為不同。站務員、車掌及隨車的護衛兵等相關人員基本上全是中國人，不像滿鐵一樣隨時都能以日語順利溝通。當然車票及站名標示牌上使用的文字也是漢字，日本人若只是單純搭乘列車，基本上幾乎不會有障礙。中國人搭乘滿鐵列車，就像是進入了一個以日本人及日語為主的世界，只能依賴漢字購買車票及搭乘列車，而日本人搭乘中華民國國鐵，或中國資本的民營鐵路列車，情況則剛好反了過來。值得一提的是有些線路雖然屬於中華民國，但委託給滿鐵負責經營，這種時候各種說明文字也會附上日語。

至於長春站以北的東清鐵路北滿洲路段，站名標示牌及車站內的各種告示，都是同時使用華語及俄語。日本人搭乘的時候，只要看漢字就能理解站名及車票的字面意思。但列車內的車掌及服務生，都是中國人或俄國人，如果遇上的剛好是俄國人，甚至沒辦法靠在紙上寫漢字來溝通。

鐵路名義上為中俄合資公司，但實際上經營的實權掌握在俄國手中，因此站名都是以俄語為主，漢語有時只是俄語名稱的音譯而已（如沙爾達諾瓦、古拉郭夫斯基）。前文提到的〈舊殖民地鐵路車站一覽〉中，亦指出這些漢語的譯名，即使是在同時代的各種文獻資料內，也有諸多歧異，可見得「這些漢語站名就像是俄語站名的附屬物，很可能從不曾規定過正式的用字」。

但是滿洲國成立之後，隨著滿洲國鐵接收了中國境內的路段，上述情況也開始有了變化。都市區域有愈來愈多店家張貼出「日語能通」的公告，公、私立日語學校也如雨後春筍般出現，整個滿洲的日語通用度年年攀升。

在鐵路旅行方面，由於滿洲國將華語（以北京官話為主）及日語並列為公用語，再加上滿洲國鐵是委託給滿鐵負責營運，因此各種路線都開始以日語為旅客提供服務，各種告示文字也都出現了日語。旅遊雜誌《旅》昭和十四年（一九三九年）八月號中，刊載了一篇由雜誌特派員所寫的體驗報告，裡頭便提到吉林省境內的滿洲國鐵京圖線（現在的中國國鐵長圖線）某個小站的中國籍站長，以生澀笨拙的日語向作者說明旅遊資訊；以及錦州省（現在的遼寧省）境內的滿洲國鐵奉山線（現在的中國國鐵瀋山線）的錦縣（現在的錦州）車站月臺上，叫賣員以日語大聲叫賣的煙燻蝦子及雞蛋非常美味（山下一夫，〈經行樂土三千公里—探尋滿洲的生活—〉〔経行楽地三千粁—満洲の生活を探る—〕）。

滿洲 10

肩負開拓滿洲與聯繫歐亞重任的滿洲各線

滿鐵路線只佔全滿洲鐵路的一成多

在第二次世界大戰結束、滿洲國瓦解之前，滿鐵一直是遍及滿洲全土的鐵路網絡主幹，這是無庸置疑的事情。但日本在日俄戰爭後依據《樸茨茅斯條約》取得的滿鐵線路，在二戰結束時，其實僅佔所有滿洲鐵路的一成多。其性質上的差異是以滿洲國的成立為分界點，前後可說是截然不同。以下將以滿洲國成立後的分類方式為基準，介紹滿洲各地的鐵路路線。

滿鐵（社線）

由俄國讓渡給日本的滿鐵原始線路。其核心區域為大連到長春（後稱新京）的本線（先後更名為滿洲本線、連長線、連京線，即現在的中國國鐵瀋大線及京哈線），以及隔著鴨綠江鄰接朝鮮的安東（現稱丹東）到蘇家屯的安奉線（現在的中國國鐵瀋丹線）。

本線在俄國管理時期為寬軌鐵路（一五二四公釐），日軍在日俄戰爭期間將其修改為與日本本地相同的窄軌（一〇六七公釐），如此才能使用從日本運來的鐵路車輛。轉由滿鐵開始經營的隔年（明治四十一年），滿鐵將軌寬擴大，變更為國際標準軌寬（一四三五公釐）。另一方面，安奉線則是日本在日俄戰爭期間所建設的軍用輕軌鐵路（軌道寬度七六二公釐），為了與朝鮮的鐵路實現直通運行，在滿鐵開始營運四年後的明治四十四年（一九一一年）修改為標準軌寬。

剛開始運行的時候，原本只是單純作為日本的鐵路設施，車站及列車內的使用語言都是以日語為主。車票計價方面，在明治四十年（一九〇七年）四月剛開始執業的時候，採用的是中國大陸最常見的銀本位制度。但到了半年後的同年十月，變更為金本位制度。其後一直到昭和初期為止，票價都是以能夠交換黃金的朝鮮銀行券，及價值相等的日圓作為計價的基準。在購票窗口能夠直接以朝鮮銀行券及日圓購買車票。

本線及安奉線都是從長春（新京）經哈爾濱，連結西伯利亞鐵路的歐亞國際運輸鐵路的一部分。例如：「鴿」、「亞細亞」之類滿鐵較具代表性的高級列車，及這些列車所使用的最新型車廂，幾乎都只有在這些社線才看得到。

日本在二戰之後，習慣把相對於國鐵的民營鐵路稱為「會社（公司之意）線」。這套以國鐵為主、民營鐵路為輔的鐵路政策，一直延續到昭和六十二年（一九八七年）國鐵分割及民營化（JR誕生）為止。因此日本人聽到「社線」和「國線」的稱呼，往往會誤以為後者才是國鐵，而前者只是地方性的民營鐵路。但實際上在滿鐵的時代，「社線」才是真正的主要幹線鐵路。

中華民國所屬鐵路→滿鐵（國線）

所謂的國線，指的是由滿洲國鐵接收，並委託給滿鐵負責經營的鐵路路線。第二次世界大戰結束前夕，滿鐵所經營的鐵路總長約一萬一千六百公里，其中光是國線就超過一萬公里。

在這些國線之中，有些路線本來就被視為滿鐵的培養線（參閱二三六頁），而有些線路則是由張作霖、張學良所率領的奉天軍閥為了組成「滿鐵包圍網」，鋪設的競爭路線。各種不同來歷的線路，最後都納入了滿鐵的旗下，各自獲得新的機能，成為滿鐵鐵路網的一部分。

話雖如此，但這些線路畢竟原本的所屬國家與滿鐵並不相同，在成為國線之後，還是與社線有著各種差異。剛接收後不久，車票的計價方式仿效中華民國以白銀為基準。直到滿洲國幣誕生之後，才改以滿洲國幣為基準。若要購買國線與社線的直通車票，由於社線是以日圓及朝鮮銀行券計價，所以金額必須先以既定的換算率，算出社線的票價與國線的票價，再以滿洲國幣合計。直通車票只有在一部分的主要車站才能購買。

《鐵路時刻表》昭和九年（一九三四年）十二月號中，提到購買滿鐵線車票使用的是「圓錢」，而購買滿洲國鐵線車票使用的是「銀圓」。直到昭和十年（一九三五年），日幣、朝鮮銀行券及滿洲國幣才建立等值關係，兩線的運行系統也經過整合，在國線各車站也能以日圓或朝鮮銀行券購買車票。

使用的鐵路車輛也相當獨特。國線剛誕生的時候，各路線都是繼續沿用既有的鐵路車輛，但即使是在受中華民國管理的時期，這些路線的車輛型式也並不統一。委託給滿鐵經營之後，各線的特殊車輛更是令人眼花撩亂，「宛如各種模型機關車展覽會」（引自《南滿洲鐵道株式會社第四次十年史》龍溪書舍，一九八六年）。

受中華民國管理時期的國線車廂內景象，也與滿鐵的車廂內景象大相逕庭。作家里見弴在其著作《滿支一見》（鎌倉春秋社，一九八三年）中提到，他在昭和五年（一九三〇年）與作家志賀直哉一同自滿鐵連長線的四平街（現稱四平）站，搭上往西北方分歧的四洮鐵路，看見車廂內地板到處是食物殘渣及痰，座位及窗框滿是灰塵，窗戶玻璃髒得幾乎看不見車外，跟滿鐵比起來在打掃上很不用心。而且車廂內部牆壁上的一些黃銅製金屬片也都不翼而飛，顯然是被偷走了。

但另一方面，里見弴也提到列車上會提供茶及毛巾，還說當地由於空氣乾燥，他因此喝了不少茶。就在兩年前的昭和三年（一九二八年），詩人與謝野晶子也和丈夫與謝野鐵幹一同搭上了這條鐵路的列車。她在遊記中同樣提到「服務生好幾次前來遞

● 圖4-10-1　國線匯聚交錯的吉林省省會吉林站（摘自當時的風景明信片）。

送擰乾的毛巾及倒茶」（《鐵幹・晶子全集26》勉誠出版，二〇〇八年）。

不過，與謝野晶子的感想是「光是想像他們用什麼樣的水洗毛巾，就覺得很噁心」。在這一點上，里見弴也有類似的體驗。他回想起芥川龍之介曾說過「那列車上的毛巾可不能隨便亂用，中國人拿那毛巾擦臉之後，還會渾若無事地拿來擤鼻涕、吐痰」，因此拿到毛巾也只敢擦手而已。中華民國鐵路列車內所提供的茶，以及毛巾有著衛生上的問題，當時或許早已在日本旅客之間傳了開來。

東清鐵路→東支鐵路→中東鐵路→北滿鐵路

東清鐵路公司是一家為了讓俄國勢力順利進入滿洲，而設立的中俄合資公司（參閱二三四頁以下內容）。在日俄戰爭結束後，依據《樸茨茅斯條約》的約定，從長春到旅順之間的南滿洲支線路段讓渡給了日本。自此之後，這條鐵路的路段僅剩下本線（以哈爾濱為中心，還可分為往滿洲里的西部線及往綏芬河的東部線）及哈爾濱到長春的南部線，這些線路可說是俄國（蘇聯）在北滿洲的權益基礎。

俄國在建設東清鐵路的時候，採用的是與俄國國鐵相同的寬軌規格（一五二四公釐），因此能夠與連結東（海參崴）西（莫斯科）方向的西伯利亞鐵路接軌，列車可直通運行。若要從海參崴前往莫斯科，經由東清鐵路會比經由俄國境內的鐵路（途經伯力〔Khabarovsk〕）距離更短，因此東清鐵路成為由日本前往歐洲的國際鐵路主要路線之一。根據《鐵路時刻表》昭和九年（一九三四年）十二月號的記載，若要購買從東京到莫斯科的直通車票，從海參崴走東清鐵路經哈爾濱，前往滿洲里方向的路線價格最便宜，優於從大連或釜山搭滿鐵北上至哈爾濱，再轉搭東清鐵路往滿洲里方向的路線，以及從敦賀搭船至海參崴，再轉搭列車經由伯力前往莫斯科的路線。

雖然名義上這是中俄合資的鐵路，但俄國（蘇聯）掌握較強的主導權，因此明明是在滿洲境內，卻是處處展現出歐洲風格，可說是一條特別具有異國情趣的鐵路路線。包含車掌在內，車務員多為俄國人，票價是以俄國（蘇聯）的貨幣盧布為基準，車站的各種公告及資訊也是以俄語為主。不過，若要在長春從滿鐵轉搭，會產生二十三分或二十六分的時差（參閱二八〇頁以下內容），從這點亦可看出其經營立場與位於相同境內的滿鐵，或中華民國鐵路頗有不同。

旅客搭乘的車廂內部也是完全不同的世界。滿鐵自創業以來，車廂內部設計皆沿襲美式風格，相較之下，馳騁於東清鐵路上的列車車廂，卻是徹頭徹尾的歐式設計。以臥鋪車廂為例，滿鐵的臥鋪車廂就跟日本本地一樣，採用的是美式的開放空間設計（床鋪與走廊之間只隔著一道簾幕），但東清鐵路的臥鋪車廂採用的卻是歐洲主流的隔間設計。

而且東清鐵路的鐵軌比滿鐵寬，自然車廂內部較寬敞，乘坐的感覺也較平穩。即便是採國際標準軌寬的滿鐵車廂，在習慣了窄軌列車的日本人眼裡也已頗為寬大，而寬軌的東清鐵路車廂更上一層樓，想必帶給當時的日本人一種強烈的巨大及沉穩感。前文提到的作家里見弴也在其著作《滿支一見》中，提到了對於這條鐵路的印象：「雖然早有耳聞，但這裡的頭等臥鋪還是讓志賀跟我有些驚愕。不論寬敞度還是天花板的高度，都是將近內地臥鋪的兩倍，壁紙看起來也莊嚴穩重，一點也不像是在列車裡。」里見弴為此讚不絕口，甚至認為「睡在這樣的車廂裡，就算不住飯店也能獲得滿足」。

由此可知這是一條在滿洲獨放異采的歐洲風格鐵路。到了昭和十年（一九三五年），蘇聯將這條鐵路的相關權益賣給了滿洲國，經營權因而轉移至滿鐵，成為國線的一部分。在這場買賣的交涉過程中，日本方面的負責人員是當時從哈爾濱總領事館，轉調至滿洲國外交部的杉原千畝。這場買賣的結果對日本有利，杉原功不可沒。值得一提的是，第二次世界大戰爆發後，杉原改派駐至立陶宛的日本領事館，這段期間他核發了大量日本過境簽證給猶太人，幫助約六千名猶太難民逃離納粹德國（Nazi Germany）的迫害。

該鐵路納入了滿鐵的管理之下後，於昭和十二年（一九三七年）由寬軌修改為標準軌。從此之後，滿鐵與滿洲國鐵的列車都能夠與這條鐵路的列車互相直通運行。但另一方面，軌寬的變更也讓這條鐵路，不再能使用讓大量日本人深深著迷的歐洲寬軌車廂，來自海參崴及進入西伯利亞

● 圖4-10-2　昭和五年（一九三〇年）前後停靠於長春站的東支鐵路（東清鐵路）列車（摘自當時的風景明信片。資料提供：高木宏之）。載客車廂為歐洲的國際臥車公司（Compagnie Internationale des Wagons-Lits）製造。

● 圖4-10-3　停車中的東支鐵路載客列車（摘自《日本地理大系・滿洲及南洋篇》）。跟站在旁邊的人一比，就知道車體有多麼巨大。

鐵路的列車也不再能直接通行。

由於這條鐵路在中國方面的歸屬歷經了清朝、中華民國、滿洲國這三個政權，因此在日本的稱呼也從東清鐵路先後更名為東支鐵路、中東鐵路及北滿鐵路。不過，由於當時蘇聯並不承認滿洲國是一個正式的國家，因此只承認了滿洲國所取的「北滿鐵路」這個中文名稱（昭和八年〔一九三三年〕），但一直沒有正式同意將英語名稱從「Chinese Eastern Railway」變更為「North Manchuria Railway」，俄語名稱也一直沒有修改。

京奉鐵路→平奉鐵路→北寧鐵路

京奉鐵路（北寧鐵路）就跟東清鐵路一樣，後來被納入滿洲國鐵，成為「國線」的一部分。當初原本是英國企圖將其勢力深入滿洲，而在明治時期建設了這條以奉天為起點，途經山海關連結北京的鐵路。因此這條鐵路不僅是中國最古老的鐵路之一，而且有著相當獨特的誕生背景（關於鐵路歷史請參閱二三二頁以下內容）。

滿鐵與京奉鐵路在奉天交會，儘管鐵軌本身相連，但由於當初英國鋪築京奉鐵路的目的不是為了連結滿鐵，因此雖然滿鐵在奉天的車站相當有名（車站建築為類似東京車站的紅磚結構。即現在的中國國鐵瀋陽站），京奉鐵路卻有一個專屬於自己的奉天轉運車站（當時稱為奉天總站，後改名北奉天站。在一九九一年因現在的中國國鐵瀋陽北站落成，而不再使用）。以位置來看，滿鐵奉天站位於滿鐵附屬地的正中央，而奉天總站則位在其東北方，由於接近舊市區，因此擁有許多中國乘客。

剛開始的時候，奉天總站作為京奉鐵路的起迄站，採用的是終端式的結構設計。但在昭和二年（一九二七年）遷移時，改造為與滿鐵奉天站相同的通過式轉運結構，繼續連結舊市區東方的奉海鐵路（奉天到海龍的中資鐵路。後與來自吉林的吉海鐵路結合，即現在的中國國鐵瀋吉線）的瀋陽站（現在的瀋陽東站）。自此之後，只要利用京奉鐵路及奉海鐵路，就可以在不搭乘滿鐵的前提下，從北支（華北地區）前往吉林一帶的滿洲東部。奉天總站作為其轉運站，人潮匯集的程度與滿鐵奉天站不遑多讓。

不過，在昭和十三年（一九三八年）由承德經古北口，連結中華民國北京的滿鐵錦古線開通之前，京奉鐵路（北寧鐵路）是唯一跨越萬里長城，連結滿洲與北支（華北地區）的現代化陸上交通系統。因此，與連結北滿洲及朝鮮半島的滿鐵之間，有不少旅客會在奉天換車轉乘。於日本本地由鐵道省編纂的市售《鐵路時刻表》，打從大正十四年（一九二五年）創刊至昭和初期，一直刊載著從東京出發，沿朝鮮半島北上或經大連航線轉乘至滿洲，然後在奉天轉搭北寧鐵路列車，前往北京或天津的接駁時刻表。

● 圖4-10-4　北寧鐵路的終點站：北京東站（摘自當時的風景明信片）。

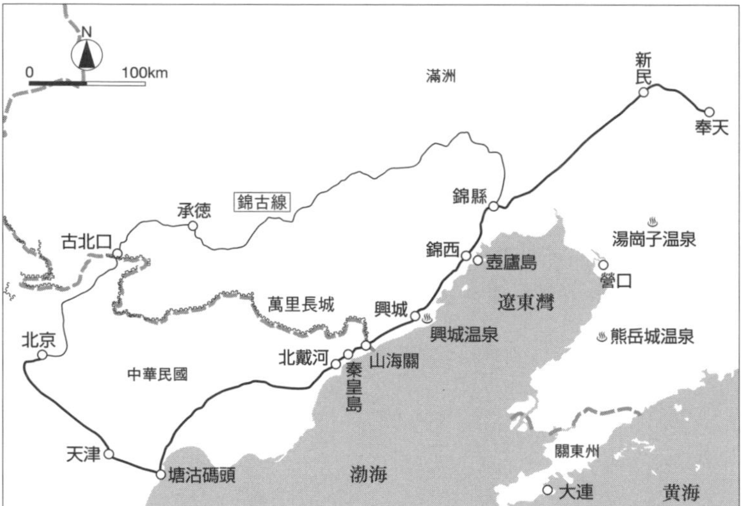

● 圖4-10-5　北寧鐵路路線圖。

正因為這條鐵路極其重要，更容易受到滿洲及華北地區政治、軍事局勢所影響。從明治末期到昭和初期，北寧鐵路的沿線上發生過多次軍閥內戰，每次都造成載客運輸業務停擺。

尤其是發生在昭和六年（一九三一年）的瀋陽事變（滿洲事變），更是為北寧鐵路的運行狀況帶來了巨大的轉變。原本兩天一夜即可抵達的北平（北京）到奉天直通列車遭到廢除，所有的旅客都被迫在山海關站換車。山海關以東路段更名為滿洲國鐵奉山線，而中華民國境內路段，則依然維持北寧鐵路之名。中華民國不承認擅自宣布獨立的滿洲國為正式國家，因此當然也不能允許本國列車，與非正式國家的國有鐵路建立協調體制，或是任由其列車進入本國境內。原本維持了將近三年的直通列車運行制度，就這麼中斷了。

為了解決這個問題，滿洲國與中華民國共同出資，成立一家名為「東方旅行社」的民間合資公司，負責相互直通列車的運行業務。關於直通列車的運行細節，滿洲國與中華民國各自與東方旅行社簽訂契約，以這種形式來達成雙方合意。昭和九年（一九三四年）七月，兩國載客列車駛入對方管轄區內，一天一來回班次的奉天到北平直通列車終於恢復行駛。

到了昭和十二年（一九三七年）二月，直通列車增加為一天兩班次。同年七月，爆發盧溝橋事件，北寧鐵路的實質經營權，逐漸經由滿鐵輾轉落入日本掌控。到了昭和十三年（一九三八年）十月，《日滿支聯絡運輸協定》成立，增開釜山到北京及新京到北京的直通跨國列車。其中釜山到北京的快速直通列車被命名為「大陸」，尾端連結豪華的頭等觀景臥鋪車廂。這班列車成為中日交通路徑上的主力列車，行駛時間為三天兩夜（參閱一七八頁）。

除此之外也增開了奉天到北京的直通普通列車。從爆發瀋陽事變（滿洲事變）至此時約七年，這條鐵路終於恢復了原本的一元化運行機制。昭和十四年（一九三九年），華北交通公司成立，北京到山海關路段更名為京山線，一直維持運行直到二戰結束。

路面電車

在滿洲，奉天（現在的瀋陽）、哈爾濱及滿洲國首都新京（長春）等各都市都能看見路面電車的身影。

以奉天市為例，自明治四十年（一九〇七年）起，便有中日合資的瀋陽馬車鐵道公司（簡稱「馬鐵」）經營馬車鐵路，路線為從滿鐵附屬地內的奉天車站前，到位於舊市區入口處的小西門。大正六年（一九一七年）時的全區間通行車票票價為小洋銀十三錢（中華民國貨幣）。該區間若是搭乘人力車，行情價碼約二十錢左右，因此搭乘馬鐵要便宜一些。

到了大正十四年（一九二五年），馬鐵停止了滿鐵附屬地外的運行，鐵軌遭拆除，公司本身也解散了。取而代之的是奉天市內出現了軌道寬度一四三五公釐的路面電車。到了隔年的大正十

● 圖4-10-6　行駛於小西門至大西門的電車通路（現在的西順城街附近）上的奉天路面電車（摘自當時的風景明信片）。

五年（一九二六年），滿鐵附屬地內也有日本的大倉組（即大倉財閥。創辦帝國飯店、大倉酒店等知名飯店的綜合商社）所設立的奉天電車公司，鋪築電車區間並開始營運。自馬鐵停止運行之後，歷經約十個月的空窗期，終於誕生了從奉天車站前到舊市區的直通路面電車。滿洲國建國後的昭和十二年（一九三七年），為了對交通系統進行一元化管理，誕生了名為「奉天交通」的新國策公司，將原本由奉天市及奉天電車公司共同經營的路面電車納入旗下。

路面電車的行駛區間與過去的馬鐵有些不同，從奉天站到小西門的途中會繞行北邊的大路。依據昭和十七年（一九四二年）底的紀錄，路線全長十八・六公里。相較之下，若要搭乘人力車從奉天站所在的滿鐵附屬地境內，前往小西門外，昭和十三年（一九三八年）時的行情價碼為日幣十五錢，而路面電車的全區間直通車票票價僅六錢。

在哈爾濱市區，則是從昭和二年（一九二七年）開始，出現軌寬一公尺的路面電車。滿洲國成立後，路面電車的管理單位先後變更為哈爾濱市交通局、哈爾濱交通公司，與公車部門形成了整體性的都市交通網絡。依據昭和十七年（一九四二年）底的紀錄，路線全長十三・五公里，以哈爾濱車站前為中心，共分為四個運行區間。票價與市內公車相同，每一區間為滿洲國幣四分（昭和十三年〔一九三八年〕）。《旅程與費用概算》一書中，哈爾濱市內公車及電車的票價紀錄欄上有這麼一句注記：「金票等同國幣。」此處所稱的「金票」，指的是滿洲國幣發行前，關東州及滿鐵附屬地內的主要流通貨幣「朝鮮銀行券」。由於跟日圓等值，因此若使用朝鮮銀行券，票價就是四錢。

車票上同時記載著日語及華語。在某些時期，甚至使用朝鮮銀行券的貨幣單位來標示票價，而非滿洲國幣單位。此外，基於哈爾濱的地區特性，公司所發行的路線圖上有時除了漢字之外還會附上俄語。因為一來俄國籍乘客看不懂漢字，二來哈爾濱市曾受俄國統治，所以市內地名往往有著截然不同的俄語名稱，及華語名稱。就算以華語（或日語）發音對這些俄國籍乘客說出地名，他們也會聽得一頭霧水。這可說是哈爾濱市所特有的語言問題。

至於滿洲國首都新京的路面電車，則是在昭和十六年（一九四一年）十一月通車，也就是在

● 圖4-10-7　滿洲國時代的路面電車一直到二〇〇六年都是長春市電的現役車輛（二〇〇二年攝影）。

● 圖4-10-8　通過哈爾濱車站附近陸橋的路面電車（摘自當時的風景明信片）。

美日開戰的一個月前。到了昭和十七年（一九四二年）底，路線總長達到二十二・五公里，由新京交通公司負責營運。軌道寬度與奉天一樣為一四三五公釐。票價在剛營運時為十錢，到了二戰結束前夕上漲為二十錢。

新京原本也跟奉天一樣，在大阪市等單位的協助之下，推動著地下鐵建設計畫。後來計畫頓挫，才臨時變更為路面電車。由於當時正值美日開戰前夕，路線開通的過程相當低調，並沒有使用全新的最新型車輛，只是從日本本地的阪神電力鐵路，及玉川電力鐵路（後來的東急玉川線）徵調一些中古車輛來勉強湊合著使用。而且為了不破壞都市景觀，所以路線避開了主要的大路。是否能對當時的新京市民提供生活上的充分幫助，實在令人存疑。

不過或許正因為低調的關係，長春市電是唯一從滿洲國時代，一直維持運行到現代的路面電車。滿洲國時代所使用的老舊車輛，直到超過六十年後的二十一世紀初期，都還是尚未退休的現役車輛。

其它鐵路路線

滿洲國成立之後，除了都市交通系統之外，絕大部分鐵路都由滿洲國鐵接管，但民營鐵路的存在本身還是受到合法承認。因此在滿洲國成立後，還是有一些既不屬於滿鐵，也不屬於滿洲國鐵的獨立經營型地方路線，只是數量並不多。

例如：從奉天省（現在的遼寧省）北部的滿鐵連京線的開原站分岔出去的開豐鐵路（現在的中國國鐵開源線），全長六十五・三公里，為軌寬一公尺的輕軌鐵路。這是一條中資民營鐵路，最初的區間開通於大正十五年（一九二六年），其後路線逐漸延伸。由ＪＴＢ滿洲支部所發行的《滿洲中國鐵路時刻表》昭和十五年（一九四〇年）八月號內，在滿洲章節的最後一頁，也以「不同於滿鐵的民營鐵路」名義，列出了兩條路線的時刻表。

在北滿洲最具代表性的城塞都市齊齊哈爾，則有名為「齊昂輕便鐵路」的支線鐵路，與東清鐵路相連。由於齊齊哈爾的市區與東清鐵路的距離超過二十公里，為了解決移動上的不便，齊昂輕便鐵路於一九〇九年（明治四十二年）誕生。這是滿洲第一條不仰賴外國資本的純中國資本輕軌鐵路，軌寬一公尺。原本由黑龍江省直營，後來轉為民營。進入昭和時期後，與新建的平行鐵路「齊克鐵路」（滿鐵平齊線）形成競爭關係，後因趨於劣勢而於昭和十一年（一九三六年）廢線。

從哈爾濱近郊的三棵樹站（現在的哈爾濱東站），還另有名為「天理村鐵路」的輕軌鐵路，通往天理教開拓團的殖民地區天理村。軌寬七六二公釐，全長僅十五・四公里，是一條使用汽油機關車的小型鐵路。昭和十二年（一九三七年）開通初期為村營鐵路，到昭和十三年（一九三八年）變更為公司。

這條鐵路的時刻表也刊載在前述《滿洲中國鐵路時刻表》中，但票價欄位空白，無法確認價格。這本雜誌發行於昭和十五年（一九四〇年）七月底，但裡頭刊載的該鐵路時刻表上卻標注為「康德五年十一月十六日」，換算起來是將近兩年前的昭和十三年（一九三八年）的時刻表，可見得一直沒有更新，鐵路名稱也依然使用村營時期的名稱。雖說是位於哈爾濱郊外的地方性鐵路，還是不禁讓人驚訝於其資訊的封閉程度。

除此之外，以巨大露天煤礦而聞名於世的撫順，也有名為撫順電力鐵路（由滿鐵負責營運）的專用鐵路。其中部分路段有載客用的電車，只不過並沒有刊載在時刻表上。該鐵路的運輸事務所在撫順市內，擁有約一五〇公里的鐵路網，除了輸送貨物，也提供載客服務。

撫順電力鐵路在《南滿洲鐵道株式會社第三次十年史》內並沒有被歸類為「鐵路業」，而是被歸類為「礦業」的附屬設施之一。換句話說，滿鐵認為這條鐵路的主要用途還是輸送煤，載客只是額外提供的服務而已。不僅滿鐵員工及其眷屬可免費搭乘，而且只要是國中生以下的孩童，就算不是員工眷屬也能免費搭乘。主要乘客為當地的中國人，有時也會出現前往撫順的露天礦場進行「視察」旅行的團體旅客。若翻開《旅程與費用概算》的撫順章節，會發現露天礦場也是觀光遊覽景點之一，而且從滿鐵撫順站前往各礦區的交通工具就是「電車」。載客路段分成兩個區間，票價為單一區間內特等票十錢、一般票五錢。此外，也提供整節車廂的包租服務，每節車廂的乘客上限為八十人。若是租下一整節車廂，單一區間內特等票十六日圓、一般票十二日圓。若是跨越兩個區間，特等票十八日圓、一般票十六日圓。

● 圖4-10-9　行駛於撫順煤礦區域的載客電車（摘自當時的風景明信片）。

● 圖4-10-10　曾經是觀光景點的撫順露天礦場。一條條搬運煤的專用鐵路延伸至谷底（摘自《日本地理大系・滿洲及南洋篇》）。

滿洲 11

跨越萬里長城的日本鐵道路線

超越國家主權的異類鐵路

自十九世紀中葉起，歐美列強便紛紛在中國大陸取得治外法權地區（租界）。在各國的蠶食鯨吞之下，當時的中國在實質上已成為半殖民化的狀態。就連中國境內的鐵路，長久以來也擺脫不了各國的干涉。有些鐵路是基於英、美、德等歐美諸國資本所建立，有些鐵路則是像滿鐵或東清鐵路一樣，由外國掌握相關特殊權益。

昭和十二年（一九三七年）爆發盧溝橋事件後，中日之間的軍事衝突（日本人稱之為「支那事變」）擴大至中國全境。日軍所實質統治的地區及管理鐵路範圍，也延伸至萬里長城以南地區。在日本的強力推動之下，這些地區陸續出現了新的中日合資鐵路公司。

許多受日本影響極深的鐵路路線，誕生於這個中國受諸國入侵與干涉的時期，以下將逐一介紹。這些鐵路之中，有些能與滿鐵或滿洲國鐵的列車互通，有些能直接從日本本地購買直通車票。就算是不包含上述這些條件的鐵路，至少日本人到了當地，只要使用日語就能順利搭車。因此，在當時的日本人心中，這些鐵路就等同於運行在朝鮮、滿洲等一部分「外地」的日本鐵路。

山東鐵路

所謂的山東鐵路，包含以位於山東省西部黃河流域的濟南為起點，以山東半島上面臨黃海的港灣都市青島為終點，幾乎自東西方向橫貫整個山東省的主線（長約三九四公里，即現在的中國國鐵膠濟線），以及其它支線（合計共四四六公里）。原本是德意志帝國依據從清朝手中獲得的鐵路鋪設權，於一九〇四年（明治三十七年）開通的鐵路，負責營運的單位是德國資本的公司。

大正三年（一九一四年），歐洲爆發第一次世界大戰，日本基於「英日同盟」的關係，在英國的要求下以協約國成員的立場參戰。日軍攻擊包含青島在內的山東省境內德國租界要塞地區，陸續奪取及接管當時作為要塞軍事輸送用途的山

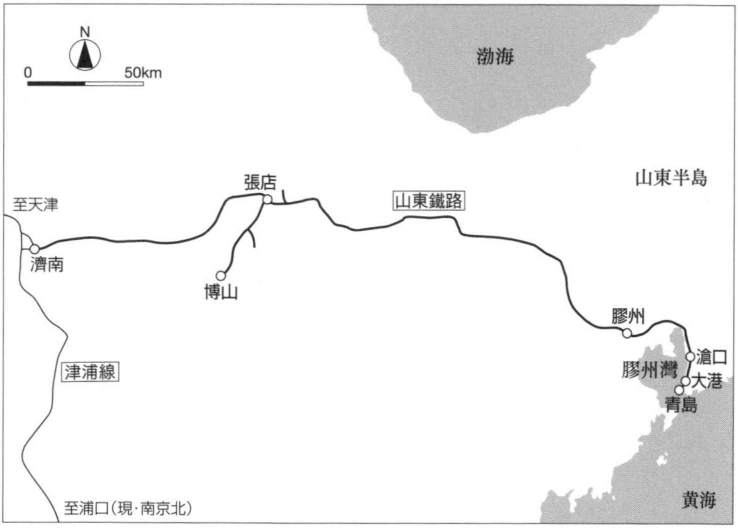

● 圖4-11-1　山東鐵路路線圖。

東鐵路。

到了隔年，即大正四年（一九一五年），日本提出《對華二十一條要求》，其中包含由日本繼承德國山東鐵路的諸權益，獲得中華民國允諾。第一次世界大戰結束後，大正八年（一九一九年）所締結的《凡爾賽條約》中也正式承認由日本繼承山東省境內，包含山東鐵路在內的諸項權益。但中華民國不服其內容，拒絕在條約上簽名，關於山東省權益歸屬問題，形成了大正中期的中日之間外交糾紛。

締結《凡爾賽條約》的隔年，也就是大正九年（一九二〇年），依據由青島守備軍民政部鐵道部所編纂發行的《山東鐵路旅行導覽》（山東鉄道旅行案内）的大正十年（一九二一年）改訂版記載，白天與夜晚各一班的青島到濟南來回直通載客列車，以及其它部分區間列車皆已開始運行。直通列車的行駛時間為十小時半至十一小時，票價為頭等票十四日圓三十錢、二等票七日圓二十錢、三等票四日圓。夜間列車只有頭等票旅客才能使用臥鋪車廂，但要加收臥鋪費用二日圓（上鋪）或三日圓（下鋪）。此外，若持有二等車票，還可以享有載貨列車的車掌車廂搭便車服務。而且山東鐵路並沒有中途下車的限制，乘客只要不拿著單程車票往反方向搭乘，沿途可自由上下車。

山東鐵路的車票皆採銀本位制度，但在車站或車廂內購買任何種類的車票，都只能使用日本

● 圖4-11-2　山東鐵路的起迄站：濟南站（摘自當時的風景明信片）。與津浦線的濟南站並非同一車站。

軍票、日圓，或是橫濱正金銀行的白銀兌換券。若是使用日圓，必須支付當天軍司令部公布的公定匯率所換算成的銀本位金額。至於中華民國的貨幣，則只能使用在十錢以下的小額付款。除了山東鐵路的車票，在青島市區內購物也是一樣的情況。因此，從日本本地、關東州的大連，或是臺灣的基隆、高雄等地搭船直接前往青島的旅客，在轉乘山東鐵路時沒有必要將手邊的日圓兌換成其它貨幣。相反地，若是在濟南地區想要搭乘山東鐵路，卻沒有日圓，就必須先在車站內的兌幣店取得上述的各種貨幣。

在山東鐵路的內陸側起迄點濟南站，可轉搭中華民國國鐵的津浦線（天津到浦口〔現稱南京北站〕，即現在的中國國鐵京滬線），但山東鐵路濟南站在當時被稱為「新站」，與津浦線的濟南站距離頗遠。《山東鐵路旅行導覽》一書中提到津浦線的班次經常誤點，旅客要特別注意。

而且山東鐵路與津浦線之間的轉乘，並沒有一票到底的制度，旅客在轉乘時必須在另一條鐵路的濟南站購買欲搭乘列車的車票。因此，要在這兩線的濟南站轉車，至少必須多抓兩小時的轉車時間才趕得上。山東鐵路的濟南車站內附設濟南鐵路飯店。

濟南鐵路飯店的經營組織為青島格蘭德飯店公司（青島グランドホテル株式会社），山東鐵路的用餐車廂也是由這家公司負責營運。用餐車廂內除了提供西式餐點，也販賣日用品及零食。此外，青島由於曾受德國統治，飲用啤酒的風氣相當普及，所以用餐車廂也提供啤酒作為飲品。山東鐵路的主要車站，雖然都有商店能夠購買簡單的食物及罐頭，但沒有任何一個車站販賣鐵路便當，因此乘車過程中只能購買車站商店的簡單食物，或是到用餐車廂用餐。

列車從濟南站出發後，會一直行駛於景色單調的大平原上，途中連一座隧道也沒有。到了滄口附近，旅客能近距離看見膠州灣，接著列車就會抵達臨海的起迄站青島。旅客可以在青島搭船前往日本本地、關東州、臺灣或上海。尤其是若要前往日本本地的省線車站，可購買經由福岡縣門司，或兵庫縣三宮的直通車票。在航向日本本地的汽船出港的日子，為了方便乘船的旅客，會從大港站（青島站往濟南方向的鄰站）增開往大港碼頭方向的臨時列車。

山東鐵路的載客服務同時使用日語及華語，對於想要由日本本地經青島，前往黃河下游中原地區的日本人來說，這是一條相當方便的鐵路，但乘客有九十五%是購買三等車票的中國人。乘客人數年年增加，甚至達到了德國統治時期的兩倍左右。雖然載客業務蒸蒸日上，但是到了大正十一年（一九二二年），日本於國際軍縮會議（華盛頓會議〔Washington Naval Conference〕）中答應將包含山東鐵路在內的山東省諸般權益，於該年年底歸還中華民國。日本對山東鐵路的經營僅維持八年就結束了。

然而到了十五年後的昭和十二年（一九三七年），因盧溝橋事變後的中日軍事衝突，日軍再度佔領山東鐵路。日本於昭和十四年（一九三九年）設立華北交通公司（詳情後述），山東鐵路更名為華北交通膠濟線，從此之後這條鐵路再度受日本控制，直到第二次世界大戰結束。津浦線與膠濟線原本各有自己的濟南站，華北交通時期為了提升轉乘的方便性而加以統合。

上海租界的路面電車

中國各地租界之中，上海租界的名氣最大。在十九世紀中葉的鴉片戰爭之後，英國於上海地區取得治外法權租借地，成為所有中國租界的濫觴。自此之後，列強各國紛紛跟進，在上海劃定出自己國家的租界。其後這些租界進行合併，成為由數國共同管理的共同租界（唯獨法國依然保有獨立租界，並沒有與其它國家租界合併）。到了甲午戰爭結束後的明治三十二年（一八九九年），上海共同租界向外擴張範圍，日本在此時也成為租界成員國之一。

旅客可在日本的長崎搭乘定期客船前往上海。進入昭和時期之後，還有由大日本航空公司所運行的航空班次，出發地包含東京、大阪及福岡。早在安政五年（一八五九年，即美國培里司令〔Matthew Calbraith Perry〕率領黑船強迫日本開國的六年後），就有英國的船運公司建立起上海到長崎的定期船運航班。這也是日本連結外國的定期載客航班的首例。自此之後，日本人對上海一直有種奇妙的感覺。明明是外國，卻彷彿距離並不遠。船隻從長崎出發之後，只要兩天一夜的時間就能抵達上海。當時日本社會甚至謠傳在信封上的地址欄寫下「長崎縣上海市」，也能將信從日本本地寄到上海。加上前往這個奇特的無國籍都市不需簽證，也不需護照，因此造訪上海的日本人逐年增加。到了大正四年（一九一五年）之後，住在上海的日本人已超越英國人，成為人數最多的外國人。

這個混沌的都市開始出現路面電車，是在明治四十一年（一九〇八年）。行駛在這個日本也列名在內的諸國共同租界上的路面電車，是由英國資本的上海電車公司（簡稱「英電」）負責營運。英電與法國租界內的路線（營運單位為法國資本的電車電燈公司，簡稱「法電」）之間有著列車相互直通制度，從任何一邊都可以購買到雙方電車的車票。法電另外又與行駛於租界南方地

● 圖4-11-3　行駛於上海虹口地區吳淞路上的路面電車。這一帶形成了日本人的街道（摘自當時的風景明信片）。

區（南市）的電車（營運單位為中國資本的上海華商電車公司，簡稱「華電」）有著列車相互直通制度。只要搭上英電的路面電車，就可以從共同租界內的中華民國國鐵上海北站（現在的上海鐵路博物館站），前往位於法國租界南方的國鐵上海南站。

依據大正八年（一九一九年）由日本本地的鐵道院所編纂及發行的《朝鮮滿洲中國導覽》中記載，英電的車票分為頭等及二等，頭等票三站之內為三分（小洋銀一角＝十分），七站之內為六分。二等票一站一分，三站之內為二分，四站之內為三分，七站之內為四分。這個頭等、二等的座位區分到了昭和時期變更為頭等及三等（沒有二等），而且票價也逐漸上漲。昭和八年（一九三三年）的《旅程與費用概算》描述上海市內電車的旅客搭乘狀況，其中提到「三等票乘客以中國人為主，外國人極少」。

到了昭和十六年（一九四一年），因日本與英美開戰的關係，日軍進駐了英電所運行的共同租界（法國於前一年成立了親德的維琪政權〔Vichy France〕，而日本與德國為同盟關係，因此日軍並沒有進駐法國租界）。原本由英國資本的公司負責營運的英電，轉由日本所設立的華中都市汽車公司進行管理。到了昭和十八年（一九四三年），英國與美國將租界權益歸還給蔣介石率領的重慶國民政府，而日本也將租界權益歸還給汪兆銘率領的南京國民政府，上海的租界在名義上已不存在。

但直到第二次世界大戰結束之前，這些地區依然是由日軍進行實質統治。華中都市汽車公司改組為上海都市交通公司，繼續負責路面電車的營運事業。戰爭即將結束的不久前，日軍拆除共同租界內的部分鐵軌，將其資源挪作他用，電車暫停營運的情況也愈來愈嚴重。

天津租界的路面電車

天津的路面電車是唯一日本擁有單獨營運權，在租界上的路面電車。包含英國、法國、俄國、義大利等歐洲諸國都在天津擁有單獨的租界，路面電車發揮了連結數個租界（包含日本租界）及中華民國實質統治地區的功效。

● 圖4-11-4　行駛於日本租界內的旭街（現稱和平路）上的路面電車（摘自當時的風景明信片）。

負責運行的組織為比利時資本的天津電車電燈公司，電車可直通日本、法國、俄國、義大利、奧地利等各租界，以及天津舊城地區。來自奉天及北京的主要列車，皆會停靠天津東站（現在的天津站），從站前可搭乘電車經法國租界直通日本租界，因此日本人若要從滿洲或北京搭乘列車前往天津，選擇開往天津東站的列車是最方便的做法。

只要在天津東站前的「東車站」電車車站，搭上開往北大關方向的路面電車，就可以在通過法國租界後進入日本租界。電車在日本租界內，會先筆直通過有「天津銀座」之稱的主要街道旭街，距離約一・三公里，接著開往北方的天津舊城方向。

路面電車的運行路徑大致上可分為環繞

舊城外圍的環狀線，以及從舊城地區開往天津東站、海關等外國租界區的其它路線。為了避免乘客搭錯車，各路線以不同顏色代表。例如：若是從東車站搭乘開往北大關的電車，會先經過法國租界再進入日本租界，顏色為藍色。而若是進入義大利租界，或奧地利租界的路線，雖然同樣是開往北大關方向，但路線為紅色。紅色路線不會通過日本租界，日本旅客在搭乘要特別注意。

票價方面，依據大正八年（一九一九年）發行的前述《朝鮮滿洲中國導覽》中的記載，包含通過日本租界的路線在內，所有路線的票價皆為銅幣二分。但若從天津東站乘坐人力車前往日本租界，行情價格約五分至二角；若是搭乘馬車，價格更是高達五角至一元（於中國內外發行的兌換券）。因此，路面電車可說是屬於庶民百姓的廉價交通工具，搭乘的人非常多。

天津的日本租界也跟上海的共同租界一樣，在昭和十八年（一九四三年）還給了中華民國的汪兆銘政權。從此之後，名義上日本不再擁有路面電車行駛地區的權益。但實際上一直到二戰結束之前，天津市區一直是受日軍管理。天津電車電燈公司也被日軍接收，更名為天津交通公司，繼續負責路面電車的營運。

華北交通

華北交通公司是負責北支（中國華北地區）的鐵路，以及公車營運的中日合資特殊法人。昭和十二年（一九三七年）七月爆發盧溝橋事件後，日軍陸續佔領華北地區的中華民國國鐵路線。其後日軍修復了因戰鬥而毀損的鐵路設施，除了作為軍事輸送之用之外，也恢復了一般旅客的載客業務。原本在日軍的委託下，是由滿鐵的北支事務局負責這些鐵路的營運工作，後來北支事務局在昭和十四年（一九三九年）四月，變更為中日合資的中國特殊法人華北交通公司。

剛設立的時候，由北支那開發公司（由日本政府、滿鐵及日本各財閥出資成立的國策公司）提供一半資金，另外一半則由滿鐵及中華民國臨時政府（昭和十二年〔一九三七年〕底於北京成立的政權）負擔，職員也大多轉調自日本本地的鐵道省及滿鐵，因此很明顯是一家深受日本影響的公司。然而納入華北交通公司旗下的中華民國國鐵既有鐵路，絕大部分是在十九世紀後期之後由英、美、德、法、比、荷等歐美各國及日本，基於鐵路相關權益而建設的產物。來自這些外國資本的借款，佔了華北地區鐵路所有借款的九成。因此，華北交通公司在設立之後，不僅必須肩負起向諸國償還債務的責任，而且在營運上也負有兼顧各國鐵路權益的義務。

昭和十四年（一九三九年）剛創立時，公司所屬路線的營業總距離為四千三百七十五公里，到了昭和二十年（一九四五年）二月底時，已擴張至五千八百四十九公里。第一次世界大戰後曾一度由日本負責營運的山東鐵路，也包含在裡頭。

當初屬於中華民國國鐵的時期，各路線的票價水平並不統一，內陸側路線的票價會比臨海側路線的票價高。華北交通公司一方面在各地重新開始載客業務，一方面也對票價費率進行全線的一元化修正。另外，也採用長距離遞減制度（參照七十三頁），建立起大範圍鐵路聯絡網的基礎系統。

在華北交通公司成立之前，載貨收益佔華北地區鐵路營業收益整體的三分之二，載客收益相對較少。但華北交通公司一方面整頓載客業務制度，一方面增加載客車廂數量，及載客列車班次，再加上治安逐漸好轉，自昭和十五年（一九四〇年）之後旅客人數大幅成長，到了昭和十八年（一九四三年）載客收益首次超越載貨收益。

雖然車票價格每年調漲，但當時中國大陸的物價上漲幅度，遠大於車票價格上漲幅度，因此車票的漲價「若與物價指數相比，一直維持在較低的比例」（引自《華北交通株式會社社史》華交互助會，一九八四年）。正因為車票相對便宜，輸送業者能夠以低於市場行情的成本將貨物運送至偏遠地區，愈來愈多輸送業者選擇搭乘列車來輸送貨物。到了第二次世界大戰末期，華北交通公司的鐵路「不僅是『戰爭重要資源』的輸送鐵路，亦是『靠價差牟利的送貨旅客』的輸送鐵路」（引自前述《日本殖民地鐵道史論》）。

用餐車廂原本委由民間業者經營，但華北交通公司在昭和十八年（一九四三年）親自接下業務，此後一直維持直營到昭和二十年（一九四五年）三月。車廂內商品販賣也由原本的委託民營

● 圖4-11-5　以昭和十五年（一九四〇年）七月為準的華北交通鐵路路線圖。依據《華北交通叢刊15・華北交通》刊載之「北支蒙疆鐵道略圖」重新繪製而成。

● 圖4-11-6　自華北交通同蒲線（現在的中國國鐵同蒲北線）列車車窗看見的萬里長城（摘自《華北交通叢刊15・華北交通》）。

業者，變更為公司直營，最後轉交由東亞旅行社負責管理。

在公司即將創立的昭和十三年（一九三八年），作為公司前身的滿鐵北支事務局基於《日滿支聯絡運輸協定》增設了北京到釜山，以及北京到新京（現在的長春）的跨國列車，車尾擁有豪華觀景頭等臥鋪車廂的快速列車「大陸」（參閱一七八頁）就此登場。與中支（華中地區）的鐵路也在昭和十四年（一九三九年）增設了直通列車。另外，與其它社線及外國路線，也是在公司草創期建立起了接駁運輸的體制。與日本本地的省線也實施了「連帶運輸」制度，因此若要從日本本地搭船前往天津或青島，再轉搭「大陸」之類的快速列車，經朝鮮半島與滿洲國進入華北鐵路，可直接購買直通車票。

華北交通的鐵路與滿洲的鐵路，雖然都是行駛於中國大陸的鐵路，卻有一個極大的差異，那就是華北交通的鐵路都位在中華民國境內。日本對這些鐵路的經營，是建立在軍事佔領的前提之下，因此時時得提防抗日游擊勢力的破壞。華北交通雖然在名義上是中國法人，但畢竟負責日軍的軍事運輸是事實，因此經常發生鐵軌或橋梁遭破壞、列車遭惡意導致脫軌、通訊線路遭人截斷等各種妨礙運行的事件。公司除了要解決治安上的問題之外，還得隨時應付這些狀況，導致公司經營成本居高不下。

華中鐵路

誕生於昭和十四年（一九三九年）的中日合資公司，設立時期與華北交通幾乎相同。表面上是由中支那振興公司（日本的國策公司）與中華民國維新政府（昭和十三年〔一九三八年〕春天成立於南京的政權）共同出資的公司，但實質上依然是日本的國策公司，與華北交通沒什麼不同。

經營路線包含長江（揚子江）以南的海南線（上海到南京。現在的中國國鐵京滬線）及海杭線（上海到杭州。現在的中國國鐵滬昆線）、長江以北的淮南線（裕溪口－盧州－田家庵。現在的中國國鐵淮南線及田家庵線）等長程路線，以及吳淞線（上海到吳淞砲臺灣。使用輕盈的汽油

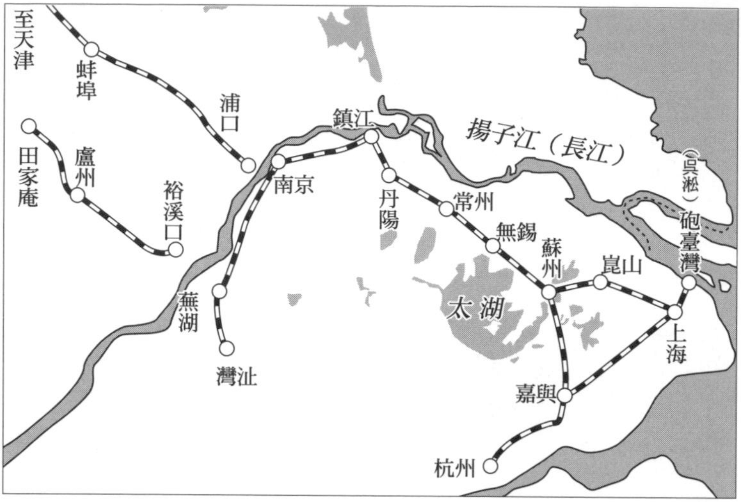

● 圖4-11-7　以昭和十六年二月為基準的華中鐵路路線圖。依據《華中鐵路沿線導覽》（華中鉄道沿線案內）中的同名圖重新繪製。

機關車。後來更名為中國國鐵淞滬線，如今已廢線）等短程路線。總鐵路距離若包含由日軍負責管理、委託華中鐵路經營的路線，約一千兩百公里。但實際上有許多路段因中日軍事衝突而遭到破壞，停止運行的路線也不少，公司剛創設時營業路線僅佔全體的八十五％，也就是大約一千公里。華中鐵路不同於華北鐵路的最大差異，就在於二戰結束前新開通的路線非常少。

由浦口往北連結天津的津浦線，從浦口到蚌埠的南部區間歸屬於華中鐵路，而從蚌埠經徐州、濟南到天津的北部區間，則歸屬於華北交通。這條線路設有從浦口直通華北交通，連結北京的夜間列車。在昭和十五年（一九四〇年）三月調整時刻後，從浦口到北京的行駛時

● 圖4-11-8　行駛在小河邊的華中鐵路列車（摘自《吳楚風物》）。

● 圖4-11-9　海南線的起迄站：南京車站（摘自當時的風景明信片）。

間為兩天一夜，總時數為三十四小時。除此之外，從浦口還可搭乘鐵路接駁船跨越長江（浦口碼頭到南京碼頭。航行時間約十分鐘），每隔三十分鐘至一小時就有一班，協助旅客從長江對岸的南京車站，轉搭開往上海方向的海南線列車。

海南線除了快速列車之外，還有暱稱為「天馬」及「飛龍」的特快列車，車廂包含用餐車廂及豪華的頭等車廂，從上海到南京約費時五小時十分鐘（昭和十四年〔一九三九年〕六月調整時刻後）。此外，根據市售時刻表上的記載，短程的支線列車除了一般的三等車廂之外，還有票價更為低廉的「四等車廂」。例如：昭和十五年（一九四〇年）八月的《滿洲中國鐵路時刻表》上，便記載著南上海到新龍

● 圖4-11-10　停靠於上海站的「天馬」及頭等車廂內景象（皆摘自《吳楚風物》）。

華之間的海杭支線（三．八公里）使用的是客貨混編列車，所有的載客車廂全部都是四等車廂。

華中鐵路運行的中支地區由於受日軍佔領，日軍發行的軍票也是當地的可使用貨幣之一。除了軍票之外，當地中國人之間的交易使用的是中華民國政府發行的法定貨幣（簡稱「法幣」）。因此，華中鐵路及華北交通的沿線主要車站皆設有兌幣所，市售的時刻表上也對設有兌幣所的車站特別標注。

雖然旅客人數年年增加，但進入昭和十九年（一九四四年）後，由於日軍在戰場上趨於劣勢，旅客人數也隨之大減。就跟華北交通一樣，抗日游擊勢力攻擊鐵路的情況愈來愈嚴重，屢屢造成列車陷入無法運行的狀態。不僅如此，華中鐵路所添購的機關車、載客車廂等設備，大部分是在日本國內製造，但隨著第二次世界大戰的戰況愈來愈激烈，日本國內的工業生產能力逐漸惡化，加上船舶不足及制海權縮小等問題，都導致華中鐵路無法取得新的鐵路車輛。就連作為蒸汽機關車燃料的煤炭，也出現了短缺的狀況。以上種種經營上的困境，最終導致華中鐵路在戰爭即將終結的昭和二十年（一九四五年）四月，轉由日軍接手管理。

奔馳於滿洲大地的著名列車

具豐富國際色彩的滿洲快速列車

奔馳於滿洲荒野上的長程快速列車，大多是可以直通隔壁的關東州、朝鮮或中華民國的跨國列車。聯繫滿洲與朝鮮的快速列車（包含經由滿洲進入中華民國的三國直通列車）皆已介紹於一六八頁，以下僅介紹連結關東州（大連）與滿洲的兩種滿鐵代表性列車。

特快列車「亞細亞」：中國大陸最具象徵性意義的超特快車

要談論滿洲的鐵路，就不能不提「亞細亞」這班列車。雖然「亞細亞」從昭和九年（一九三四年）登場，到昭和十八年（一九四三年）廢止，只運行了短短八年又四個月的時間，但其強烈的存在感足以成為臺灣、朝鮮、滿洲等，所有日本外地鐵路中最具象徵性意義的列車。

當初滿鐵在滿洲及日本國內募集新列車的暱稱，最後從三萬封以上的提案信中，遴選出了「亞細亞」（日語暱稱為平假名的「あじあ」）這個方案。於昭和九年（一九三四年）十一月調整列車時刻的同時登場，連結關東州的大連與滿洲國的首都新京（現在的長春）。只要八個半小時，就可以跑完堪稱滿洲大動脈的連京線（全長七〇一・四公里，即現在的中國國鐵瀋大線及京哈線）。這是一班最高時速一百一十公里，表定時速（以距離與包含靠站時間在內的所有時間相除所得的時速）八十二・五公里的最新型特快列車。

在此之前，行駛於相同區間的快速列車「鴿」的所需時間為十小時三十分。換句話說，「亞細亞」的劃期性超快行駛速度，讓抵達時間比過去的快速列車，足足快了兩個小時。當時日本本地鐵道省最引以為傲的東京到神戶特快列車「燕」的表定速度為六十七・一公里，「亞細亞」的時速更快了十五公里以上。

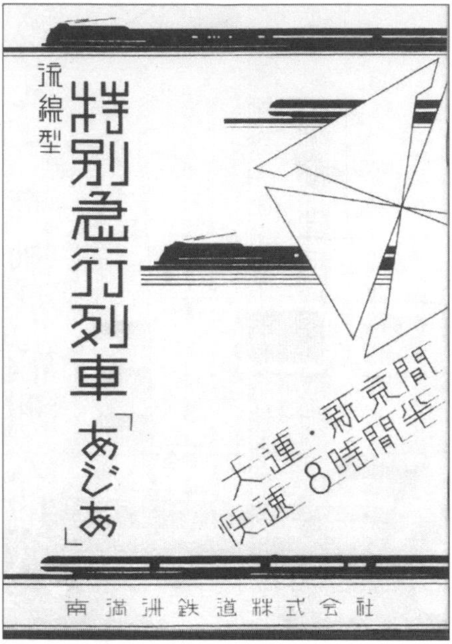

● 圖4-12-1　滿鐵所製作的「亞細亞」宣傳手冊。

若拿「亞細亞」與同樣在昭和九年運行於世界各地的列車相比，美國的「二十世紀特快車」（20th Century Limited）及「百老匯特快車」（Broadway Limited）都擁有超過八十公里的表定時速，但這兩班列車都在一部分區間使用了電力機關車。至於同為美國製的「聯合太平洋號」（Union

Pacific）及德國製的「飛行漢堡號」（**Flying Hamburger**），表定時速分別為一百四十四公里及一百二十四・七公里，快是非常快，但都只能掛載兩、三節車廂，而且驅動方式採用的是柴電動力（以柴油引擎推動發電機產生電力，再以其電力推動電動機產生推進力）。因此，全區使用蒸汽機關車、能夠掛載六節車廂，而且表定時速超過八十公里的「亞細亞」，在當時是獨一無二的超高速列車，吸引了全世界的目光。

「亞細亞」能夠這麼快的主因之一，就在於流線型的車身外觀。「流線型」一詞源自於英文的「**stream line**」，正因為「亞細亞」的蒸汽機關車有著這個特性，所以能夠在高速行駛時減少空氣抵抗。蒸汽機關車為藍色，型號為「帕西納」，即「太平洋七型」之意。在設計上，此型蒸汽機關車的目標最高時速為一百四十公里。就連掛載在後方的淡綠色車廂，也為了減少風阻而設計成了圓弧形。

「亞細亞」載客車廂的最大特色，就在於全車廂皆具備空調裝置，而且冷氣效果完善。蒸汽機關車在高速行駛時，若長時間開啟車窗，煤煙及沙塵會侵入車廂內，但若不打開車窗，車廂內空氣又會變得汙濁，令人呼吸困難。「亞細亞」的最新型空調裝置正解決了這個換氣上的問題。

依據滿鐵在「亞細亞」登場時製作的宣傳手冊《流線型特別急行列車「亞細亞」》中的介紹，夏天當車外溫度高達三十五度時，車內溫度能維持在二十六度；即使是到了酷寒的冬天，車內溫度也能維持在十八度。在這個時代，室內冷氣機尚未普及，對一般民眾來說還是相當罕見的機器。而且當時在日本國內及歐洲，都尚未出現配備空調裝置的鐵路列車，就連美國也才剛問世不久，僅使用於用餐車廂之類的少數特殊車廂。因此，像「亞細亞」這樣整輛列車所有車廂都配備空調裝置的列車，在當時的世界可說是相當稀奇。

六節車廂之中，包含一節行李暨郵件車廂，以及一節用餐車廂。因此，真正的載客車廂只有四節，分別為兩節三等車廂，一節二等車廂，以及列車最尾端的一節頭等觀景車廂（TEN18型）。昭和十年（一九三五年）時曾經增添頭等車廂及二等車廂，在乘客人數較多的時期額外掛載使用，但一般時期整輛列車的載客人數上限僅二八八人（相較之下，現代的日本東海道新幹線，每輛列車有十六節車廂，載客人數上限為一三二三人），而且載客人數規定相當嚴格。再加上每天只有一個來回班次，因此車站內往往有黃牛業者，以高昂的價格轉手販賣當天的特急券。[4]如果有投機取巧的乘客只買了月臺票就偷偷上車，在車內被逮住時不僅要繳交加重罰金，而且會在下一個停靠站被趕下車。「亞細亞」是唯一一班就連滿鐵總裁，也必須購買特急券才能上車的列車。當時僅有一個人能夠自由搭乘，那就是關東軍司令官。

---

4 譯注：允許搭乘特快列車的額外付費票券。

● 圖4-12-2　停靠於奉天站的「亞細亞」（摘自當時的風景明信片）。

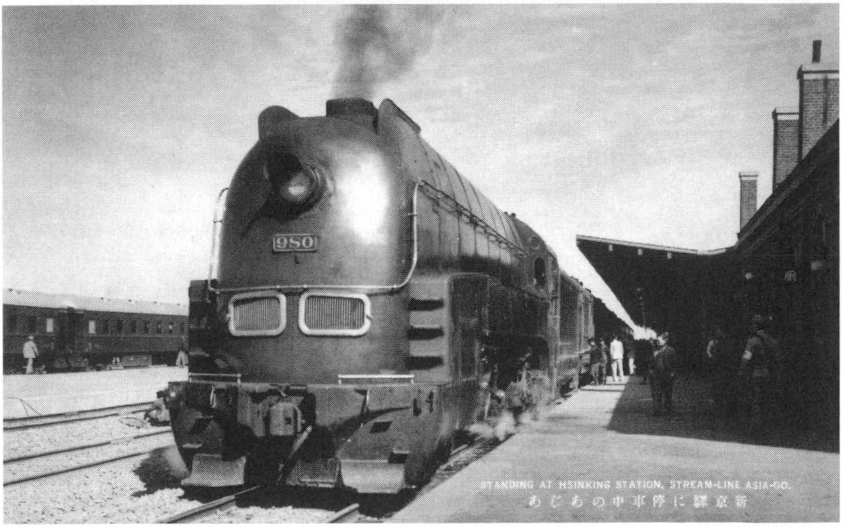

● 圖4-12-3　牽引「亞細亞」的流線型蒸汽機關車「帕西納」（摘自當時的風景明信片）。

列車最尾端的頭等觀景車廂，更是「亞細亞」最具象徵性意義的車廂。由於車廂內空調完善，因此觀景室採密閉空間，配置了扶手椅及兩人座的沙發，全部共十二個座位。在觀景室的前方左右兩側，各有一排採雙層式坐墊的雙人座位，全部共三十個座位。除此之外還設有只能容納兩人的特別包廂，裡頭同樣放置著扶手椅及沙發。車廂內的裝潢皆使用滿洲產的胡桃木，以及日本產的櫻木，營造出奢華感，設備材質方面也隨處可見滿鐵的獨到與用心。

觀景室與座位區之間設有書架及書桌，就算不是頭等車廂的乘客，也可以來這裡寫信或看書。自昭和十一年（一九三六年）起，還準備了在搖晃的車內也能使用的磁鐵式將棋盤及圍棋盤。

頭等及二等車廂的雙人座位皆可旋轉，只要按下按鈕，就可以往左或往右旋轉四十五度，就算是坐在靠走道座位的乘客，也可以輕鬆欣賞窗外風景。三等車廂為四人座的固定座位，但由於滿鐵的線路採用的是比日本本地的省線鐵路，更寬的國際標準軌寬（一四三五公釐），因此雖然三等車廂內隔著走道的左右兩側各坐著兩個人，座位跟現代的JR新幹線普通車廂座位比起來，還是寬敞一些。

用餐車廂在三等車廂與二等車廂之間，各車廂的乘客都可以自由進出。這裡有六張兩人座的桌子，以及六張四人座的桌子，總共可容納三十六人。提供的餐點包含日式及西式的套餐，以及各種單點的菜色，由滿鐵直營的大和飯店廚師負責調理。在一些特別的節慶之日，還會提供懷石

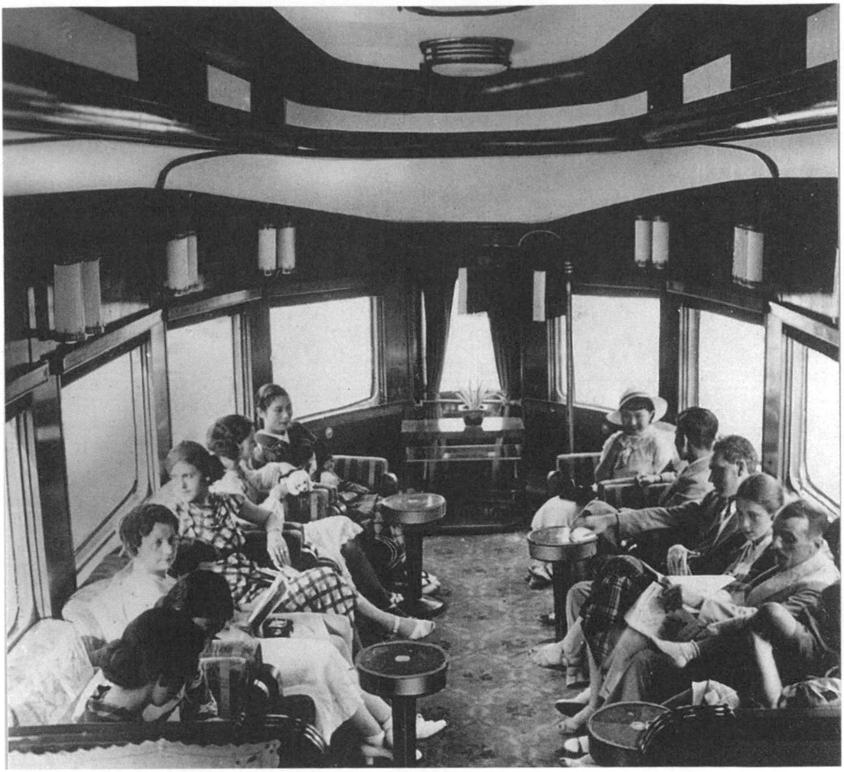

● 圖4-12-4　「亞細亞」列車尾端的觀景室（摘自當時的風景明信片）。

套餐之類的特殊餐點。根據昭和十五年（一九四〇年）八月《滿洲中國鐵路時刻表》中的記載，不論西式還是日式，套餐的價格皆為二日圓。與行駛於相同區間的列車「鴿」的用餐車廂價格相比，西式套餐貴了五十錢，日式套餐貴了七十錢。當時吃一碗蕎麥麵只要十五錢左右，「亞細亞」用餐車廂的套餐價格是十倍以上，由此便可看出價格有多麼昂貴。

昭和十年（一九三五年）三月，東清鐵路的新京到哈爾濱區間，由蘇聯讓渡給滿洲國，立即從蘇聯式的寬軌（一五二四公釐）被修改成標準軌寬。到了該年九月，「亞細亞」的運行區間便延伸至哈爾濱。就在這個時期，出現了一款名為「亞細亞雞尾酒」的特調雞尾酒，僅在「亞細亞」用餐車廂內供應。這款雞尾酒又分成綠色及腥紅兩種，相當受到乘客歡迎。由於「亞細亞雞尾酒」的調製方法並沒有傳承下來，後世無法重現，如今有「夢幻的雞尾酒」之稱。

路線延伸至哈爾濱之後，還有另外一點值得一提，那就是用餐車廂開始採用白俄移民的年輕女性當服務生，刻意營造出異國風情。這種唯有在「亞細亞」列車上才能感受到的餐廳氣氛，讓「亞細亞」的受歡迎程度更上一層樓。所謂的「白俄移民」，指的是因俄國革命而流亡至海外的舊俄羅斯帝國人民。這裡的「白」指的並不是白種人，而是與代表共產主義（革命勢力）的紅色相對的顏色。這些二十歲前後的金髮少女們，必須在公開徵選活動中與眾多對手競爭，雀屏中選後還得在大和飯店學習日語及日本式的接待技巧。

由此可知最新型特快列車「亞細亞」，可說是滿鐵在技術面及服務面的智慧結晶。昭和十二年（一九三七年），一篇名為〈搭上「亞細亞」〉（「あじあ」に乘りて）的文章收編於國小五年級的國語教科書內，從此特快列車「亞細亞」的名頭更是傳遍日本全國。但宣傳用的遊記內只會描寫列車馳騁於荒野上的壯觀景象，以及愉快舒適的鐵路之旅。至於列車運行過程中遭遇的種種困難，卻只有極少數人知道。

● 圖4-12-5　「亞細亞」用餐車廂內部景象。站在中央的服務生是年輕的俄國女性。（摘自當時的風景明信片）。

「亞細亞」列車登場之後所遭遇的第一個難題，是高速行駛時的震動太大，尤其是坐在車尾頭等觀景車廂的乘客會因震動，而感到頭暈目眩。滿鐵聽到乘客的評論後，曾試著更換頭等車廂的坐墊，但並沒有辦法根本解決問題。

日本的鐵路技術團隊首次嘗試的冷氣系統，也常在行駛過程中發生異常狀況，而停止運轉。「亞細亞」正因為擁有完善的空調系統，所以採用窗戶無法開啟的密閉式車廂，夏季時期一旦冷氣失常，車廂內就會熱得像洗三溫暖，旅客紛紛為此發出抱怨與不滿。

此外，在滿鐵將東清鐵路納入管理之下後，「亞細亞」的行駛區間延伸至哈爾濱，到了冬季必須行駛在零下四十度的酷寒環境之中。由於車外溫度太低，水氣會凝結在密閉式車廂的雙層車窗之間，導致看不見窗外的景色。雖然同屬滿洲地區，北滿洲冬季時天寒地凍的程度，與南滿洲截然不同。諸如此類的大小問題不斷發生，即便是自創業以來擁有三十年鐵路經驗的滿鐵技術團隊，也經常感到力不從心。

話雖如此，「亞細亞」還是帶給了每個乘坐者、觀賞者及想像者無可比擬的強烈震撼。然而自昭和十二年（一九三七年）之後，中日之間的軍事衝突逐漸擴大，鐵路的載貨需求大增；到了昭和十六年（一九四一年）更因美日開戰的關係，日本在戰場上開始趨於劣勢，像「亞細亞」這種以少數旅客為服務對象的豪華高速列車，漸漸不符合時代的需求。於是就在昭和十八年（一九四三年）二月，「亞細亞」突然無預警地宣布停止運行，就這麼從歷史上消失了。

第二次世界大戰結束後，「亞細亞」的專用車廂及高速蒸汽機關車「帕西納」，皆由新中國政府的國鐵接收。曾經有很長一段時間，沒有人知道這些鐵路車輛到底流落何方。直到中國與日本簽訂《中日和平友好條約》的兩年後，即昭和五十五年（一九八〇年），日本鐵路友好訪中團在瀋陽（從前的奉天）郊外，發現了一輛老舊不堪的「帕西納」。其後又有許多輛「帕西納」在舊滿洲各地被人發現，如今這些蒸汽機關車都被送到瀋陽的鐵路陳列館，進行靜態保存。

另一方面，曾經以其奢華的設備，而揚名世間的車尾頭等觀景車廂（TENI8型），有一節（當初總共製造了四節）被長年放置在中國國鐵北黑線的終點黑河站。該地是中國的邊境地帶，與俄國領土隔著黑龍江（阿穆爾河，Amur River）相望。據說這節車廂曾經被當作不提供一般載客服務的公務車廂，但由於並未採取妥善保存措施，直接曝曬在風雨之中，導致車體嚴重鏽蝕。相較於在北京、瀋陽的博物館受到完善保存的「大陸」觀景車廂，這輛「亞細亞」的觀景車廂可說是下場頗為淒涼。或許這是因為「亞細亞」被中國人視為日本侵略中國的象徵性列車，因此在車體的保存上會遇到許多阻礙與爭議。

快速列車「鴿」：滿鐵第一輛取了暱稱的快速列車

在「亞細亞」誕生之前，滿鐵在大連到長春（新京）之間安排了一班直通快速列車，白天及晚上各一個來回班次。到了昭和七年（一九三二年）十月，滿鐵將其中的白天班次取名為「鴿」。當時是「亞細亞」登場的兩年前。

昭和九年（一九三四年）十一月，「亞細亞」登場，「鴿」將上午出發的班次時間（包含往新京、往大連兩個方向）讓給了「亞細亞」，變成了中午出發、深夜抵達。然而從大連開往新京方向的「亞細亞」雖然在時刻設定上，剛好承接來自日本本地的旅客，但從日本本地到大連的大連航線船隻，經常因天候等因素，而延誤了抵達大連港的時間。每當遇上這種情況，「亞細亞」往往只能按照既定時刻出發，無法等待這些來自大連航線的旅客。因為這個緣故，在「亞細亞」

● 圖4-12-6　遭擱置於黑河車輛段（車庫）的TENI8型「亞細亞」頭等觀景車廂（二〇〇二年。攝影：服部朗宏。圖4-12-7、圖4-12-8亦同）。

● 圖4-12-8　上方照片的車廂內部。比較三五一頁的風景明信片照片，可發現木片拼花式的內壁及窗戶上方的室內燈形狀相同。

● 圖4-12-7　車體上的滿鐵標誌與「昭和九年製作」的銘板。

●圖4-12-9　行駛於奉天郊外的「鴿」（昭和十三年〔一九三八年〕攝影。照片提供：清水昭一）。

●圖4-12-10　照片中的兩人站在「鴿」的觀景露臺上（摘自《滿洲國概覽》）。

登場不到一年的昭和十年（一九三五年）九月，「鴿」從大連出發的時刻，又被變更為九點三十分（「亞細亞」出發時刻的三十分鐘後）。如此一來，沒辦法趕上「亞細亞」的船客就能改搭「鴿」前往新京。

「鴿」的立場雖然只是輔助「亞細亞」，但以乘坐舒適性而言，「鴿」亦不落人後。由於「亞細亞」的震動問題較嚴重，有些旅客甚至認為「鴿」的舒適性在「亞細亞」之上。「鴿」的基本車廂編制為七節車廂，比「亞細亞」多了一節三等車廂（後來又分別追加了二、三等車廂，使車廂數達到十節）。車尾的頭等觀景車廂（TENI1型）擁有兼具上下車平臺功能的開放式露臺，觀景區的欄杆上掛著一塊車尾板，板上畫著鴿子的圖騰，以及日語平假名的「はと」二字（「鴿」之意）。相較於「亞細亞」的密閉式車廂，「鴿」的乘客在行駛過程中隨時能到觀景露臺上乘涼，而且露臺也放置了椅子供乘客休憩。

用餐車廂方面，「鴿」與「亞細亞」一樣擁有西式及日式套餐，而且價格比「亞細亞」便宜。搭乘「亞細亞」需要購買特急券，而搭乘「鴿」只要花一半的價格購買急行券。[5]因此，從各方面比較起來，搭乘「鴿」都比「亞細亞」便宜得多。而且在昭和九年（一九三四年）之後，流線型高速蒸汽機關車「帕西納」改為由「亞細亞」及「鴿」共用，讓「鴿」的行駛速度也有了顯著的提升。

而且更令人感到諷刺的一點，是「亞細亞」在昭和十八年（一九四三年）二月底停止運行後，其密閉式的專用車廂被挪用為「鴿」的車廂。不過，與「亞細亞」不同處，是「鴿」並不使

---

5 譯注：允許搭乘快速列車的額外付費票券。

用車廂的空調裝置。除此之外，「鴿」還將車廂基本編制增加為十一節，並且增加了三等車廂的乘客上限，藉此吸收因「亞細亞」停止運行而增加的乘客。後期隨著戰局的惡化，「鴿」降低了行駛速度，若以二戰結束前夕的時刻表來看，從大連到新京需要花費十二小時三十分鐘，比大正末期還慢。

值得一提的是到了二戰結束後的昭和二十五年（一九五〇年），東海道本線的東京到大阪特快列車沿用了「鴿」這個暱稱。到了東海道新幹線開始運行之後，「鴿」變更為山陽本線的特快列車。最後「鴿」在昭和五十年（一九七五年）山陽新幹線博多站開通時廢除。

在滿洲輕鬆旅行的划算車票

滿鐵票價昂貴，必須懂得利用優惠車票

相較於日本本地的省線車票價格，滿鐵的普通車票價格貴了一些。表4-13為昭和十五年（一九四〇年）滿鐵與省線的車票及急行券價格對照表。當時滿洲國幣與日圓可等價交換，因此貨幣的單位相同。根據此表所試算出的大連到奉天（現在的瀋陽）的單程（三九六・六公里）價格，便可看出滿鐵的價格明顯較高。

這個區間的普通二等車票為十一日圓十二錢，二等急行券為一日圓五十錢（若搭乘「亞細亞」需三日圓），合計十二日圓六十二錢（若搭乘「亞細亞」為十四日圓十二錢）。相同的距離若是搭乘日本本地的省線（東海道本線東京到岐阜的距離大致相同），二等車票為九圓日三十錢，二等急行券為一日圓三十錢（若搭乘「燕」、「鷗」、「櫻」、「富士」等特快車需二日圓五十錢），合計十日圓六十錢（搭乘特快車需十一日圓八十錢）。算起來省線比滿鐵便宜了二日圓左右。值得一提的是從昭和十五年四月一日起，從日本本地、朝鮮、臺灣、樺太、關東州等地出發的列車車票及急行券，皆須加徵通行稅。從大連開往奉天的車票由於在關東州境內發車，也

●表4-13　滿鐵與省線的車票及急行券費用比較表（昭和十五年〔一九四〇年〕八月）。

	營業公里數（以滿鐵區間為例）		頭等 滿鐵	頭等 省線	二等 滿鐵	二等 省線	三等 滿鐵	三等 省線
車票	396.6km（大連到奉天）		17日圓47錢	13日圓95錢	11日圓12錢	9日圓30錢	6日圓16錢	4日圓65錢
	701.4km（大連到新京）		30日圓89錢	21日圓	19日圓60錢	14日圓	10日圓89錢	7日圓
	943.4km（大連到哈爾濱）		42日圓99錢	25日圓80錢	26日圓92錢	17日圓20錢	15日圓25錢	8日圓60錢
	滿鐵急行券距離區分	省線急行券距離區分						
急行券費用	300km以內	400km以內	2日圓	2日圓	1日圓	1日圓30錢	50錢	65錢
	500km以內		2日圓50錢		1日圓50錢		75錢	
	800km以內	800km以內	3日圓	3日圓	2日圓	2日圓	1日圓	1日圓
	1300km以內	801km以上	3日圓75錢	3日圓75錢	2日圓50錢	2日圓50錢	1日圓25錢	1日圓25錢
	1301km以上		4日圓50錢		3日圓		1日圓50錢	

在課稅的範圍之內，所以與相同距離的省線相比，課稅金額相同，不會產生差異。該區間的通行稅為一日圓（若搭乘「亞細亞」和「燕」等特快車需一圓十五錢）。

若要前往的目的地是比奉天更遠的新京（現在的長春）或哈爾濱，價格差距還會更大。那是因為日本本地省線票價皆採長距離遞減制度，而滿鐵除了創業初期之外，一直是採距離比例制度，平均票價不會因搭乘距離變長而變得便宜。

因此，從日本本地前往滿洲旅行的觀光客，大多會依照其旅行的型態，選擇來回型或周遊型的優惠車票。尤其是周遊券的使用者，在進行車、船之間的轉換時，能夠享受行李代運服務，對於要在大連航線及滿鐵列車之間轉換，且攜帶大量行李的旅客而言，實在是一大福利。

值得一提的是經由朝鮮半島前往滿洲的優惠車票，大多會將朝鮮及滿洲一同視為旅遊的目的地。其中的部分優惠，以及以朝鮮為出發地的滿洲方向優惠車票，已在前文（一八七頁以下內容）介紹過了，此處僅介紹其它以日本本地、關東州，或滿洲內部為出發地的優惠車票。

日滿來回折價車票

日滿來回折價車票是以日本本地的省線主要車站為起點，並以蘇聯所經營的東清鐵路（北滿鐵路）南部線的雙城堡，以及本線的哈爾濱、安達、齊齊哈爾（東清鐵路上的車站為昂昂溪）、海拉爾、滿洲里等各站為終點。路線包含以下三種：東清鐵路以外的鐵路區間，以及關釜接駁船為八折，關釜接駁船以外的航線為九折。③的蘇聯國鐵烏蘇里線（海參崴到綏芬河）僅限三等車票為八折。三種路線的適用期限皆為六十天，中途皆可自由上下車。

①經朝鮮：出發車站—下關—釜山—安東—奉天—新京（長春）—目的地車站之間來回。

②經大連航線：出發車站—神戶或門司—大連—新京（長春）—目的地車站之間來回。

③經海參崴：出發車站—敦賀—海參崴—綏芬河—目的地車站之間來回。

其中路線③會經過蘇聯境內，所以必須攜帶護照。昭和十年（一九三五年，蘇聯將東清鐵路賣給滿洲國後不久）版的《旅程與費用概算》上，還介紹了這項來回折價車票，稱東清鐵路為「舊北滿鐵路」。到了昭和十三年（一九三八年）版，這項折價車票就消失了，直接與後述的日本本地、滿洲來回折價車票合而為一。

日本本地、滿洲來回折價車票

前述的「日滿來回折價車票」是以東清鐵路沿線上的主要車站為目的地，而本項則是以滿鐵沿線上的車站為目的地。但從日本本地前往滿洲的路線，與「日滿來回折價車票」大同小異。

如果是由日本本地省線經朝鮮前往滿鐵各站（類似「日滿來回折價車票」的路線①），所有區間票價皆打八折。

如果是利用大連航線（類似路線②），起點必須為省線的主要車站，目的地也僅限於滿鐵的一部分主要車站。雖然鐵路區間跟經由朝鮮一樣打八折，但由大阪商船經營的大連航線船票僅打九折。

在東清鐵路已納入滿鐵旗下的昭和十三年（一九三八年）版《旅程與費用概算》中，「日滿來回折價車票」已被完全刪除，但舊東清鐵路的區間，也納入了本項來回折價車票的目的地範圍之內。此外，還追加了搭乘北日本汽船或日本海汽船，「由敦賀或新潟前往清津」的朝鮮北部路線，類似前述的路線③。

不論選擇哪一條路線，共通規則皆為適用期限兩個月，途中可自由上下車。如果選擇朝鮮北部路線，就連船票也能打八折，因此比起「日滿來回折價車票」的路線③更加划算了。

日滿周遊券

這種優惠車票不是從日本本地到滿洲的單一路線來回，而是在滿洲及蘇聯濱海邊疆州（Primorskaya Oblast）的區域內繞一圈。路線有以下兩種，由於可選擇相反方向，所以實際上算是四種路線。但不論選擇哪種路線，都必須通過海參崴到綏芬河之間的蘇聯領土，因此得攜帶護照。

①出發車站—下關—釜山—安東—奉天—新京—哈爾濱—綏芬河—海參崴—敦賀—出發車站。

②出發車站—門司—大連—新京—哈爾濱—綏芬河—海參崴—敦賀—出發車站。

車票的折扣率與前述「日滿來回折價車票」相同，適用期限則為九十天。或許是受到蘇聯將東清鐵路賣給滿洲國的影響，就跟「日滿來回折價車票」一樣，在昭和十三年（一九三八年）版的《旅程與費用概算》裡已經被刪除了。

日滿中聯絡運輸來回折價車票

《日滿支聯絡運輸協定》於昭和十三年（一九三八年）成立後，滿鐵與日本本地的省線、朝鮮的鮮鐵、臺灣的局線相互之間（包含經由滿鐵前往上述各線，或華北交通線路的情況）皆可購買直通聯絡車票，旅客不必再像以前一樣在國境或接駁船的碼頭，購買接下來要乘坐的列車車票。

若是購買來回票，還可以享有折扣（各運輸系統的折扣率不同）。具體來說，滿鐵、鮮鐵、省線（包含關釜接駁船）及華北交通的各鐵路路線為八折，大阪商船、大連汽船、日本郵船、日本海汽船的各航線為九折。

但如果距離太短，就算途中轉搭不同的運輸系統，還是不適用折扣。例如：從鮮鐵京義本線的平壤以北（現在的北韓國鐵平義線）各車站出發，前往滿鐵安奉線以內的各站，就無法適用折扣。此外，滿鐵與華北交通之間的來回車票也不適用折扣。

東亞遊覽券

這是一種折價券式的廣範圍周遊券，類似範圍涵蓋朝鮮、滿洲及關東州的「內鮮滿周遊券」（參閱一八九頁），只是範圍更加擴大，將中華民國也納入了範圍之內。若以現代的車票制度來比喻，類似歐洲諸國鐵路皆可搭乘的歐鐵通票（Eurail Pass）。

由JTB自昭和六年（一九三一年）九月起發售，由於開始發售的前兩天剛好發生了瀋陽事變（滿洲事變），剛開始賣得並不好。但隔年滿洲國成立之後，當地治安逐漸恢復穩定，有愈來愈多人開始利用這種跨國周遊車票，在廣大的中國大陸輕鬆自在地旅行。

要購買東亞遊覽券，必須符合三個旅行條件。分別為：①要經由日本本地的省線，②要經由中華民國境內的港口（包含關東州的大連港），③去程的出發車站或港口，與回程的終點車站或港口必須屬於同一運輸系統。而且在購買之前，必須先指定好符合上述三個條件的旅行路線。路線可以是原路來回，也可以是周遊形式，但不能與既有的來回折價車票路線，或內鮮滿周遊券的指定路線完全相同。適用期限為包含發售日在內的三個月，途中可自由上下車。

在昭和七年（一九三二年）滿洲國自中華民國獨立之後，條件②的「中華民國境內的港口」修改為「滿洲或中國境內的港口」。包含成為英國殖民地的香港，以及各國租界林立的上海，也都在「中華民國境內的港口」的範圍內。條件③並不見得一定要回到「相同的車站或港口」，例如：從日本本地出發，只要回到日本本地的任何一個指定車站或港口就行了。同樣的道理，從朝鮮出發就回到朝鮮，從臺灣出發就回到臺灣，從滿洲出發就回到滿洲，從中華民國的港口出發就回到中華民國的任一港口。與其它類似的優惠票券相比，「東亞遊覽券」的自由度可說是相當高。

票價方面，鐵路（包含鐵道省直營的關釜接駁船）皆為八折，其它船運為九折。學校教職員及學生另有優惠。等級分為頭等、二等及三等，各運

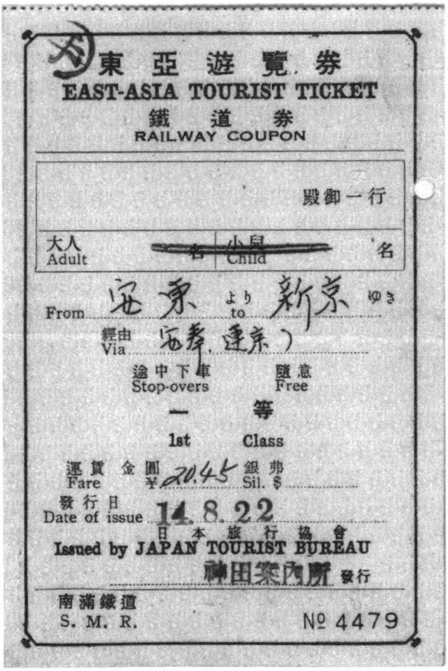

● 圖4-13　東亞遊覽券的票券之一。所有票券依路線順序排列，另外再加上封面。如果沒有封面，所有票券都會失效。

輸系統可分別選擇不同等級，例如：在日本本地的省線只買三等票，但搭滿鐵的時候基於身處異國的安全考量，可選擇買二等票。簡單來說，就是只要事先購買指定路線上的所有相連車票就行了（急行券及船票不必事先指定具體日期或列車，也不必事先購買）。這些票券（車票）會被裝訂成一本小冊子，另外再加上一頁封面。必須注意的是如果將封面撕去，所有內頁的票券都會失效。

適用範圍類似「內鮮滿周遊券」，但在負責發售的JTB的區分上屬於「遊覽券」，與普通遊覽券（在日本本地或臺灣的指定地區遊覽，參閱九五至九六頁）的性質相同。不過，「東亞遊覽券」的目的地不在日本國內，因此不像普通遊覽券一樣，免費附送旅行傷害保險票。另外，雖然日本人在滿洲國及中華民國都能不帶護照旅行（參閱二七〇頁以下內容），但「東亞遊覽券」的封面必須填寫持有人的姓名，唯有本人可以使用。

溫泉優惠車票

想要前往滿洲溫泉景點的旅客，可在滿鐵的主要車站購買來回折價車票。適用的景點包含滿洲三大溫泉，也就是熊岳城溫泉（滿鐵連長線〔後改名連京線。即現在的中國國鐵瀋大線〕熊岳城站下車）、湯崗子溫泉（滿鐵連長線湯崗子站下車）及五龍背溫泉（滿鐵安奉線〔現在的中國國鐵瀋丹線〕五龍背站下車）。此外，加上昭和九年（一九三四年）起有了滿鐵直營溫泉飯店的興城溫泉（滿鐵奉山線〔現在的中國國鐵瀋山線〕興城站下車後，搭接駁公車），總共四處溫泉景點。從出發地到上述溫泉景點的來回車票皆打八折，五人以上的團體打七折。有效期限方面，個人票為七天，團體票不知為何縮短為四天。

此外，若想從滿洲北部搭乘滿鐵跨越國境，前往朝鮮北部的朱乙溫泉，可在新京（長春）、哈爾濱等北部主要車站購買來回折價車票。

除了上述以個人為主的折價車票之外，還有針對學生、教職員及團體旅客設定的高折扣率優惠制度。團體票的折扣率與鮮鐵基本上相同，達到一定人數以上的團體，可讓安排旅遊者免費搭乘的基準也一樣。在所有受日本統治，或由日本負責經營的鐵路之中，滿鐵與鮮鐵可說是團體折扣制度最充實的兩大組織。

探訪滿洲鐵路著名景點

近現代歷史事件現場都在鐵路附近

列名滿洲五大車站的三車站

對滿鐵而言，車站建築的意義並非只是單純的鐵路設施。理由很簡單，日本依據《樸茨茅斯條約》所取得的「滿鐵附屬地」相關權益，雖然在名義上只是推動鐵路事業所須利用的土地，但實際上這些土地會以旅客上下車的車站為中心，形成一座座城市。換句話說，車站就像是這些附屬地城市的玄關大門。而且滿鐵的鐵路路線承襲自俄國的東清鐵路，其中有許多車站都在日俄戰爭中遭到了破壞。因為這個緣故，滿鐵在創立後的十年之內，總共新建了七十七座車站建築，佔全部一〇二個車站中的四分之三。

其中包含了奉天、長春及撫順這三座車站。奉天（現在的瀋陽）是歷史悠久的城塞都市，而且位在通往朝鮮半島的安奉線（現在的中國國鐵瀋丹線），與通往北京的各路線交錯縱橫的交通要衝之地。至於長春與撫順，前者位在銜接東清鐵路的北滿洲，後者位在撫順煤礦場的附近。這

● 圖4-14-1　紅磚建築的奉天車站（摘自當時的風景明信片）。

● 圖4-14-2　新京車站（摘自當時的風景明信片）。滿洲五大車站之中，唯一沒有留存下來的車站。

三座車站基於其重要性，而受到滿鐵特別重視，與關東州的大連及旅順合稱為「滿洲五大車站」。不過，其中的旅順車站是由俄國興建的俄式建築，在日俄戰爭中沒有遭到破壞，因此在滿鐵接手後也沒有改建。一直到二十一世紀的現代，旅順車站還是持續使用中。至於大連，則是滿鐵在創立初期，興建了臨時性的車站建築，其後持續使用了約三十年，直到昭和十二年（一九三七年）才重新興建正式的車站。換句話說，滿洲五大車站之中，滿鐵優先新建的不是關東州內的車站，而是位於滿洲內陸地區的奉天、長春、撫順三座車站。

奉天的車站建築在明治四十三年

（一九一〇年）竣工，直到現代依然持續使用當中，擁有超過一百年的歷史。現在的東京車站丸之內口的紅磚建築，是在奉天車站竣工四年後的大正三年（一九一四年）完工，兩者的外觀非常相似。奉天車站的設計者為滿鐵技師太田毅，設計上受十九世紀英國流行的安妮女王風格（**Queen Anne Style**）影響。安妮女王風格是東京車站設計者辰野金吾，也相當擅長的歐式建築風格，當時的日本人稱之為「辰野風格」。大正十四年（一九二五年），朝鮮的京城（現在的首爾）車站竣工。京城車站為文藝復興風格的紅磚建築。從此之後，奉天車站又與東京車站和京城車站合稱為「東洋三大車站」。

撫順車站與奉天車站同樣是在明治四十三年（一九一〇年）竣工，當時撫順站的所在地區名為「千金寨」，因此站名也叫千金寨，直到大正二年（一九一三年）才變更。新建的車站是磚石混搭的歐式建築，有著殿堂般的厚實感。但由於千金寨地底下藏有豐富的煤礦資源，在大正末期至昭和初期的這段期間，整座城市為了採礦需求，而遷移至三公里外的永安臺地區。撫順站也在這時遷址，並在昭和九年（一九三四年）興建了另一座富麗堂皇的維也納分離派（**Vienna Secession**）樣式磚造平房車站建築。這座車站直到戰後依然深受撫順民眾喜愛，一直使用到了二十一世紀。近年來中國政府曾為了興建新車站，而一度打算拆掉舊站建築，但受到大多數撫順民眾以「車站長久以來都是撫順的象徵物」為由而反對，最後政府決定將其外觀及內部進行整修後加以保存。

長春車站則竣工於大正三年（一九一四年），銜接俄國（其後變更為蘇聯）所經營的東清鐵路。月臺上鄰近站體的一側停靠滿鐵列車，另一側停靠東清鐵路列車。車站本身雖為氣派壯麗的大型歐式建築，但落成時期晚於奉天站及撫順站，這是由於滿鐵為了方便旅客在東清鐵路，與滿鐵路線之間轉換，在完成站體建築之前，於明治四十一年（一九〇八年）就率先完成了月臺上的候車室。其後長春車站成為滿洲國的首都車站，有如玄關大門，一直到二戰後依然持續使用。但是到了一九九二年（平成四年），長春車站遭到拆除，改建為高樓層站體結構，因此長春車站是滿洲五大車站中唯一沒有保存下來的車站建築。

伊藤博文暗殺現場（哈爾濱站）

明治四十二年（一九〇九年）十月二十六日，擔任樞密院議長的伊藤博文（前韓國統監）為了與俄國財政大臣進行非正式對談，而前往了哈爾濱。他搭乘特別列車沿著俄國營運的東清鐵路抵達哈爾濱站，才剛下車走到月臺，正在接受俄方的歡迎時，突然被人連開三槍，當場斃命。

站方後來在月臺上的暗殺地點，設置了一塊鑲嵌式的標示板，上頭寫著「伊藤公遭難地點」，周圍以高度及腰的圍籬圍起，讓所有造訪哈爾濱站的旅客都能看見。到了昭和十年（一九三五年），蘇聯將東清鐵路賣給滿洲國，滿鐵掌握了哈爾濱車站的管理權，旋即在月臺上的遭難地點設置祭壇，舉行了神道式的接收報告式。車站內另設置伊藤的銅像，向世人宣告這裡就是曾當過第一任內閣總理大臣的明治時代元勛，慘遭槍擊而斃命之地。

然而以上只是日本方面的觀點。在二次大戰後的中國，幾乎沒有人記得有個叫伊藤博文的日本政要，在哈爾濱車站遭到暗殺。旅行作家宮脇俊三在昭和六十二年（一九八七年）前往哈爾濱車站遊覽時，臨時向當地國營旅行社安排的日語導遊，要求參觀暗殺事件的現場，得到的回答是「我不知道有這件事，從來沒學過」（引自《中國火車旅行》，角川書店，一九八八年）。

後來或許是提出相同要求的日本、韓國觀光客愈來愈多的關係，站方在一號月臺上的伊藤中彈地點，以及凶手安重根開槍地點，分別嵌入顏色與形狀都不同於周圍的基石。二〇一四年（平成二十六年），將安重根視為英雄的韓國政府，向中國政府提出要求，中國同意將車站內的貴賓室，改建為安重根義士紀念館。月臺上的現場基石也翻新了，另有一塊寫著「安重根擊斃伊藤博文事件發生地 1909・10・26」的巨大看板，自月臺天花板垂吊下來，從貴賓室也可以看得一清二楚，讓更多世人得知這裡就是暗殺事件的現場。

● 圖4-14-3　當時的風景明信片。上頭題字的直譯為「深仇大恨張作霖氏遭炸死處，正通過滿鐵快速列車」。

● 圖4-14-4　當時的風景明信片。照片中為事發後不久的現場景象。

張作霖遭炸死現場（奉天）

昭和三年（一九二八年）六月四日清晨，奉天軍閥首領張作霖所乘坐的特別列車，經過皇姑屯（奉天附近）的滿鐵連長線（現在的中國國鐵京哈線）立體交匯處，列車突然爆炸燃燒，張作霖不久後便傷重不治。當時日本方面稱這起事件為「滿洲某重大事件」，初期外界多以為是蔣介石率領的國民黨軍派人暗算，後來才知道實際的幕後主使者，是關東軍的河本大作上校。因張作霖多方鼓吹民眾發起抗日運動，早已被關東軍視為眼中釘。張作霖的繼承人張學良得知父親遭日軍殺害後，更加積極推動抗日運動。

事發現場位在紅磚建築的奉天車站以北約二公里處。若從奉天搭乘往長春方向的列車，出發後不久便會從左側車窗，看到有另一條鐵路從下方的橋梁底下穿過，形成立體交匯，該處就是事發現場。

事件發生之後，市面上出現各式各樣的風景明信片，照片中的風景多是遭炸毀的貴賓車廂，或是復原後的現場景象，還附上哀悼張作霖之死的英、日語標語。這些風景明信片被當成了旅遊的伴手禮販賣，彷彿把事發現場當成了觀光景點。這是因為當時日本並沒有公布「日軍才是真凶」這個事實，否則的話，日本應該不會任由當地民眾擅自拍照，及製作那些風景明信片。就跟伊藤博文暗殺現場一樣，這起事件的舞臺在二戰後幾乎遭到遺忘。直到一九九〇年代中期為止，該地點只有一座簡單樸素的石碑，靜靜地佇立在立體交匯處的鐵路旁，上頭布滿了灰塵。到了一九九七年（平成九年），瀋陽市政府換了另一塊稍微氣派一點的石碑。若從瀋陽站（從前的奉天站）搭乘列車前往瀋陽北站，能有極短暫的時間看見石碑出現在車窗的左下角。

齊齊哈爾的兩種同名車站

齊齊哈爾是黑龍江省最大的城塞都市，從清朝時期就開始發展。這座城市並沒有鄰近市區的幹線鐵路轉運站，只有各種管理單位截然不同的鐵路，形成錯綜複雜的鐵路網，各自行駛著專屬的載客列車。其中包含東清鐵路（這個時期稱為中東鐵路，後來又更名為北滿鐵路）、由中國向日本借款興建的奉天省營洮昂鐵路、奉天省及黑龍江省等數個單位共同出資的齊克鐵路（後來兩線合併為滿洲國鐵平齊線。即現在的中國國鐵平齊線），以及由當地人出資、通過齊齊哈爾城內齊昂輕便鐵路。

曾經有一段時期，這些鐵路上都有一站稱作「齊齊哈爾」，或是把最靠近齊齊哈爾市區的站名稱作「昂昂溪」。因為站名相同的關係，往往令不熟悉當地環境的旅客一頭霧水。在現代的日本，也有像JR東日本鶴見線與南武線的濱川崎站，站名相同卻相隔兩地的例子。但齊齊哈爾的「昂昂溪站」最遠相距五公里，「齊齊哈爾站」最遠更相距三十公里以上，並不像日本的「濱川崎站」，只要走路就可以抵達另一站。為了避免旅客在北方邊境城市陷入搭錯車，或沒搭上車的窘境，昭和八年（一九三三年）版的《旅程與費用概算》還特地刊載了簡易路線圖，解釋當地情況。以下將以該年版《旅程與費用概算》內容及圖4-14-5的簡易路線圖，詳細說明在當地換車的方法。

「昂昂溪站」共有三處，其中歷史最長、規模最大的是東清鐵路上的「昂昂溪站」。麻煩的是這一站是距離齊齊哈爾市區最近，且歷史最悠久的幹線車站，因此又有「齊齊哈爾站」的別稱。而且雖說是幹線上最近車站，與齊齊哈爾市區的距離卻超過二十公里，若要前往齊齊哈爾市區，下車後必須前往約一百公尺遠的齊昂輕便鐵路「昂昂溪站」，轉搭輕便鐵路的列車進入市區。大約要花一個半小時的時間，輕便鐵路的列車才能抵達市區，而且終點站也叫「齊齊哈爾站」。

另一方面，若從滿鐵滿洲本線（即連長線。現在的中國國鐵京哈線）的四平街（現稱四平）沿四洮鐵路（現在的中國國鐵平齊線）北上，在終點洮南便能銜接往北延伸的洮昂鐵路，而洮昂鐵路的最後一站同樣是「昂昂溪」。這座車站位在一個小村莊內，距離東清鐵路的昂昂溪站約五公里。車站周圍是一大片荒野，什麼也沒有。這條鐵路開通於大正十五年（一九二六年），終點站會設在這麼偏僻的地方，是因為若要往北繼續朝齊齊哈爾市區靠近，勢必得與東清鐵路建立起立體交匯結構，這項技術在當時並不容易達成。因為這個緣故，乘客若在洮昂鐵路的終點站「昂昂溪」下車，必須在車站前轉搭汽車或馬車，前往東清鐵路的昂昂溪站，再從該處搭乘輕便鐵路前往齊齊哈爾市區。

到了昭和三年（一九二八年），齊克鐵路以這個荒野上的昂昂溪站為起點繼續往北，跨越了東

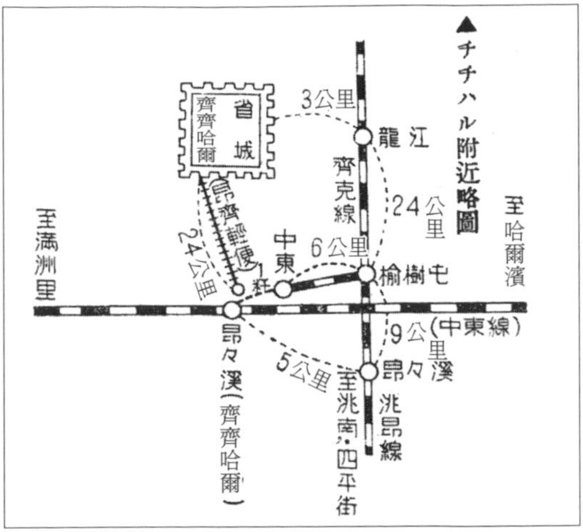

● 圖4-14-15　昭和八年版《旅程與費用概算》中的「齊齊哈爾附近略圖」。隨處可見以「昂昂溪」及「齊齊哈爾」為名的地區或車站。圖中的「龍江」即為現在的齊齊哈爾站。

清鐵路。如此一來，這個昂昂溪站成了對前往齊齊哈爾市區的旅客，毫無用處的車站。此站以北約三十公里的龍江站，反而成了距離齊齊哈爾市區最近的車站，距離僅三公里。然而這個容易令人混淆的「昂昂溪站」，依然維持這個站名將近五年的時間。直到納入滿洲國鐵之後的昭和八年（一九三三年）八月，才改名為三間房站並沿用到現在。

在洮昂鐵路的昂昂溪站改名為三間房站的同一天，龍江站也改了站名。新站名竟然又叫「齊齊哈爾」。由於這個新的「齊齊哈爾站」比別稱「齊齊哈爾站」的東清鐵路昂昂溪站距離市區更近，因此即使到了二十一世紀的現代，這一站依然是中國國鐵的齊齊哈爾站。不過，由於齊昂輕便鐵路的終點站也叫齊齊哈爾站，因此在這條輕便鐵路廢線的昭和十一年（一九三六年）之前，約有三年的時間同時有兩個名叫齊齊哈爾的車站。若再加上依慣例常被稱為齊齊哈爾站的東清鐵路昂昂溪站，總共就有三個齊齊哈爾站，不難想像當時的旅客一定常被搞得暈頭轉向。

複雜的問題還不止以上這些。在齊克鐵路跨越了東清鐵路的北方不遠處，有一站名為榆樹屯站。從這一站又有另一條支線鐵路分岔出去，即後來的滿洲國鐵榆樹線。這是一條非常短的地方性支線鐵路，於昭和四年（一九二九年）開通，總長只有五公里，終點中東站與東清鐵路的昂昂溪站只有一公里的距離。由於東西向的東清鐵路，與南北向的齊克鐵路，在相交處並沒有設置轉運站。因此自從有了這條支線鐵路之後，想要在東清鐵路與齊克鐵路之間換車的旅客，大多會選擇在東清鐵路昂昂溪站，與支線鐵路中東站之間搭乘馬車移動。換句話說，原本可作為與東清鐵路轉運站的洮昂鐵路昂昂溪站，在這條支線鐵路登場後，完全失去了作為轉運站的價值。

因為這樣的緣故，這條支線鐵路的終點中東站竟也改名為「昂昂溪站」。正確的改名時間難以考證，但昭和八年（一九三三年）版《旅程與費用概算》（原則上應是依據昭和七年（一九三二年）四月之前的資訊）中依然稱這一站為「中東站」。但是到了昭和八年（一九三三年）三月一日，這條支線鐵路委由滿鐵負責經營時，中東站已變成了昂昂溪站。因此改名時間應在昭和七年（一九三二年）春天，到昭和八年（一九三三年）二月底這段期間。洮昂鐵路的昂昂溪站是在昭和八年（一九三三年）八月才改名為三間房站，因此在這「短則五個半月、長則將近一年半」的期間裡，東清鐵路、洮昂鐵路（滿鐵平齊線）、齊昂輕便鐵路、齊克鐵路支線（滿鐵榆樹線）這四條鐵路竟分別都有一站名為「昂昂溪」。

到了昭和九年（一九三四年）十二月，納入滿洲國鐵的支線鐵路（更名為榆樹線）終點站昂昂溪（原名中東）又更名為「東昂昂溪」。其後這個車站依然是東清鐵路與滿鐵平齊線（即原本的齊克鐵路）之間，藉由馬車互相接駁的重要轉運站。其後到了昭和十一年（一九三六年）八月，榆樹線繼續往前延伸，直接銜接東清鐵路的昂昂溪站（滿洲國在前一年收購東清鐵路，這個路段更名為滿鐵濱洲線），榆樹線的東昂昂溪站也跟著廢站。幾乎就在同一時期，齊昂輕便鐵路也廢線了。自此之後，終於「昂昂溪」僅剩一站（位於滿鐵濱洲線上），「齊齊哈爾」也僅剩一站（位於滿鐵平齊線上）。

老實說雖然筆者根據簡單路線圖，自行整理出了以上的來龍去脈，但要正確理解齊齊哈爾站與昂昂溪站的混亂局面與變遷過程，實在不是件容易的事。主要的原因之一，就在於這些鐵路路線分屬於不同單位管理，而且相互之間的利害關係並不一致。藉由這個實例，我們也得到機會深入思考站名背後所代表的意義。

柳條湖事件現場（奉天）

昭和六年（一九三一年）九月十八日夜晚，奉天車站以北約七・八公里處的柳條湖附近，滿鐵連長線的鐵軌遭人炸毀。關東軍指稱這是張學良所率領的中國東北軍所犯下的惡行，但實際上

● 圖4-14-6　關東軍設置於柳條湖事發現場的標柱及紀念碑（資料提供：高木宏之）。紀念碑底座，及背後看板上皆寫著「爆破地點」。

是關東軍為了誣陷中國軍隊，而自導自演的一場陰謀。柳條湖事件一發生，關東軍立即對全滿洲發動侵略，日本人習慣將這一連串軍事行動稱為「滿洲事變」，而中方則大多稱為「瀋陽事變」或「九一八事變」。

柳條湖事件之後，關東軍在爆炸地點的鐵軌旁豎立了一座標柱，上頭以漢字書寫「昭和六年九月十八日支那兵線路爆破地點」。接著到了昭和十三年（一九三八年），關東軍又在距離鐵軌稍遠處整理出一片空地，設置了一座紀念碑，底座上刻著「爆破地點」四個字。紀念碑的背後又放置四面大型看板，上頭同樣寫著「爆破地點」四個大字。從奉天搭乘北行列車的時候，只要望向右側車窗，任何人都會得知這裡就是事發現場。昭和十三年（一九三八年）由滿鐵發行的

《簡易滿洲導覽記》（簡易滿洲案內記）上，也提到了搭乘列車離開奉天時，車窗外可看見鐵軌旁矗立著「柳條湖爆破紀念碑」。

第二次世界大戰結束後，日本成為戰敗國，當地中國人於是將標柱與紀念碑推倒。高達兩公尺的紀念碑，就以倒塌的狀態長年遭到擱置不理。其後鐵軌旁建起了「九一八歷史博物館」，紀念碑在館外空地上，同樣維持著倒橫的狀態，以「炸彈碑」的名義對外展示。在一九九〇年代之前，只要搭乘列車，就可以從車窗看見這座倒橫放置的紀念碑。但後來博物館向外擴張，並在鐵軌旁建起了高聳的圍牆，如今從列車車窗已幾乎不可能看見紀念碑。

5 CH

樺太的鐵路旅行

設置於北緯五十度的日俄國境石標。左方為朝向日本的面，右方為朝向俄國（蘇聯）的面（摘自《樺太的鐵道旅行導覽》〔樺太の鉄道旅行案内〕）。

樺太的鐵路概況

沿著島嶼的東西兩側海岸北上的列車

樺太（庫頁島）是唯一受日本統治之前，完全沒有鐵路的「外地」。[1]而且自大正時期起，日本國內的基本法制就對樺太與「內地」一視同仁。換句話說，日本在第二次世界大戰結束之前，樺太領土在編制上完全屬於內地，所以樺太上的官營鐵路也跟日本本地的國有鐵路一樣，是由鐵道省負責營運，這點亦與其它外地迥然不同。

樺太的第一條鐵路，是在日俄戰爭結束後不久的明治三十九年（一九〇六年）所鋪築的軍用輕軌鐵路（大泊到豐原），軌寬僅六〇〇公釐。明治四十年（一九〇七年），日本在樺太設置樺太廳，這條軍用鐵路改由樺太廳鐵道（簡稱「廳鐵」）負責管理。明治四十三年（一九一〇年），廳鐵將軌道寬度修改為一〇六七公釐，與日本本地鐵路相同。其後這條鐵路繼續往北鋪築，在明治四十四年（一九一一年）到達東海岸線上的榮濱，因此稱為泊榮線（後來更名為東海

1 譯注：「樺太」是日本對庫頁島（或音譯為薩哈林島，Sakhalin）的稱呼，唯本書中所稱的「樺太」主要指日本在日俄戰爭後依據《樸茨茅斯條約》所取得的北緯五十度線以南區域。

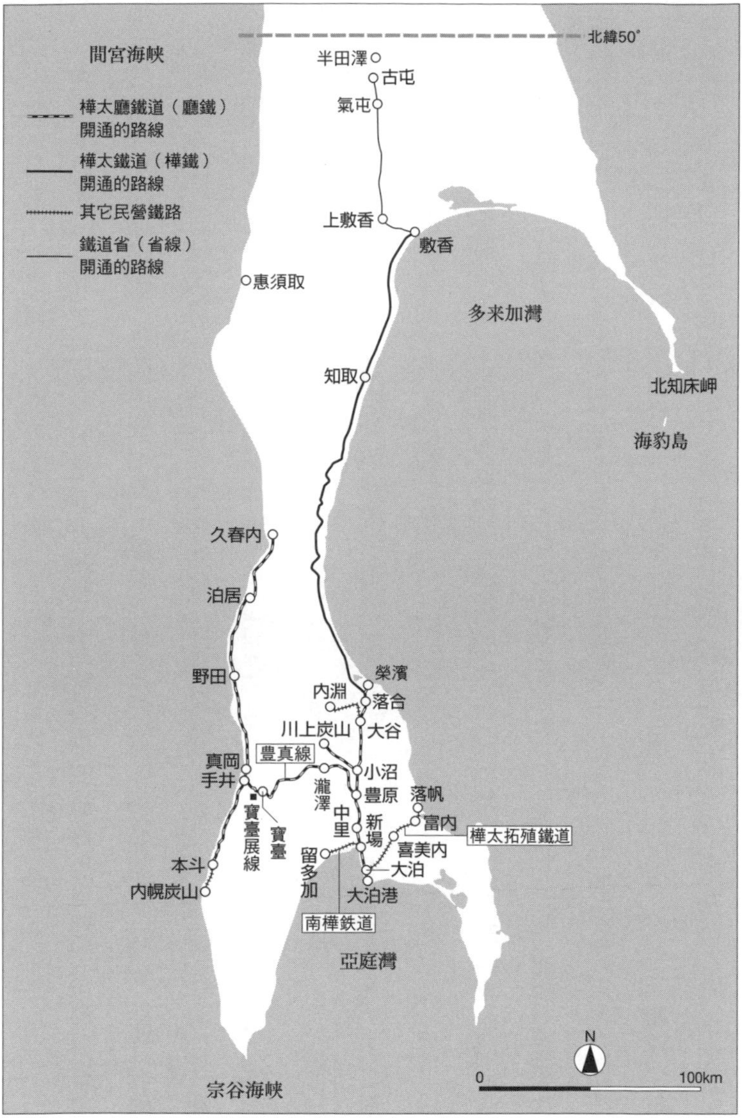

● 圖5-1-1　日本統治時期的樺太鐵路路線圖。

岸線）。從途中的小沼又鋪築了另一條鐵路，通往內陸地區的川上炭山，稱為川上線，於大正十一年（一九二二年）開通。

大正十二年（一九二三年），鐵道省開設了直營的稚泊航線，連結泊榮線與日本本地的省線。進入昭和時期之後，稚內與大泊都將鐵路延伸至碼頭邊，方便旅客在車、船之間轉換。

另一方面，島嶼西海岸的本斗到野田路線也陸續在大正九年（一九二〇年）至十年（一九二一年）之間開通。昭和三年（一九二八年）開通的豐真線（豐原到手井），將這條路線與東海岸的泊榮線連結在一起，從此東西海岸的列車可以直通運行。

朝著北緯五十度方向繼續延伸的路線，則以民營鐵路為主。樺太南部最大的民營鐵路公司稱為樺太鐵道（簡稱「樺鐵」）。昭和二年（一九二七年），樺鐵所鋪築的路線開通，以廳鐵東海岸線的落合為起點，並以知取（昭和十六年〔一九四一年〕以前的讀音為「しりとり」〔Shiritori〕，之後讀音變更為「しるとる」〔Shirutoru〕）為終點。其後路線繼續往北延伸，在昭和十一年（一九三六年）到達敷香（站名讀音為「しくか」〔Shikuka〕，但城鎮名讀音為「しすか」〔Shisuka〕），路線總長達到二四五・五公里。初期是一條產業鐵路，專門運送製紙工業用的紙漿，由在落合及知取擁有製紙工廠的富士製紙公司，負擔資本的五十五%，剩下的資本則是由王子製紙公司及樺太工業公司等企業負擔。但由於這條鐵路亦可作為通往國境附近的軍事鐵路，因此獲得了樺太廳的財政補助。自昭和八年（一九三三年）起，與廳鐵之間開始實施列車的直通運行。到了昭和十六年（一九四一年），樺太廳收購樺鐵，並增設了大泊港、豐原開往敷香方向的直通列車。落合到榮濱間的路段被排除在主線之外，從此淪為支線地位。昭和十八年（一九四三年），日本的鐵道省接管廳鐵，將這條路線（包含舊樺鐵區間及榮濱支線）改名為樺太東線。

另外，還有一條由製紙公司出資建設的民營鐵路，由新場通往留多加，全長十八・六公里，稱為南樺鐵路。開通於大正十五年（一九二六年），比樺鐵更早。初期是由王子製紙公司為了輸送木材而鋪築，但開通後也提供載客服務。

除此之外，各地還有一些以輸送煤為目的的民營鐵路或礦山鐵路，其中部分路線也提供載客服務，甚至在日本本地的市售時刻表上，也能查到班次時刻。例如：東海岸有樺太人造石油內淵鐵路（大谷到內淵。後改名為帝國燃料興業內淵線），西海岸則有內幌炭礦鐵路（本斗到內幌炭山。後陸續改名為南樺太炭礦鐵路、三菱石炭油化工業會社線、帝國燃料興業內幌線），這些鐵路都與日本本地的省線建立起了一票到底的「連帶運輸」制度。

另外，在大正十三年（一九二四年）至昭和四年（一九二九年）之間，還有一條軌寬七六二公釐的路面軌道，稱為大泊市街軌道。這條路面軌道以大泊站（原名榮町站）前為起點，路線貫

● 圖5-1-2　當時的風景明信片。標記為「樺太拓殖鐵路」。

穿市區，以楠溪町站前為終點，全長僅三・六公里，日本本地發行的時刻表上也找不到其班次時刻。行駛在這條路面軌道上的車輛並非「電車」，而是以汽油引擎為動力來源的汽油機關車。真岡市內另有一些軌道，也是使用像這樣的汽油機關車。此外，還有名為樺太拓殖鐵路（又名大泊輕便鐵路）的郊外木材搬運軌道，開通於大正末期。到了昭和三年（一九二八年），大泊到喜美內間的二十五・五公里路段，開始使用蒸汽機關車及馬車實施載客服務。昭和十一年（一九三六年）開通的喜美內到富內間十九・二公里路段，也曾有一段時期實施了載客服務。

自東海岸線北方終點敷香繼續往北延伸的鐵路，是以開發森林資源及對蘇聯的軍事行動為目的。昭和十六年（一九四一年）到達上敷香，十八年（一九四三年）到達氣屯，十九年（一九四四年）到達古屯。但上敷香以北的延長部分屬於軍事機密，市售的時刻表上看不到這條路線。值得一提的是上敷香以北路段，是在樺太被編入內地之後才開通，因此嚴格來說並沒有被視為「外地鐵路」的時期。

學者對樺太鐵路的評價為「別說是跟本州相比，就連跟北海道、臺灣等地區相比，樺太鐵路的投入資本都較低，設備也較簡陋」（引自服部朗宏，〈樺太鐵路年代記～消失於歷史彼端的最北方國鐵線～〉《舊日本領的鐵道・100年的軌跡》〔樺太鉄道クロニクル～歴史の彼方に消えた最北の国鉄線～，旧日本領の鉄道・100年の軌跡〕，講談社，二〇一一年）。在樺太廳財政困難的草創時期，還曾經從朝鮮的民營鐵路，徵調報廢的鐵軌來重複利用。初期尚未使用能夠讓整輛列車同時停止的煞車裝置，而且煞車方式也沒有統一，因此曾經發生過加速的列車在急轉彎時，發生大規模脫軌翻覆意外的慘劇。行駛的列車大多是同時包含載貨車廂，與載客車廂的客貨混合列車，僅有一部分的列車屬於純載客列車，因此列車行駛速度一般都較為緩慢。

載客車廂及機關車有一部分為全新製造，但由於軌道寬度與日本本地相同，因此向鐵道省購來的中古車廂也不少。不過，日本本地的車廂無法直接在樺太的鐵路上使用，雖然鐵軌寬度相同，但廳鐵車廂的連結器，比日本本地車廂低了一八〇公釐（廳鐵為七〇〇公釐，日本本地為八

● 圖5-1-3　廳鐵的載客列車（上）與二等車廂內（下。皆摘自《樺太的鐵道旅行導覽》）。

八〇公釐）。這是因為樺太的鐵路車廂規格，採用的是北海道鐵路在大正時期之前的舊規格。北海道與本州之間的青函接駁船，可直接運送鐵路列車。因此為了讓列車能夠在本州與北海道之間直通運行，所以北海道在大正時期之後調高了連結器的高度。然而北海道與樺太之間的接駁船，無法直接運送鐵路列車，列車無法直通運行，因此統一規格的必要性較低。這造成了日本本地的車廂到了樺太，無法直接與樺太的其它車廂連結，因此大部分時候還是只能使用樺太自己的專用載客或載貨車廂。不過，從廳鐵車站繼續往北方延伸的樺鐵，採用的是連結器高度八八〇公釐的車廂，與日本本地相同。而且廳鐵本身也在昭和十八年（一九四三年）轉由鐵道省管理，因此到了昭和十九年（一九四四年），舊廳鐵車廂的連結器高度，也修改為與日本本地規格相同。

樺太的鐵路列車有一個特徵，那就是並沒有必須另外支付特別費用，才能乘坐的快速列車。為了改善載客的服務品質，樺太的鐵路管理單位有時會對車廂及設施進行改良，有時也會將客貨混合列車變更為載客專用列車，以避免在某一站的停留時間過長。但是「僅停靠上下車旅客較多的車站以節省時間」的快速列車制度，就算是以不須另行支付特別費用的形式，在樺太也幾乎不曾實施過。夜間列車也僅在第二次世界大戰末期，才出現了大泊港到敷香的一個來回班次，其它的所有班次都只行駛於白天。

樺太鐵路的另一個特徵，就是樺太廳所設定的基本票價相當高。以大泊港到豐原為例，由於原本只是軍用輕軌鐵路，早期的車廂都是無蓋的載貨車廂，只是為了載客而另外加上了帳篷式頂蓋而已，車站入口處及車票背面還寫著「不保障生命安全」的標語，但從起點到終點的全線乘車票價竟高達一日圓。當時若在日本本地搭乘相同距離的官營鐵路，三等車廂的票價僅在這個金額的一半以下。廳鐵成立之後，依據「地帶別票價制度」的規定，相同區間的三等票降價為八十錢。到了明治四十二年（一九〇九年），由於票價計算方式變更為英里制，該區間三等票又降為七十錢。而且對孩童乘客的票價優惠也愈來愈大方，到了大正三年（一九一四年），免費乘車的

●表5-1　廳鐵、省線及臺灣局線每英里三等車票價格比較表（摘自《鐵道PICTORIAL》昭和四十二年〔一九六七年〕五月號〔通卷第196號〕）。

	樺太廳鐵路	鐵道省線	臺灣總督府交通局線
50英里以下	4.0錢	2.5錢	2.5錢
50英里以上	3.4錢	2.1錢	
100英里以上	2.8錢	1.7錢	
200英里以上	2.3錢	1.4錢	
300英里以上	2.0錢	1.2～1.0錢	

※昭和二年（一九二七年）的載客票價。在昭和五年（一九三〇年）改採公尺制之前，日本國內鐵路距離皆以英里（哩）計算。

資格從原本僅限未滿四歲，另外再加上了國中、國小在學生不論年齡都可免費搭乘。

但在第一次世界大戰後，由於物價上漲的關係，票價在大正十年（一九二一年）調漲了一次，而且計算方式也從距離比例制（參閱七十三頁）變更為遠距離遞減制。雖然這項變革讓遠程的票價變得比較便宜，但是當時廳鐵的鐵路總長度本來就不長，因此遞減制對票價真正發揮降價的效果，是在昭和時期路線擴張之後。表5-1是以昭和二年（一九二七年）為基準，比較樺太廳鐵路、日本本地鐵道省線，及同為外地的臺灣總督府交通局鐵路（局線）的三等票價格差異。從此表可明顯看出搭乘距離愈短，廳鐵的票價相較於其它兩者就愈高。

而且樺鐵（昭和初期開始營運的樺太最大民營鐵路）所設定的載客票價，甚至比廳鐵的票價更高。因此，若搭乘由廳鐵直接進入樺鐵的直通列車，由於並非全線適用遠距離遞減制，而是將兩者的高昂票價直接相加，價錢會變得更加昂貴。必須等到昭和十六年（一九四一年）廳鐵收購樺鐵之後，這個對旅客相當不利的票價計算方式，才終於消失。

樺太 02

前往樺太的路徑

冬天要橫渡海象險惡的宗谷海峽

對於從北海道要搭船前往樺太的旅客而言，最方便的交通工具莫過於大正十二年（一九二三年）開設的稚泊接駁船（稚內到大泊）。宗谷本線在昭和三年（一九二八年）延伸至稚內港（現稱稚內），昭和十三年（一九三八年）更延伸至稚內碼頭，旅客一下列車就可以搭上接駁船，到了大泊港，又可以直接在碼頭上的車站轉搭列車。昭和十五年（一九四〇年）十月，鐵道省修改列車班次時刻之後，從函館發車的夜間快速列車，可銜接每天早上八點五十分，從稚內碼頭出發前往大泊港的接駁船。

這班快速列車上，有不少旅客是由上野或大阪出發，轉乘青函接駁船後，銜接上這班列車。只要搭乘晚上七點由上野出發（或是上午十點由大阪出發），開往青森方向的快速列車，兩天後的下午四點五十分就能抵達大泊港。從稚內碼頭到大泊港的航行時間為八小時。從航線開設初期，就開始提供載客服務的壹岐丸號客貨兩用船，從船名推測應該是原本航行於關釜航線的船。但由於宗谷海峽到了冬季會結冰，因此後來加入航班的亞庭丸號及宗谷丸號，皆是採用破冰船結構的船隻。

到了大正十三年（一九二四年），北日本汽船在樺太廳的要求之下，開設了由稚內到本斗的命令航線（參閱五十九頁），命名為稚斗航線。若要前往樺太的西部，利用稚斗航線會比稚泊航線更加方便。稚斗航線的航行時間為七小時，比稚泊航線更短，可說是當時前往樺太的最短路徑。而且這條航線設有列車與接駁船的「連帶運輸」制度，從北海道或本州的各省線車站就能購買利用此航線，前往樺太各主要車站的直通車票。接駁船在本斗可銜接廳鐵西海岸線（後改名樺太西線）列車。

北日本汽船另有從小樽出發的連帶航線，航行時間為三天兩夜，沿途停靠真岡、野田、泊居、惠須取等樺太西部各港口。此外，也有從小樽出發，沿著樺太東部海岸線北上的「非連帶運輸」航線，同樣花三天兩夜的時間，沿途停靠榮濱、知取、敷香等樺太東部港口。

另外，還有很多從本州出發的長程航線，只是沒有記載在市售的時刻表上。太平洋側有大阪到惠須取的近海郵船（後改名日本郵船）航線，以及大阪到敷香的川崎汽船航線，途中會停靠橫濱、函館及小樽。日本海側則有北日本汽船航線，以富山縣的伏木為據點，途經滑川、魚津、新潟、小樽；以及北海郵船航線，從伏木出發，途經小樽。此外又有基於對本鄉伊吉郎個人的命令而誕生的航線，途經敦賀、伏木、船川（秋田縣）及小樽。這些都是在樺太廳的要求下，成立的命令航線，以樺太各地港口為目的地。

除了樺太廳的命令航線之外，也有遞信省的命令航線，由近海郵船負責運行，從函館、青森出發，途中只停靠小樽，可由本州免轉乘直達大泊及真岡（有些時期會停靠本斗、泊居、惠須取）。大約十天會有一個航班，從青森到大泊費時兩天一夜，到惠須取則須五天四夜。這也是連帶航

● 圖5-2-1　昭和二年（一九二七年）起加入稚泊航線的破冰船亞庭號（摘自《樺太的鐵道旅行導覽》）。

● 圖5-2-2　樺太南部的出入口：大泊車站（摘自當時的風景明信片）。

線，可在日本本地各省線車站購買直通車票。

值得一提的是日本與俄國（後來的蘇聯）是以北緯五十度線為國界，雙方在這條線上約十公尺寬的範圍內，砍除了原始森林樹木，設置國境石標。日本方面，通常會有國境警察隊駐紮於此地。從敷香之類的北部城市，亦有定期公車可前往國界，日蘇之間的包裹信件，皆是在這條國界上進行交換，但一般旅客很難從此處跨越國界，也沒有設置海關。昭和十三年（一九三八年）一月，女明星岡田嘉子與其男友，在大風雪之中跨越國界逃亡至蘇聯，震驚了日本社會。

樺太 03

在樺太旅行的技巧

必須以日俄站名對照表確認站名

樺太在昭和十八年（一九四三年）正式編入「內地」，從此不再屬於「外地」領土。光從這一點，便可以得知在所有外地之中，樺太是最像日本本地的外地。對鐵路旅行者而言也是一樣，雖然在編入日本本地之前，管理樺太鐵路的是廳鐵，而不是日本本地的鐵道省，但只要從北海道搭乘接駁船到了樺太，感覺就跟在日本本地搭乘省線鐵路沒什麼不同。

旅客前往樺太不須像前往朝鮮或滿洲一樣，接受海關檢查。樺太與日本本地也沒有時差問題，不須調整鐘錶時間。日幣也可以直接使用，不用兌換成其它貨幣。在日俄雙方簽訂《樸茨茅斯條約》之後，僅有極少數俄國人，及原住民選擇留在樺太南部，人口的絕大部分都是「內地人」。語言方面也不像其它外地一樣，有著一些在受日本統治前，所使用的當地語言。只要會說日語，在樺太就不會有語言上的隔閡。月臺上的站名標示牌，原則上也是使用漢字及平假名（有些車站會加注羅馬拼音）。

但在日本剛統治樺太的初期，許多地區都還沒有日本式的地名，例如：明治三十九年（一九

〇六年）日本剛在樺太鋪設第一條軍用輕軌鐵路的時候，便是以「コルサコフ」（Korusakofu，後來的大泊）站為起點，以「ウラジミロフカ」（Urajimirofuka，後來的豐原）站為終點，中間的所有站名也都是直接以片假名，將俄語地名音譯而成。直到明治四十四年（一九一一年），這些中間的站名才全部改為日本式的名稱。

這些日本式的地名（站名）與俄國統治時期的地名（站名）之間，往往發音既不相似，意義也天差地遠。在所有擁有載客鐵路網的日本外地之中，唯有樺太有著這樣的情況，這是因為在這些外地成為日本領土之前，唯有樺太是受非漢字圈國家（俄國）所統治。第二次世界大戰結束之後，樺太南部地區再度回歸蘇聯（後由俄羅斯繼承）的統治，即使到了二十一世紀的現在，這樣的問題還是存在，只是「從前的地名」跟「現在的地名」互換了立場。

四〇二頁至四〇三頁的表5-3，是樺太島內鐵路站名的日俄名稱對照表。現代樺太島的各站標示牌，原則上只使用俄國文字（西里爾字母，Cyrillic script），極少使用羅馬拼音文字，因此表格內也附上了俄語寫法。就算是完全不懂俄語的日本人，只要拿著此表比對當地標示牌上的西里爾字母形狀，就能同時查出俄語讀音，及日本統治時期的站名。日本式的站名雖然使用漢字，但讀音往往接近北海道地區的特殊讀音，與一般日本人所熟悉的讀音不同。從這個表上也能查到這些漢字站名的正確讀音。

前往Ноглики（Nohlyky）

北緯50度線

古屯	ことんkoton	Победино	Pobedino	
気屯	けとんketon	Смирных	Smirnykh	
亜屯	あとんaton	Ельники	Elniki	
千輪	ちりんchirin	Кошевой	Koshevoy	
保恵	ほえhoe	Буюклы	Buyukly	
初問	しょとい shotoi	Матросово	Matrosovo	
大木	おおきoki	Возвращение	Vozvrashcheniye	
—	—	Забайкалец	Zabaykalets	
—	—	353км.	353km	
上敷香	かみしくか kamishikuka	Леонидово	Leonidovo	
江須	えすesu	Олень	Olen	
中敷香	なかしくか nakashikuka	Ёлочки	Yolochki	(2)
		Вечеранская	Vecheranskaya	(2)
		Ясная Поляна	Yasnaya Polyana	(2)

（2）這三站中應該有一站與中敷香為同一地點。

樺太東線（大泊港到古屯）

敷香	しくかshikuka	Поронайск	Poronaysk	(3)

（3）如今車站地點已遷移，不再需要折返線。

床佐	とこさtokosa	—	—
内路	ないろnairo	Гастелло	Gastello
泊岸	とまりきしtomarikishi	Вахрушев	Vakhrushev
新問	にいといniitoi	Новое	Novoye
茂受	もうけmoke	—	—
大鵜取	おおうとるoutoru	Марково	Markovo
柵丹	さくたんsakutan	Туманово	Tumanovo
知取	しるとるshirutoru	Макаров	Makarov
遠古丹	えんこたんenkotan	Поречье	Porechye
東礼文	ひがしれぶんhigashirebun	Гребенская	Grebenskaya
幌内保	ほろないぽhoronaipo	—	—
北樫保	きたかしほkitakashiho	—	—
樫保	かしほkashiho	Заозерное	Zaozernoye
元泊	もとどまりmotodomari	Восточный	Vostochnyy
馬群潭	まぐんたんmaguntan	Пугачёво	Pugachovo
白石沢	しろいしざわshiroishizawa	Травяная	Travyanaya
蝦毛	えびけebike	Цапко	Tsapko
近幌	ちかほろchikahoro	Тихая	Tikhaya
真縫	まぬいmanui	Арсентьевка	Arsentyevka
白浦	しらうらshiraura	Взморье	Vzmorye
保呂	ほろhoro	Дудино	Dudino
真苫	まとまmatoma	—	—
小田寒	おださむodasamu	Фирсово	Firsovo
白浜	しらはまshirahama	—	—
冨浜	とみはまtomihama	—	—
相浜	あいはまaihama	Советское	Sovetskoye
白鳥湖	はくちょうこhakuchoko	—	—
新栄浜	しんさかえはまshinsakaehama	Ручьи	Ruchi

栄浜	さかえはまsakaehama	Стародубское	Starodubskoe

内淵	ないぶちnaibuchi	Быков	Bykov
—	—	21км.	21km
東内淵	ひがしないぶち higashinaibuchi	Углезаводск	Uglezavodsk
—	—	15км.	15km
黒川	くろかわ kurokawa	Покровка	Pokrovka

樺太人造石油内淵鐵道

川上線
川上炭山Синегорск（Sinegorsk）

南樺鐵道
前往留多加（Анива〔Aniva〕）

落合	おちあいochiai	Долинск	Dolinsk	
小谷	こたにkotani	Такое	Takoye	
大谷	おおたにotani	Сокол	Sokol	
深雪	みゆきmiyuki	Старорусское	Starorusskoye	
富岡	とみおかtomioka	Березняки	Berezniaki	
小沼	こぬまkonuma	Ново-Александровка	Novo-Aleksandrovka	
南小沼	みなみこぬまminamikonuma	—	—	
豊北	とよきたtoyokita	Луговое	Lugovoye	
北豊原	きたとよはらkitatoyohara	Нжно-Сахалинск грузовой	Nzhno-Sakhalinsk gruzovoy	
豊原	とよはらtoyohara	Южно-Сахалинск	Yuzhno-Sakhalinsk	
—	—	Пед. Институт	Ped. Institut	
大沢	おおさわosawa	Большая Елань	Bolshaya Yelan	
—	—	Октябрьский	Oktyabrskiy	
—	—	Сити Молл	Siti Moll	
清川	きよかわkiyokawa	Хомутово	Khomutovo	
豊南	とよなみtoyonami	Христофоровка	Khristoforovka	
中里	なかさとnakasato	Мицулевка	Mitsulevka	
新場	しんばshimba	Дачное	Dachnoye	
貝塚	かいづかkaizuka	Соловьевка	Solovyevka	
三ノ沢	さんのさわsannosawa	Третья Падь	Tretya Pad	
二ノ沢	にのさわninosawa	Вторая Падь	Vtoraya Pad	
一ノ沢	いちのさわichinosawa	Первая Падь	Pervaya Pad	
楠 町	なんけいちょうnankeicho	Старый вокзал	Staryy vokzal	
大泊	おおどまりodomari	Корсаков	Korsakov	
栄町	さかえまちsakaemachi	—	—	
—	—	Пристань	Pristan	(4)
—	—	Пять Углов	Pyat Uglov	(4)
大泊港	おおどまりみなとodomariminato	—	—	

（4）這兩站中應該有一站與榮町為同一地點。

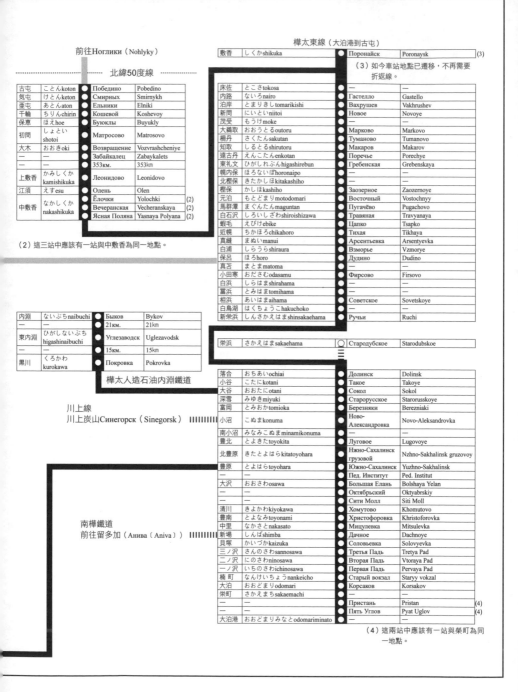

● 表5-3　日俄站名對照表

本對照表中的日語名稱為昭和二十年（一九四五年）時的站名，俄語名稱則為平成二十七年（二〇一五年）現代的站名。有些二戰前的車站如今已不存在，有些現代的車站則是在二戰後，才由蘇聯或俄羅斯所設立，不存在的車站會以「—」標示。此處僅列出現在還在運行中的路線。但豐真線的部分區間（奧鈴谷到77km第九距離標間）因寶臺展線隧道坍方之故，實際上已停止通行。

樺太西線（本斗到久春內）

久春內	くしゅんないkushunnai	Ильинск	Ilyinsk	
上久春內	かみくしゅんない kamikushunnai	Ильинск-Южный	Ilyinsk-Yuzhny	
樺太名寄	からふとなより karafutonayori	Пензенская	Penzenskaya	
苫虫	とまむしtomamushi	Старомаячная	Staromayachnaya	
—	—	Ост. п. 158км	（158km停留場）	
泊居	とまりおるtomarioru	Томари	Tomari	
杜門	ともんtomon	Урожайная	Urozhaynaya	
追手	おうてote	Новоселово	Novoselovo	
—	—	Ост. п. 130км	（130km停留場）	(1)
小岬	こみさきkomisaki	—		(1)
久良志	くらしkurashi	Байково	Baykovo	
野田	のだnoda	Чехов	Chekhov	
登富津	とふつtofutsu	Красноярская	Krasnoyarskaya	
仁多須	にたすnitasu	Слюдянская（102км）	Slyudyanskaya（120km）	
小能登呂	このとろkonotoro	Костромская	Kostromskaya	
—	—	93км.	93km	
羽母舞	はぼまいhabomai	Пионеры	Pionery	
藻白帆	もしらほmoshiraho	Садовники	Sadovniki	
—	—	81км. пк6	（81km第6距離標）	
蘭泊	らんとまりrantomari	Яблочная	Yablochnaya	
楽磨	らくまrakuma	Минеральная	Mineralnaya	
—	—	73км. пк10	（73km第10距離標）	
幌泊	ほろとまりhorotomari	Симаково	Simakovo	
北真岡	きたまおかkitamaoka	Холмск-Северный	Kholmsk-Severnyy	
真岡	まおかmaoka	Холмск	Kholmsk	
手井	ていtei	Холмск-Сортировочный	Kholmsk-Sortirovochnyy	
明牛	あけうしakeushi	Серные Источники	Sernyye Istochniki	
広地	ひろちhirochi	Правда	Pravda	
大穂泊	おほとまりohotomari	Зыряновская	Zyryanovskaya	
多蘭泊	たらんとまりtarantomari	Калинино	Kalinino	
知根平	ちねひらchinehira	Светлячк	Svetlyachk	
麻内	あさないasanai	Заветы Ильича	Zavety Ilicha	
阿幸	おこうoko	Ясноморский	Yasnomorskiy	
遠節	とおぶしtobushi	Ловецкая	Lovetskaya	
本斗	ほんとhonto	Невельск	Nevelsk	

（1）「小岬」與「130km停留場」有可能是同一地點。

真久線（未成線）
〔現・北部橫斷線、1971年開通〕

內幌炭礦鐵道
前往內幌炭山（Шахта〔Shakhta〕）

俄語的正式站名多會加上「Сахалинское」（Sakhalinskoye）、「Сахалинск」（Sakhalinsk）之類的形容詞，意思是「薩哈林（樺太）的」。例如：「Леонидово」（上敷香）的正式站名為「Леонидово Сахалинское」（意思是「樺太的上敷香」）。但後面的形容詞即使是在當地也經常被省略，因此本表僅使用省略後的站名（唯一例外為「Южно-Сахалинск」）。

豐真線（豐原到手井）

	—	79км. пк9	（79km第9距離標）
池ノ端	いけのはたikenohata	Николайчук	Nikolaychuk
—	—	77км. пк9	（77km第9距離標）
宝台	たからだいtakaradai	Камышево	Kamyshevo
二股	ふたまたfutamata	Чапланово	Chaplanovo
逢坂	おうさかosaka	Пятиречье	Pyatirechye
清水	しみずshimizu	Чистоводное	Chistovodnoye
中野	なかのnakano	Ожидаево	Ozhidayevo
滝ノ沢	たきのさわtakinosawa	Перевал	Pereval
奥鈴谷	おくすずやokusuzuya	Новодеревенская	Novoderevenskaya
—	—	16км.	16km
—	—	14км. пк9	（14km第2距離標）
鈴谷	すずやsuzuya	Курская	Kurskaya
西久保	にしくぼnishikubo	Дальнее	Dalneye

樺太廳設置在豐原，這裡有不少西式及日式旅館，其它主要都市也有為數不少的日式旅館。若是地方性的小城鎮，旅館大多集中在車站前方。翻開《旅程與費用概算》內的樺太各都市解說章節，便能查到許多距離車站一百公尺內的站前旅館。

市售的《鐵路時刻表》上，日本本地省線章節會在「販賣鐵路便當」的主要車站，標注特殊的符號，但樺太鐵路的章節就跟其它外地鐵路一樣，完全看不到這樣的符號。這種在時刻表上與其它外地一視同仁的立場，即使

●圖5-3　在月臺上販賣俄式麵包的俄國人（上下皆摘自《日本地理大系第十卷・北海道、樺太篇》）。

到了昭和十八年（一九四三年），樺太編入日本本地後，依然沒有改變（事實上到了日軍節節敗退的第二次世界大戰後期，即使標注著「販賣鐵路便當」符號的車站，也不見得有鐵路便當可買，但這是另一回事）。就跟其它外地一樣，樺太的各車站附近，也有便當業者自行製作便當，在車站的月臺上或候車室內兜售。

樺太的鐵路車站常有人兜售一種特殊的商品，就是俄式麵包。在廳鐵東海岸線的新場、中里、小沼等一部分的車站月臺上，常出現一些在日本統治樺太南部之後，依然沒有退至樺太北部或俄國本土的俄國人，四處向旅客兜售俄式麵包及牛奶，嘴裡不停以生澀的日語喊著「麵包、牛奶」、「麵包、麵包、俄式麵包」或「露助麵包、露助麵包」等語。其中的「露助」一詞發音為「ロスケ」（Rosuke），在現代人的觀念裡，是對俄國人的一種蔑稱。但事實上「露助」一詞源自於俄語的「**русский**」，意思是「俄國人的」，在當時輕蔑的語意並不濃。樺太的俄國人會向日本人使用「露助麵包」的字眼，意思是「俄國人製作的道地俄式麵包」。在日俄戰爭後的明治末期，到俄國革命的大正中期，俄式麵包自俄國傳入日本，相當受日本內地孩童歡迎。

樺太島內的觀光旺季為涼爽的夏季，廳鐵會在這個季節於大泊港、豐原、本斗、真岡等各站，發售十二天有效的優惠迴遊券（二等及三等票為鐵路七折、公車線八折）。平時可利用的優惠除了學生票之外，由於樺太屬於鼓勵開拓地區，日本本地若是以「移民」為目的，前往樺太的乘客，還可享有單程三等車票費用全免的特別優惠制度。

以鐵路旅行者為對象的優惠制度，除了票價上的折扣之外，與海豹島之間的船運接駁，也是一例。只要從樺鐵（樺太東線）終點站敷香，沿著海岸線往東前進，到達最尾端的北知床岬，其外海處有一座名為海豹島的島嶼，生存著大量毛皮海豹（海狗）及海鴉。雖然每到夏季都有定期船運將遊客送往海豹島，但班次非常少，平均一個月只有一班。為了方便觀光客前往海豹島，樺鐵在敷香車站設有船隻包租服務，觀光客可自由提出申請。

在明治八年（一八七五年）日本與俄國簽訂《樺太、千島交換條約》之前，樺太島曾經是日本人及俄國人，皆可自由居住之地。當時日本人與俄國人經常發生衝突，治安狀況不佳。但在簽訂了《樸茨茅斯條約》之後，樺太島南部成為日本領土，大部分俄國人都離開了，治安的問題也獲得改善。

樺太的鐵路景點

擁有壯觀展線的極北鐵路

以壯觀的展線跨越山嶺的豐真線

豐真線以樺太廳所在地豐原為起點，以西海岸的真岡為終點，橫貫樺太南部地區。這條鐵路是連結樺太山脈東西兩側的唯一路徑，更是樺太最著名的山區鐵路。

列車在離開豐原後，會從朝著北方前進的東海岸線分岔出來，在行駛了大約十公里後便會進入山岳地帶。在過了奧鈴谷之後，短短十三・四公里的區間裡竟有八個隧道，沿途景色讓人感覺「宛如在箱根旅行」（引自《樺太的鐵道旅行導覽》，樺太廳鐵道事務所，一九二八年）。穿過了這些隧道之後，便會抵達標高四〇七公尺的瀧澤，這裡是樺太最高地點。《樺太的鐵道旅行導覽》對此地的遠眺景色讚譽有加，形容為「西有中央山脈高嶺迫於眼前，東有鈴谷平原遠景盡收眼底，其景色之雄偉壯闊為筆墨難以盡言」、「仰望則見中央山脈高嶺之蒼鬱密林，自西方撲面而來，俯瞰則見鈴谷平原之雲煙，濛濛於東方掠過山巔，遠離紅塵俗世，身心共得清滌之感」。

列車到了此處，會先經過一段下坡，接著爬上第二座山嶺。離開寶臺後，穿過兩座隧道，便進入了豐真線最著名的景點「寶臺展線」。[2]此處的展線總長一千六百四十三公尺，高低差三十六公尺，路線交錯地點設置高架陸橋。在通過一座隧道後，上方的線路與下方的線路，以不同的高度互相對望，這是日本本地省線的展線所沒有的特徵。

這種列車在高架陸橋上跨越下方鐵軌的螺旋狀景觀，使此地成為樺太屈指可數的著名觀光景點。樺太的旅行導覽手冊，以及當作伴手禮用的當地風景明信片，都經常使用這條展線的照片。在豐真線與西海岸線交會的手井站月臺上，有一座名勝導覽標示牌，上頭推薦給觀光客的景點除了這條展線之外，還有手井蓄水池。

靠近北緯五十度線的日本最北端車站

若撇除日本僅擁有鐵路營運權益的滿洲鐵路，樺太的鐵路是位於日本最北端的「大日本帝國領土內鐵路」。而樺太鐵路中位在最北方的車站（礦山鐵路之類的專用路線不算在內），是樺太東線的終點站：古屯站。此地距離與蘇聯（現在的俄羅斯）交界的北緯五十度線僅十七公里。

2 譯注：展線是為了減緩坡度而故意繞行的環狀路線。

● 圖5-4　寶臺展線（摘自當時的風景明信片。資料提供：服部朗宏）。

但是在日本本地所販售《鐵路時刻表》上找不到這一站。這是因為樺太東線雖然在敷香之後，繼續以折返線的形式往北延伸，但這個區間是基於對蘇聯的軍事行動上的必要性而建設。昭和十八年（一九四三年）從上敷香開通至氣屯，隔年（一九四四年）又開通至古屯，但從上敷香往北的運輸業務，皆屬於軍事機密。即便這個區間在當時已有運輸活動，但一般旅客能否自由上下車，如今已難以求證。

因此，若以時刻表上的記載為準，當時日本最北端的車站為敷香站以北二十一・七公里處的廳鐵敷香線終點站：上敷香站。根據東亞旅行社發行、鐵道省編纂的《鐵路時刻表》昭和十七年（一九四二年）十一月號上的記載，每天有五班列車會從敷香開往這最北端的車站。

不過，國界附近也不是一直處於軍事緊張的狀態。從敷香到氣屯可搭乘開往國界方向的定期公車，而且敷香站、上敷香站，以及氣屯站都有旅館可以投宿。若從氣屯繼續往國界方向前進，在途中的半田澤，也可投宿在驛遞所。[3]而且據說從氣屯前往半田澤的途中，幌見峠附近的道路上，遠眺的景色非常漂亮。敷香到氣屯的公車每天有三班來回，單程所需時間為三小時五十分。氣屯到國界的公車則每天有一班來回，單程所需時間為一小時半。此外，也有從敷香直接開往國界的直達公車。

暱稱為「摩登列車」的快速列車

一直到昭和初期為止，在樺太的鐵路上運行的列車，以客貨混合列車為主。這種包含載貨車廂及載客車廂的列車，每次到站都必須進行車廂變換作業，或上下貨作業，因此停車時間非常長，加上鐵路設施較為簡陋，導致列車表定時速極低。例如：從大泊港到豐原的四十一・六公里區間（開通初期為約四十六公里），在軍用輕軌鐵路時期要花六小時，到了廳鐵創設初期要花四小時。後來這個區間有了捷徑路線，距離變得較短，但即使如此還是要花約二小時半。再加上班

3 譯注：提供旅客住宿及郵件運送服務的機構，主要設置於北海道之類的開拓地。

次少，作為都市交通系統實在不太方便。

但隨著稚泊接駁船的制度漸趨完善，豐原、大泊等主要都市，開始有了顯著的發展，廳鐵於是從昭和六年（一九三一年）開始在這個區間，實施密集班次制度（即增加列車班次、提升載客品質的服務）。行駛速度高於既有列車的「摩登列車」，就在這個時期登場。

車廂並非全新製造，而是以舊的三等車廂改造而成，但淘汰了過去坐起來很不舒服的橫式座位（**cross seat**，即乘客面對或背對列車前進方向的座位），改為採用現代都市的通勤電車較常見的毛織坐墊長椅。此外，為了讓站著的旅客能站得更穩，還在車廂內設置了吊環（這是廳鐵的車廂第一次出現吊環）。一輛列車只掛載三節車廂，而且與載貨列車完全分離，成為載客專用列車，從大泊港到豐原僅需一個多小時。由於相當受乘客歡迎，後來廳鐵決定增加改造車廂。

雖然「摩登列車」不是正式列車名稱，日本本地發行的時刻表上，也看不到這樣的稱呼，但樺太地區所發行的報紙《樺太日日新聞》上，關於調整鐵路班次時刻的新聞，曾在標題上使用「摩登列車」一詞。由於車廂內的長椅又有「平行座位」（**parallel seat**）之稱，或許屬於樺太地區少見的存在，所以這種列車又被稱作「平行列車」。

CH 6

南洋群島的鐵路旅行

塞班島上的南洋興發製糖工廠及甘蔗列車（摘自當時的風景明信片）。

不為人知的南洋群島鐵路

各地島嶼都有產業鐵路的蛛絲馬跡

在日本的所有外地之中，南洋群島是唯一只存在不以載客為主要目的的產業鐵路的區域。

由南洋廳所發行的《南洋群島要覽》昭和十年（一九三五年）版中，〈交通通信〉章的〈鐵道及諸車〉一節裡，有著以下這段描述：「南洋群島並無鋪設一般載客用的軌道及鐵路，僅有基於特殊輸送目的，而建設之專用鐵路。『安告爾島』（**Angaur**）有磷礦採掘事業用之官設鐵路，總長十二哩，『塞班島』及『天寧島』（**Tinian**）有南洋興發公司製糖原料搬運用之私設鐵路，總長九十三哩」。

但在美日開戰後的同書昭和十七年（一九四二年）版中，或許是認為產業鐵路相關資訊，亦屬軍事機密的關係，從〈交通〉一章將〈鐵道及諸車〉一節全文刪除。

昭和十年版中提到的「南洋興發公司」，在昭和十五年（一九四〇年）發行過《不斷發展的南興・南洋開拓與南洋興發株式會社的現況》（伸びゆく南興・南洋開拓と南洋興発株式会社の現況）一書，內文中亦提到「本公司在塞班、天寧、羅塔（**Rota**）三島上皆鋪設有甘蔗搬運用鐵

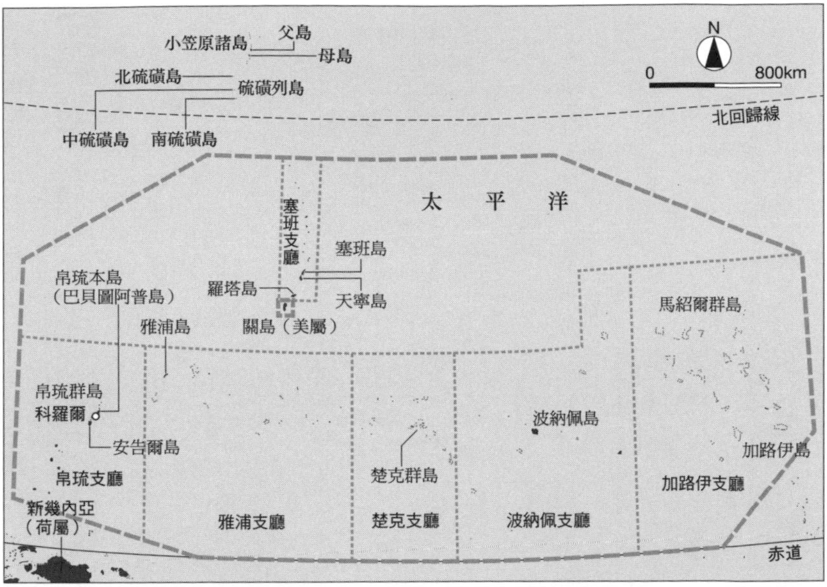

● 圖6-1　南洋群島全體圖

路，此外在波納佩（Pohnpei）、貝里琉（Peleliu）兩島上，鋪設有磷礦搬運用鐵路」。不過，接下來卻又寫著「鐵路哩數基於當局要求而省略」，連大致的情況也難以求證。

關於日本統治時期南洋群島上的鐵路，由於缺乏有系統的整體性紀錄文獻，只能從上述這些南洋群島的各種相關文獻資料中，找出有關鐵路的蛛絲馬跡。在整合了諸般線索之後，可以得知現在的美國自治邦北馬里亞納群島中，塞班島、天寧島（或譯提尼安島）及羅塔島這三島，及現在的帛琉共和國（Republic of Palau）的安告爾島、貝里琉島這兩島，及現在的密克羅尼西亞聯邦的澎貝島（日本統治時期稱為波納佩島），都曾經建有產業鐵路。但除了上述島嶼之外的其它島嶼，也可找到一些日本統治時期的鐵路遺跡，因此整個南洋群島上到底有多少產業鐵路，如今已難以正確掌握。

南洋群島的旅行導覽

當時的旅遊手冊也沒有任何記載

本書在前文曾多次引用二戰前發行的國內綜合旅遊導覽書籍《旅程與費用概算》，但在所有曾受日本統治的「外地」之中，本書唯一不曾提及南洋群島。

當然並非完全找不到旅遊手冊類書籍內，關於南洋群島的記述。例如：由南洋廳發行的《南洋群島要覽》，全書共二八八頁之中，包含了〈古蹟名勝〉一節（僅三頁），當中介紹了南洋群島受西班牙、德意志帝國等，歐美列強統治時期的各種殖民地史蹟，以及當地民族的傳統建築物等資訊（第二次世界大戰的戰場遺跡，如今也成為南洋群島的重要觀光資源，但日本統治時期當然不存在這些景點）。又如某位海外研究所所長，在昭和十四年（一九三九年）發行的《南洋群島導覽》（南洋群島案內）一書中，提到「塞班、天寧、羅塔、帛琉、楚克（Chuuk）、波納佩、加路伊（Jaluit）等各島上皆有完善的邦人旅館，住宿不成問題」，且關於住宿費用還記載著「一日三日圓、四日圓、五日圓不等，一般約三日圓」。[1]該書的書末還刊登著許多塞班、羅塔、帛琉等島上的邦人旅館的宣傳廣告。

但包含這本書在內，當時的旅行書籍及相關資料上的記述，主要內容皆是關於移居的介紹與說明，而非暫時性的觀光旅行。例如：專為觀光旅行目的而發行的《旅程與費用概算》，就對南洋群島隻字不提。由此可知在日本統治時期，前往南洋群島的人大多不是抱著遊山玩水的心態，而是賭上後半人生打算移居新天地。

出入境手續

雖然南洋群島只是受日本託管，主權並不屬於日本，但日本國民前往南洋群島，並不需要護照，就跟在日本本地旅行沒有差別。不過，日本本地人在南洋群島上登陸的十天之內，必須向該島的所轄支廳提出移居申請書。此外，提供日本本地到南洋群島航班的日本郵船公司，在昭和五年（一九三〇年）發行過一本名為《裏南洋航路》的乘船說明手冊，裡頭也提到「（雖然不需要護照）但為了方便登陸後的手續，建議先準備好戶籍謄本」。

1 譯注：邦人旅館為日本人開設的旅館。

路徑

由日本本地要前往南洋群島，可利用日本郵船負責運行的命令航線（參閱五十九頁）。依據鐵道省編纂的《鐵路時刻表》昭和九年（一九三四年）十二月號的記載，東迴線及東西聯絡線的運行船隻，分別為春日丸號與近江丸號。由神戶、門司（回程以停靠大阪，取代門司）、橫濱等港口前往塞班、帛琉、楚克、波納佩、科斯雷（Kosrae）、加路伊等各島，不論去程或回程，單程都需要三星期以上，兩條路線皆是以大約兩個月一班的頻率自內地出航。

除此之外，還有天城丸號及筑後丸號兩船，以半個月一班的頻率，由神戶、門司、橫濱出港，途經小笠原群島，前往塞班、天寧、羅塔等島（稱為「塞班線」）。還有橫濱丸號及山城丸號兩船，也以一個月兩班左右的頻率，由橫濱出港，直達塞班、天寧兩島，接著轉向西行，經帛琉、安告爾，前往荷屬西里伯島（Celebes，現為印尼的蘇拉威西島〔Sulawesi〕）的馬納多（Manado，或譯萬鴉老），以及美屬菲律賓南部的納卯（或譯達沃）（稱為「西迴線」）。從橫濱到塞班距離一千二百六十三海里（二千三百三十九公里），三等船艙的船票為二十九日圓，航行時間為五天。

後來又開設了由日本本地到南洋群島的飛行艇（水上飛機）航線。依據鐵道省編纂的《時刻表》昭和十五年（一九四〇年）十月號的記載，大日本航空公司每週有兩趟來回航班，由橫濱經塞班島至帛琉群島。早上六點從橫濱起飛，九小時後在塞班島降落，當地時間為下午四點（與日本本地有時差，詳情參閱四二二頁）。隔天早上六點從塞班島出發，下午三點抵達帛琉。機票的票價為從橫濱到塞班島二三五日圓，到帛琉三七五日圓。

從南洋群島前往其它國家的航線，除了前述的命令航線西迴線之外，還有從塞班島前往鄰近的美國殖民地關島（Guam），以及從帛琉前往外南洋的新幾內亞島（New Guinea）、帝汶島（Timor）的定期航班，出航頻率皆為一年十班左右。除此之外也有前往南太平洋新喀里多尼亞（New Caledonia）、東加（Tonga）、斐濟（Fiji）等島嶼的航線（引自前述《南洋群島導覽》）。

貨幣與匯兌

開始接受日本統治之後，南洋群島全區皆能使用日幣，與日本本地相同，不必兌換貨幣。前述《裏南洋航路》一書中特別提醒乘客「建議攜帶一百日圓以上」。

此外，在雅浦島（Yap）的部分地區基於島民傳統習俗，亦可使用以石頭、貝殼或俵袋製成的代用貨幣。

各地區間的交通往來

要在南洋群島之間移動，可利用南洋貿易公司負責運行的命令航線。根據《南洋群島導覽》的記載，昭和十四年（一九三九年）時的「群島內離島間航線」，包含每年十九班的馬里亞納群島（Mariana Islands）線、每年四班的雅浦、帛琉離島線、每年三班的波納佩離島線，以及每年七班的馬紹爾群島線。

該書中亦記載另有「環礁內航線」，在帛琉、楚克、波納佩、雅浦這四個區域的各島嶼間航行，每三天至少會有一班以上。不過，許多書籍文獻內也提到，由於各島嶼沿岸海面相當平穩，在近距離島嶼之間的移動，還是搭乘獨木舟比較方便。

旅行中的語言

各群島（或是同一群島內的各主要島嶼）皆有不同的傳統語言，並不存在「南洋語」之類的共通語言。由於語言不通會形成施政上的重大阻礙，因此日本在各地設置了許多學校，希望讓日語成為共通語言。加上來自日本本地的移居人口逐年增加，到了昭和十三年（一九三八年）已頗有改善，「今日全群島大部分地區已逐漸能以國（日）語溝通日常瑣事」（引自三平將晴《南洋群島移居導覽》〔南洋群島移住案內〕，大日本海外青年會，一九三八年）。此外，由於南洋群島自一八八一年（明治十四年）起，約有三十餘年的歲月受德國統治，在此之前也曾受西班牙統治，因此到了日本統治時期，有些島民會說德語或西班牙語，也看得懂羅馬拼音字母。

時差

南洋群島擁有獨自的標準時間，不同於日本本地的中央標準時間。日本本地的中央標準時間與雅浦島、帛琉群島的「南洋群島西部標準時間」一致。楚克群島、塞班島採用「南洋群島中部標準時間」，以東經一五〇度線為基準，比日本本地早了一小時。加路伊島、波納佩島則採用「南洋群島東部標準時間」，以東經一六五度線為基準，比日本本地早了兩小時。

值得一提的是當時的時差範圍區分，與現代頗有不同。原本時間與日本標準時間相同的雅浦島，二戰後變成比日本早了一小時，加路伊島與日本的時差更拉開為三小時。

氣候與服裝

大致上七至九月為雨季，一至三月為旱季，但四季變化不像日本內地那麼明顯，幾乎一年到頭都相當溫暖。雖然位在鄰近赤道的熱帶圈內，但由於各島嶼皆受海風吹拂，因此日夜溫差不大，不論任何島嶼都可以一整年穿著夏天的衣服。

旅行費用的優惠折扣

為了優惠想要從日本本地，移居南洋群島的開拓者，只要是舉家移居南洋群島，且向南洋廳承租開墾地的家庭，從日本本地搭乘日本郵船航班，可享有三等船票半價的折扣。但如果使用了此優惠制度，卻沒有在指定日期內移居當地，或是在移居一年內就遷離，抑或是從事了違反移居主旨的不同職業，日本郵船公司會追討當初的折扣金額。

另外，負責經營命令航線的日本郵船公司，在南洋群島內的離島間航線船運，設定了名為「甲板客」的票種，在等級上比頭等至三等更低，並沒有附加其它等級的船票所附的船內餐點，價格為三等票的一半左右。不過，只有南洋群島的各島島民，能購買這種廉價船票，「內地人」並不適用，類似在臺灣只有原住民族才能搭乘的專用車（參閱九十一頁以下內容），或是華中鐵路只賣給當地中國人的四等車票（參閱三四二頁以下內容）。

不分民族也不問搭乘目的的優惠制度，則有「裏南洋、比島回遊券」。[2]這是一種範圍相當

2 譯注：「比島」為菲律賓諸島之意。

廣大的周遊券，可利用連結納卯、馬納多等地的日本郵船南洋群島西迴線（參閱四一九頁），或是澳洲航線，在塞班島、帛琉群島等南洋群島各地、菲律賓各地，或是上海、香港等中國港口旅行，頭等票三九七日圓，三等票一一七日圓，有效期限為四個月（以昭和七年〔一九三二年〕四月的規定為準）。若單純搭乘西迴線從橫濱到納卯，單程三等票就要六十一日圓，比起原路來回，購買這種回遊券經上海等地，繞回日本本地更加便宜。此外，持有這種回遊券的旅客，可免費購買通往大阪、神戶、門司、橫濱等各港口的鐵路車票。

推薦路線

光從「裏南洋、比島回遊券」的有效期限長達四個月，就可看出當時搭乘船隻，前往南洋群島各地旅行，必須耗費相當長的時日，感覺上差不多相當於現代人搭船環遊世界。不可否認，也是南洋群島的觀光資訊，比其它外地少得多的主因之一。

不過，日本郵船於昭和七年（一九三二年）發行的介紹手冊《日本郵船裏南洋航路改正運費表（昭和七年四月基準）》中，有一段以線框起來的文字，標題為「裏南洋諸島早迴船旅」。從這段文字來看，日本郵船的塞班線（參閱四一九頁）被視為前往南洋群島旅遊的推薦路線。

「謹在此介紹只要半個多月，就能周遊裏南洋的船運旅行。本公司的裏南洋航線有東迴線、西迴線、東西聯絡線及塞班線共四線。其中若以東迴線、西迴線及東西聯絡線，進行周遊旅行，需要三十日至四十日，不適合短期旅行參觀。然而若選擇塞班線，僅需十七日便可於塞班島、天寧島各港口，體驗不同島民之風土民情，目睹各種珍異奇妙之南洋風光，若要進行短期裏南洋巡遊，可說是相當方便。」

南洋群島 03

塞班島、天寧島、羅塔島鐵路

包含載客列車的南洋群島代表性鐵路

可免費搭乘的塞班島載客列車

分布於南洋群島各地的產業道路之中，最貼近島民生活且規模最大的列車，就屬南洋興發公司所運行的塞班島甘蔗列車。

南洋興發公司（簡稱「南興」）設立於大正十年（一九二一年），初期經營甘蔗栽培事業，成功後陸續在其它島嶼投入水產業、礦業及開拓移民業的經營，終於成為南洋群島上規模最大的綜合公司。當時甚至有「北滿鐵、南南興」的說法，將南興與滿洲的滿鐵相提並論。擁有高明經營手腕的創始人松江春次，晚年有「**Sugar King**（砂糖王）」之稱。日本統治時期所豎立的松江銅像，並沒有在第二次世界大戰時的塞班島激戰中遭到破壞，如今依然在塞班島市區中央附近，俯瞰著熙來攘往的日本觀光客。

松江曾在明治中期前往美國學習製糖技術，其後前往臺灣投入於製糖產業。他主張「從農場

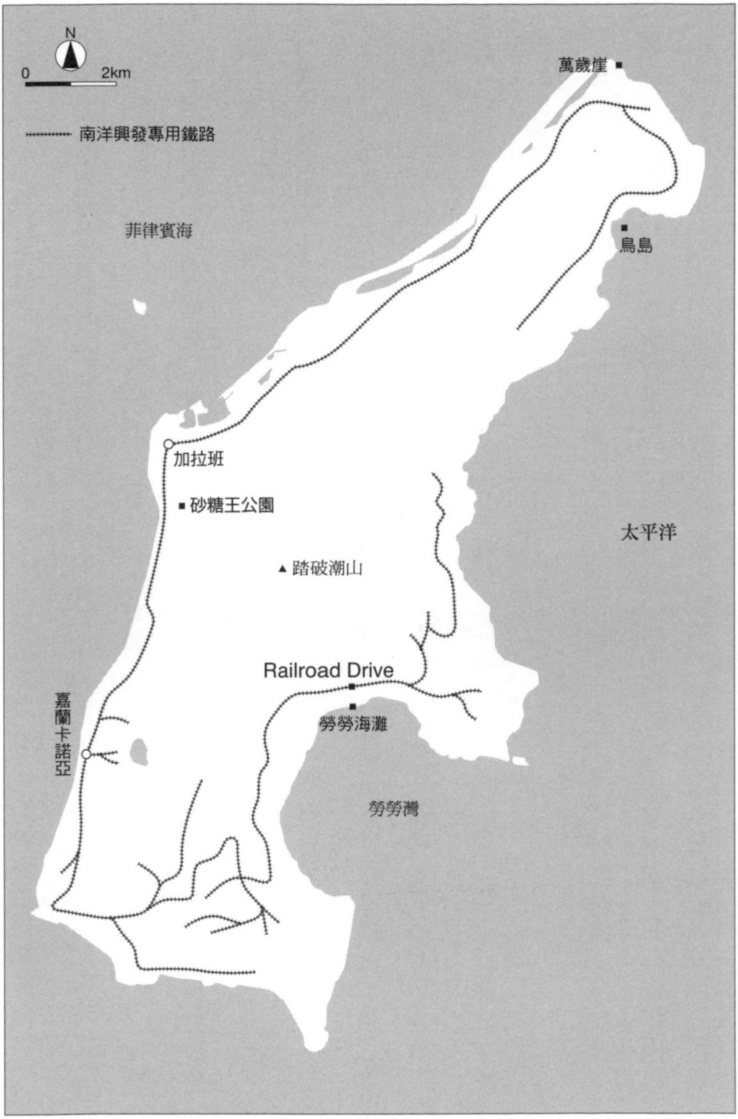

● 圖6-3-1　日本統治時期的塞班島專用鐵路路線圖。

收集甘蔗，並搬運至工廠的鐵路，在製糖業中佔有舉足輕重的地位」（引自松江春次，《南洋開拓拾年誌》，南洋興發，一九三二年），因此創業後不久，他便以塞班島西南方的嘉蘭卡諾亞（**Chalan Kanoa**，當時稱為「嘉蘭卡」）為起點，鋪設了一條軌道寬度七六二公釐的南北向鐵路。雖然山區地帶的工程極為艱鉅，而且海岸沿線的鋪設核可速度相當緩慢，這條輕軌鐵路在其努力下，還是逐漸擴張長度，最終總長度達到八十公里以上（塞班島的形狀為狹長形，即便計算長軸也僅約二十公里）。

雖然絕大部分路線，都是甘蔗搬運列車的專用路線，但在擁有製糖工廠和砂糖出貨碼頭的嘉蘭卡諾亞，以及其北方約八公里遠的熱鬧城市加拉班（**Garapan**），皆設置了旅客專用車站，在昭和初期之前，提供定時運行的載客服務。搬運甘蔗用的列車編制極長，絕大部分為載貨車廂，只有一節是擺放了木製長椅的載客車廂。據說車廂裡總是人滿為患，列車行駛途中跳上車，或跳下車的人也不少。

根據資料上的記載，在汽車運輸系統成熟之後，列車不再維持定時運行的制度，但還是會有一截載客車廂，提供民眾免費搭乘。對於學校位在加拉班的孩童而言，此列車是相當重要的上下學交通工具。在二戰後發行的遣返者回憶錄之類文獻之中，經常可看到搭乘此區間列車上下學的回憶橋段。列車從嘉蘭卡諾亞到加拉班，皆沿著海岸線行駛，想必從車窗一定能欣賞到閃耀著翠

● 圖6-3-2　保存於加拉班砂糖王公園的南洋興發專用鐵路蒸汽機關車（德國製）。

綠光輝的菲律賓海（Philippine Sea）。

南興的甘蔗搬運列車，使用的是日本及德國製的蒸汽機關車，雖然只是輕軌鐵路，已足以讓第一次看到真正鐵路的查莫洛人（Chamorro），及其他塞班島傳統島民吃驚及讚嘆。松江在《南洋開拓拾年誌》中寫道：「其中最令他們開心與奮的莫過於這些火車」，還記錄了幾段大正末年鐵路開通初期，火車與島民之間的小插曲，本書節錄如下：

「當時的島民比現在更加純樸得多，本公司的火車第一次行駛在嘉蘭卡至加拉班區間時，所有島民都在鐵路兩側圍觀，還向通過的火車深深鞠躬。」

「不久之後島上的酋長來向我求情，說大家都想坐一次火車看看，問我可不可以。於是我跟他約了一天讓大家乘坐，當天聚集了男女老幼約一百數十人，其中多為查莫洛人……那天我讓火車在加拉班與嘉蘭卡之間來回行駛了一趟，當火車抵達嘉蘭卡時，很多人都不相信，認為不可能這麼快就能到得了嘉蘭卡。」

「島民中有十多名壯漢向我提出要求，說想跟機關車比賽拔河，我心裡感到有些荒唐，還是客客氣氣地答應了。於是我舉辦了一場人跟機關車互拉繩子的奇妙比賽，當然他們不管派出幾個人都不可能贏得了機關車……。」

天寧島、羅塔島上的甘蔗鐵路

繼塞班島之後，南興接著又在其南方的天寧島、羅塔島上也開始發展製糖業，在甘蔗田的中央鋪設鐵路。

天寧島地形平坦，比塞班島更適合栽種甘蔗，鋪設鐵路時也不必大費周章地填土，或切削山坡。昭和五年（一九三〇年），天寧町（現稱聖荷西，San Jose）港口附近的製糖工廠建設完成，同時總長度約三十二公里的甘蔗鐵路也竣工。列車開始運行後，南興除了投入四輛蒸汽機關車，及三百輛五噸載貨車廂之外，還在列車後加掛了一節無蓋載貨車廂，裡頭放置沒有椅背的簡易長椅，提供給居民們免費搭乘。由於不像塞班島那樣有載客專用車站，因此想要搭乘的旅客，必須直接前往甘蔗堆放場，或天寧村列車調度場外的停車處，在路旁直接上下列車。

羅塔島的宋宋村（Songsong）亦有南興製糖工廠，於昭和十一年（一九三六年）開始運作，島內鋪築了總長約四十五公里的甘蔗鐵路。但南興公司後來發現，羅塔島的土質不適合栽種甘蔗，製糖工廠在昭和十四年（一九三九年）停止運作。

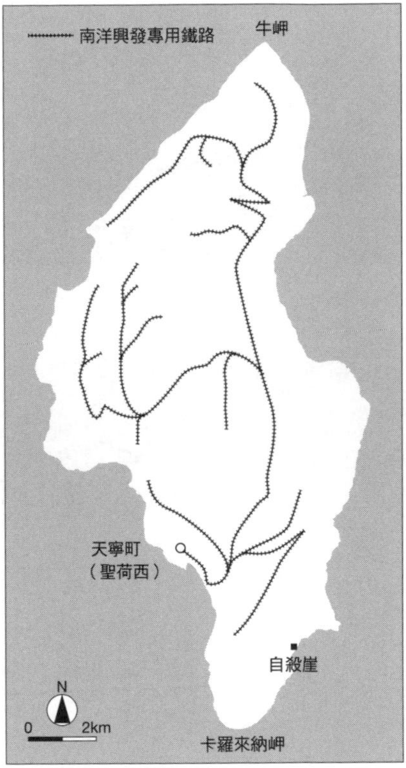

● 圖6-3-3　日本統治時期天寧島專用鐵路路線圖。

●圖6-3-4　天寧島的甘蔗列車。最尾端的蒸汽機關車的前方，有一節沒有頂蓋的載貨車廂，裡頭坐滿了乘客（摘自《南洋興發公司開拓紀念寫真帖1932》〔南洋興発株式会社開拓記念写真帖1932〕。資料提供：竹內惠美子）。

留存下來的南興輕軌鐵路風貌

日本統治時期幾乎遍布整個馬里亞納群島的甘蔗田，如今已完全看不到了。塞班島與天寧島上的製糖產業，幾乎可說是與南興公司一同走入了歷史。連搬運甘蔗用的鐵路，也在第二次世界大戰中遭到破壞，已不復存在。

塞班島當局將日本統治時期豎立的松江春次銅像周圍一帶規劃，為「砂糖王公園」。當時使用的蒸汽機關車，及載客車廂的臺座也都保存於公園的角落。在南部勞勞（Laulau）地區的森林裡，還殘留著一些鐵路的遺跡，當局在此地開闢出一條名為「Railroad Drive」的道路，只要沿著道路進入森林，便可發現當年的彎曲鐵軌。

● 圖6-3-5　取名自從前的南興專用鐵路的Railroad Drive道路標示牌。

● 圖6-3-6　Railroad Drive附近利用南興專用鐵路的廢線遺跡開闢出的通行道路。

天寧島沒有保存下任何鐵路車輛，但聖荷西市的市區裡，還殘留著當時的鐵路橋墩。此外，在森林裡健行的遊客有時也會發現一些鐵軌，或混凝土製的鐵路設施遺跡。

羅塔島則留下了兩輛德國製的蒸汽機關車，在宋宋村的製糖工廠遺跡，及羅塔機場北方森林小徑旁受到靜態保存。

帛琉群島的鐵路

全貌不明的礦石搬運鐵路

誕生於德國統治時期的礦業鐵路

南洋廳所在地的帛琉群島上的產業鐵路，最初是在第一次世界大戰前，由當時統治此地的德國所鋪設。這些鐵路就是前述《南洋群島要覽》中，所記載的安告爾島磷礦採掘用鐵路，總長十二哩（約二十公里）。

一九〇九年（明治四十二年），德國開始了在安告爾島上的磷礦開採事業。為了將礦石運出島外，德國建設了碼頭及搬運礦石用的鐵路，並且運來了蒸汽機關車及無蓋載貨車廂。成為日本託管地之後，這些採礦場都由日本的南洋廳所接收。昭和十二年（一九三七年）之後，由名為南洋拓殖公司（簡稱「南拓」）的國策公司負責營運。

貝里琉島上的磷礦搬運鐵路，也是源自於德國統治時期，便已存在的磷礦採掘權。後來南洋興發公司向南洋廳買下了採掘權，開始建設磷礦工廠。工廠於昭和十年（一九三五年）竣工，旋

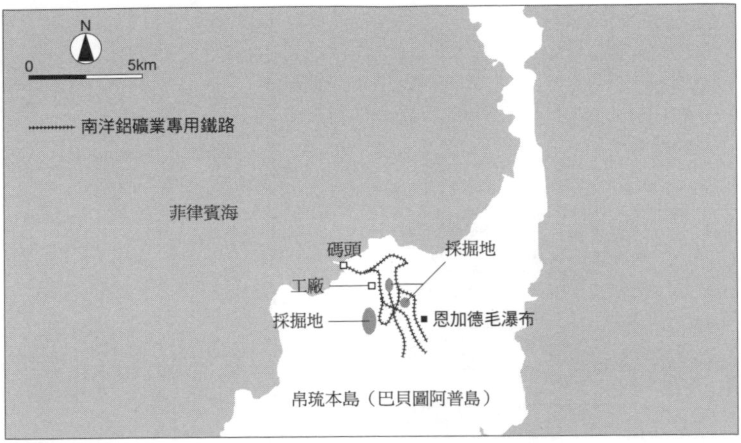

● 圖6-4-1　帛琉本島北部的南洋鋁礦業專用鐵路路線圖。

● 圖6-4-2　德國統治時期採礦場的紀錄照片（帛琉國立博物館）。照片中可看到礦石搬運鐵路的列車及線路。

即開始運作。但採礦事業在昭和十五年（一九四〇年）便宣告結束，採礦場在隔年的昭和十六年（一九四一年）廢止，南興公司放棄了此事業。

此外，帛琉本島（巴貝圖阿普島，Babeldaob）亦有鋁土礦的礦脈，三井礦山公司與南拓公司在昭和十二年（一九三七年）共同成立南洋鋁礦業公司，並為了開採鋁土礦而建設了專用鐵路。

其它鐵路則詳情不明

除了帛琉群島以外，根據文獻紀錄，南興公司也曾在波納佩島上，鋪設磷礦搬運用鐵路。此外，若仔細查看當時留存下來的照片（例如：位於帛琉本島的南拓鳳梨公司罐頭工廠照片），也會發現疑似鐵軌的線條。

但這些鐵路到底有著什麼樣的詳情及風貌，現階段找不到任何可作為依據的文獻資料。大約

● 圖6-4-3　沉睡於恩加德毛地區森林內的鐵路遺跡。

● 圖6-4-4　正載著觀光客前往恩加德毛瀑布的單軌鐵路。

從昭和十五年（一九四〇年）之後，隨著戰況愈來愈激烈，有關當局不再對外公開南洋群島各地產業的實際狀況。再加上當地幾乎找不到疑似鐵路設施的遺跡，進一步的分析只能等待今後的研究與調查。

鋁土礦專用鐵路遺跡變成了單軌鐵路

巴貝圖阿普島上的南洋鋁礦業專用鐵路遺跡，是唯一直到今日依然明顯留存著的礦業搬運鐵路遺跡。該島上原本有兩處採掘地，其中於昭和十五年（一九四〇年）開始運作的恩加德毛（Ngardmau）地區採掘地，其鐵路部分區間如今已規劃為觀光客用的健行路線。當年的雙線鐵軌及車輪的部分零件，都還殘留在叢林之中。

島上的當局沿著這條原為鐵路遺跡的健行路線，建設了觀光用單軌鐵路，自二〇一一年（平成二十三年）開始不定期運行。雖然只不過是在農務用單軌臺車上加裝了座位，設備相當簡陋，卻是平成年代在舊南洋群島上的唯一「現役鐵路」。

【主要參考文獻一覽】（依出版年排列）

※①出版年統一為西元年。

※②定期刊物不列出（以內文引用注記為準）。

統監府鉄道管理局編，《韓国鉄道線路案内》統監府鉄道管理局，一九〇八年。

南滿洲鉄道編，《南滿洲鉄道案内》南滿洲鉄道，一九〇九年。

台湾総督府鉄道部編，《台湾鉄道史・上》台湾総督府鉄道部，一九一〇年。

台湾総督府鉄道部編，《台湾鉄道史・中》台湾総督府鉄道部，一九一一年。

台湾総督府鉄道部編，《台湾鉄道史・下》台湾総督府鉄道部，一九一一年。

朝鮮総督府鉄道局編，《朝鮮鉄道線路案内》朝鮮総督府鉄道局，一九一一年。

富成一二，《天津案内》中東石印局，一九一三年。

南滿洲鉄道編，《南滿洲鉄道旅行案内》南滿洲鉄道，一九一七年。

鉄道院編，《朝鮮滿洲支那案内》鉄道院，一九一九年

南滿洲鉄道編，《南滿洲鉄道株式会社十年史》南滿洲鉄道，一九一九年。

青島守備軍民政部・鉄道部編，《山東鉄道旅行案内》青島守備軍民政部・鉄道部，一九二一年。

高橋源太郎，《青島案內》高橋源太郎，一九二一年。

南滿洲鐵道京城管理局編，《大正十年度・統計年報》南滿洲鐵道京城管理局，一九二三年。

南滿洲鉄道編，《南滿洲鉄道旅行案内》南滿洲鉄道，一九二四年。

台湾総督府鉄道部編，《台湾鉄道旅行案内》，台湾総督府鉄道部，一九二四年。
南満洲鉄道編，《南満洲鉄道株式会社二十年略史》南満洲鉄道，一九二七年。
台湾総督府交通局鉄道部編，《台湾鉄道旅行案内》台湾総督府交通局鉄道部，一九二七年。
南満洲鉄道東亜経済調査局編，《満洲読本・昭和二年版》南満洲鉄道東亜経済調査局，一九二七年。
南満洲鉄道編，《南満洲鉄道株式会社第二次十年史》南満洲鉄道，一九二八年。
朝鮮総督府鉄道局編，《大正十五・昭和元年度年報》，朝鮮総督府鉄道局，一九二八年。
大畠与吉，《満蒙の鉄道網》大阪屋号書店，一九二八年。
南満洲鉄道編，《南満洲鉄道株式会社第二次十年史》南満洲鉄道，一九二八年。
樺太庁鉄道事務所編，《樺太の鉄道旅行案内》樺太庁鉄道事務所，一九二八年。
朝鮮総督府鉄道局編，《朝鮮鉄道史・第一巻》朝鮮総督府鉄道局，一九二九年。
朝鮮総督府鉄道局編，《釜山案内》朝鮮総督府鉄道局，一九二九年。
朝鮮総督府鉄道局編，《京城案内》朝鮮総督府鉄道局，一九二九年。
朝鮮総督府鉄道局編，《平壌案内》，朝鮮総督府鉄道局，一九二九年。
朝鮮総督府鉄道局編，《朝鮮旅行案内記》，朝鮮総督府鉄道局，一九二九年。
糸乗紫雲，《樺太案内旅行記》，福田精舎，一九二九年。
朝鮮総督府鉄道局編，《昭和三年度年報》，朝鮮総督府鉄道局，一九三〇年。
台湾総督府交通局鉄道部編，《台湾鉄道旅行案内》，台湾総督府交通局鉄道部，一九三〇年。
小西栄三郎編，《最新朝鮮・満洲・支那案内》聖山閣，一九三〇年。
石橋五郎等編，《日本地理大系第十巻・北海道、樺太篇》改造社，一九三〇年。

石橋五郎等編，《日本地理大系第十一卷・台湾篇》改造社，一九三〇年。
石橋五郎等編，《日本地理大系第十二卷・朝鮮篇》改造社，一九三〇年。
石橋五郎等編，《日本地理大系・満洲及南洋篇》改造社，一九三〇年。
天沼俊一等編，《日本地理風俗大系第十六巻・朝鮮地方（上）》新光社，一九三〇年。
天沼俊一等編，《日本地理風俗大系第十七巻・朝鮮地方（下）》新光社，一九三〇年。
ジャパン・ツーリスト・ビューロー（Japan Tourist Bureau）編，《旅程と費用概算》，博文館，一九三一年。
松江春次，《南洋開拓十年史》南洋興発，一九三二年。
ジャパン・ツーリスト・ビューロー編，《旅程と費用概算》博文館，一九三三年。
朝鮮総督府鉄道局編，《朝鮮旅行案内記》朝鮮総督府鉄道局，一九三四年。
国務院総務庁情報処編，《満洲国概覧》国務院総務庁情報処，一九三四年。
南洋廳編，《昭和十年版・南洋群島要覽》南洋廳，一九三五年。
台湾総督府警務局理蕃課編，《台湾蕃界展望》理蕃之友発行所，一九三五年。
ジャパン・ツーリスト・ビューロー編，《旅程と費用概算》博文館，一九三五年。
台湾総督府交通局鉄道部，《台湾鉄道旅行案内》台湾総督府交通局鉄道部，一九三五年。
東京府小笠原支庁編，《南洋群島産業視察概要》東京府，一九三五年。
朝鮮総督府鉄道局編，《昭和十年度年報・第二・三篇》朝鮮総督府鉄道局，一九三六年。
南満洲鉄道撫順炭礦編，《炭礦読本・昭和十一年度版》南満洲鉄道撫順炭礦，一九三七年。
南満洲鉄道編，《満洲概観》南満洲鉄道，一九三七年
鉄道省運輸局編，《支那之鉄道》鉄道省運輸局，一九三七年。

台湾総督府交通局鉄道部編，《昭和十二年二月・鉄道要覽》台湾総督府交通局鉄道部，一九三七年。
鐵道省編，《鉄道停車場一覧》川口印刷所出版部，一九三七年。
ジャパン・ツーリスト・ビューロー編，《旅程と費用概算》博文館，一九三八年。
三平將晴，《南洋群島移住案内》大日本海外青年会，一九三八年。
台湾総督府交通局鉄道部編，《昭和十三年三月・鉄道要覽》台湾総督府交通局鉄道部，一九三八年。
南満洲鉄道編，《南満洲鉄道株式会社第三次十年史》南満洲鉄道，一九三八年。
南満洲鉄道編，《簡易満洲案内記・昭和十三年版》南満洲鉄道，一九三八年。
交通部大臣官房資料科編，《康徳三年・交通部要覽》交通部大臣官房資料科，一九三八年。
台湾総督府交通局鉄道部編，《風光台湾》台湾総督府交通局鉄道部，一九三九年。
大宜味朝德，《南洋群島案内》海外研究所，一九三九年。
渡部慶之進，《台湾鉄道読本》春秋社，一九三九年。
今井晴夫編，《朝鮮之観光》，朝鮮之観光社，一九三九年。
山崎勝治編，《金剛山電気鉄道株式会社二十年史》金剛山電気鉄道，一九三九年。
南満洲鉄道撫順炭礦編，《炭礦読本（昭和十四年度版）》南満洲鉄道撫順炭礦，一九三九年。
加藤新吉編著，《蒙疆路》華北交通，一九三九年。
満洲帝国政府特設満洲事情案内所編，《満洲戦蹟巡礼》三省堂，一九三九年。
南洋興発編，《伸びゆく南興・南洋開拓と南洋興発株式会社の現況》南洋興発，一九四〇年。
台湾総督府交通局鉄道部編，《台湾鉄道旅行案内》台湾総督府交通局鉄道部，一九四〇年。
華北交通編，《華北交通叢刊15・華北交通》華北交通，一九四〇年。

南洋興発編，《南洋興発株式会社二十週年》南洋興発，一九四一年。
美濃部正好，《華中鉄道沿線案内》華中鉄道，一九四一年。
奉天市公署，《奉天市要覧》奉天市長官房文書科，一九四一年。
華北交通編，《華北交通・昭和十七年度版》華北交通，一九四一年。
華中鉄道編，《呉楚風物》，華中鉄道，一九四二年。
満洲国通信社編，《康徳十年版・満洲国現勢》満洲国通信社，一九四二年。
奉天市公署，《奉天市要覽》奉天市長官房文書科，一九四二年。
鉄道省編，《樺太陸運調査報告》鉄道省，一九四三年。
倉持博，《満鉄要覧》南満洲鉄道，一九四三年。
華中鉄道編，《華中鉄道と中支那》，華中鉄道東京支社，一九四三年
運輸通信省鉄道総局業務局、鉄道軌道統制会編，《地方鉄道及軌道一覧》鉄道軌道統制会，一九四四年。
朝日新聞社編，《南方の拠点・台湾写真報道》朝日新聞社，一九四四年。
交通部大臣官房資料科編，《康徳十年・交通部要覽》交通部大臣官房資料科，一九四四年。
上海市政研究会編，《上海の文化》華中鉄道総裁室弘報室，一九四四年。
京城電気編，《京城電気株式会社六十年沿革史》京城電気，一九五八年。
夏目漱石，《漱石全集・第十三巻・日記及断片》岩波書店，一九六六年。
鮮交會編，《朝鮮交通回顧錄・工作、電気編》鮮交會，一九七一年。
鮮交會編，《朝鮮交通回顧錄・工務、港湾編》鮮交會，一九七三年。
日本国有鉄道広島鉄道管理局編，《関釜連絡船史》日本国有鉄道広島鉄道管理局，一九七九年。

横浜税関百二十年史編纂委員会編，《横浜税関百二十年史》横浜税関，一九八一年。
里見弴，《満支一見》かまくら春秋社，一九八三年。
華北交通社史編集委員会編，《華北交通株式会社社史》華交互助会，一九八四年。
佐藤多津編，《戦火に消えし先人の証し》NTC南洋群島写真刊行委員会，一九八四年。
武村次郎，《南興史・南洋興発株式会社興亡の記録》南興会，一九八四年。
朝鮮総督府警務局編，《朝鮮の治安状況・昭和2年版》不二出版，一九八四年。
朝鮮総督府警務局編，《朝鮮の治安状況・昭和5年版》不二出版，一九八四年。
満鉄会編，《南満洲鉄道株式会社第四次十年史》龍溪書舎，一九八六年。
満鉄会編，《満鉄史余話》龍溪書舎，一九八六年。
鮮交會編，《朝鮮交通史》三信図書，一九八六年。
宮脇俊三，《中国火車旅行》角川書店，一九八八年。
宮脇俊三，《失われた鉄道を求めて》文藝春秋，一九八九年。
越沢明，《哈爾浜の都市計画》総和社，一九八九年，
南満洲鉄道編，《満洲鉄道建設誌》龍溪書舎，一九九一年。
宮脇俊三，《韓国・サハリン鉄道紀行》文藝春秋，一九九一年。
馬場久孝，《南滿洲鐵道株式會社鐵道要覧》馬場久孝，一九九一年。
大塚茂，《撫順慕情》国書刊行会，一九九二年。
夏目金之助，《漱石全集・第十二巻》岩波書店，一九九四年。
朝鮮総督府，《朝鮮総督府帝国議会説明資料・第10巻》不二出版，一九九四年。

《ATLAS of Sakhalin Region Part I》，Cp BKΦ，一九九四年。

高橋泰隆，《日本植民地鉄道史論》日本経済評論社，一九九五年。

小堀佑太郎編，《写真集・懐かしの上海・新装版》国書刊行会，一九九五年。

德田耕一，《サハリン——鉄路1000キロを行く——》ＪＴＢ日本交通公社出版事業局，一九九五年。

中國鉄道出版社、中国地図出版社、鉄道部運輸局編，《中国鉄道交通地図集》，中国鉄道出版社、中国地図出版社，一九九五年。

白幡洋三郎，《旅行ノススメ》中公新書，一九九六年。

德田耕一，《台湾の鉄道・麗しの島の浪漫鉄路》ＪＴＢ日本交通公社出版事業局，一九九六年。

河西明、新井一仁，《朝鮮総督府鉄道局で生きた車両たち1・特急列車「あかつき」》河西明、新井一仁，一九九六年。

河西明、新井一仁，《朝鮮総督府鉄道局で生きた車両たち2・直流3000V電機「デロイ」と「デロニ」》河西明、新井一仁，一九九六年。

大江志乃夫，《日本植民地探訪》新潮選書，一九九八年。

中島廣、山田俊英，《韓国の鉄道・100年を迎える隣国の鉄道大百科》ＪＴＢ，一九九八年。

上海図書館編，《老上海風情録（二）交通攬勝巻》上海文化出版社，一九九八年。

「旅順探訪」刊行會編，《旅順探訪》近代消防社，一九九九年。

高成鳳，《植民地鉄道と民衆生活・朝鮮・台湾・中国東北》法政大学出版局，一九九九年。

河西明、新井一仁，《朝鮮総督府鉄道局で生きた車両たち4・客車の変遷》河西明、新井一仁，一九九九年。

鉄道車両技術検定団編，《韓国鉄道車両100年史》鉄道車両技術検定団，一九九九年
白善燁《若き将軍の朝鮮戦争》草思社，二〇〇〇年。
竹島紀元，《竹島紀元作品集・鉄路に魅せられて》心交社，二〇〇〇年。
西澤泰彦，《図説・満鉄「満洲」の巨人》河出書房新社，二〇〇〇年。
河西明、新井一仁，《朝鮮総督府鉄道局で生きた車両たち5・蒸気機関車（標準軌）の全容》河西明、新井一仁，二〇〇〇年。
高山拡志，《旧国鉄・JR鉄道線廃止停車場一覧・附：旧植民地鉄道停車場一覧（補訂第2版）》高山拡志，二〇〇〇年。
蔡焜燦，《台湾人と日本精神・日本人よ胸を張りなさい》日本教文社，二〇〇〇年。
「上海租界志」編纂委員会編，《上海租界志》上海社会科学院出版社，二〇〇一年。
佐藤一一，《日本民間航空通史》国書刊行会，二〇〇三年。
山室信一，《キメラ——満洲国の肖像増補版》中公新書，二〇〇四年。
鄭大均，《在日・強制連行の神話》文春新書，二〇〇四年。
与謝野寛、与謝野晶子，《鉄幹・晶子全集16》勉誠出版，二〇〇四年。
酒井直行、牧野洋編，《外地鉄道古写真帖》新人物往來社，二〇〇五年。
中島廣、山田俊英，《韓国鉄道の旅・KTXで拓く新しい韓国の旅》JTBパブリッシング，二〇〇五年。
大里浩秋、孫安石編著，《中国における日本租界——重慶・漢口・杭州・上海》御茶の水書房，二〇〇六年。
鄭大均、古田博司編，《韓国・北朝鮮の嘘を見破る・近現代史の争点30》文春新書，二〇〇六年。

高成鳳，《植民地の鉄道》日本経済評論社，二〇〇六年。
国分隼人，《将軍様の鉄道・北朝鮮鉄道事情》新潮社，二〇〇七年。
満鉄会編，《満鉄四十年史》吉川弘文館，二〇〇七年。
与謝野寛、与謝野晶子，《鉄幹・晶子全集26》勉誠出版，二〇〇八年。
鄭在貞著、三橋廣夫譯，《帝国日本の植民地支配と韓国鉄道——1892～1945》明石書店，二〇〇八年。
小島英俊，《文豪たちの大陸横断鉄道》新潮新書，二〇〇八年。
曽我誉旨生《時刻表世界史・時代を読み解く陸海空143路線》，社会評論社，二〇〇八年
榎本泰子，《上海》中公新書，二〇〇九年。
片倉佳史，《台湾鉄路と日本人・線路に刻まれた日本の軌跡》交通新聞社新書，二〇〇九年。
今尾惠著、原武史監修，《日本鉄道旅行地図帳・歴史編成・満洲樺太》新潮社，二〇〇九年。
今尾惠介、原武史監修，《日本鉄道旅行地図帳・歴史編成・朝鮮台湾》新潮社，二〇〇九年。
雷穆森（O.D.Rasmussen）著、許逸凡、趙地譯，《天津租界史：插圖本》天津人民出版社，二〇〇九年。
市原善積，《満鉄特急あじあ号》原書房，二〇一〇年。
佐野真一等著，《上海時間旅行——蘇る「オールド上海」の記憶》山川出版社，二〇一〇年
高木宏之，《写真に見る満洲鉄道》光人社，二〇一〇年。
平塚柾緒（太平洋戦争研究会編），《図説・写真で見る満州全史》河出書房新社，二〇一〇年。
片倉佳史，《台湾鉄道の旅》ＪＴＢパブリッシング，二〇一一年。
阿部真之、岡田健太郎，《中國鐵道大全・中国鉄道10万km徹底ガイド》旅行人，二〇一一年。
小牟田哲彥監修，《旧日本領の鉄道100年の軌跡》講談社，二〇一一年。

戴震宇，《一看就懂鐵道百科》，遠足文化事業，二〇一一年。
天野博之，《満鉄特急「あじあ」の誕生・開発前夜から終焉までの全貌》原書房，二〇一二年。
麻田雅文，《中東鉄道経営史》名古屋大學出版會，二〇一二年。
高木宏之，《満洲鉄道発達史》潮書房光人社，二〇一二年。
出久根達郎，《むかしの汽車旅》河出文庫，二〇一二年。
片倉佳史，《台湾に残る日本鉄道遺産・今も息づく日本統治時代の遺構》交通新聞社新書，二〇一二年。
前間孝則，《満州航空の全貌1932～1945：大陸を翔けた双貌の翼》草思社，二〇一三年。
高木宏之，《満洲鉄道写真集》潮書房光人社，二〇一三年。
中華地圖學社編，《中國鐵路地圖冊》中華地圖學社，二〇一三年。
中國鐵道出版社編，《全國鐵路貨運里程示意圖冊》中國鐵道出版社，二〇一三年。
小竹直人，《中朝鉄路写真紀行・日本が国境に架けた7本の鉄道橋》マガジンハウス，二〇一四年。
片倉佳史，《古写真が語る台湾・日本統治時代の50年・1895-1945》祥伝社，二〇一五年。

大日本帝國時期的海外鐵道：從臺灣、朝鮮、滿洲、樺太到南洋群島 / 小牟田哲彥著；李彥樺譯.
-- 初版. -- 新北市：臺灣商務, 2020.06
ISBN 978-957-05-3271-5(平裝)

450面；14.8×21公分. -- (歷史.世界史)

557.26　　109005702

歷史・世界史

大日本帝國時期的海外鐵道
從臺灣、朝鮮、滿洲、樺太到南洋群島

作　　者—小牟田哲彥
譯　　者—李彥樺
發 行 人—王春申
總 編 輯—張曉蕊
責任編輯—徐鉞
封面設計—黃子欽
內頁排版—菩薩蠻電腦科技有限公司
影音組長—謝宜華
業務組長—王建棠
行銷組長—張家舜
出版發行—臺灣商務印書館股份有限公司
23141 新北市新店區民權路 108-3 號 5 樓（同門市地址）
電話：(02)8667-3712 傳真：(02)8667-3709
讀者服務專線：0800056193
郵撥：0000165-1
E-mail：ecptw@cptw.com.tw
網路書店網址：www.cptw.com.tw
Facebook：facebook.com.tw/ecptw

局版北市業字第 993 號
初版一刷：2020 年 6 月
初版三點五刷：2022 年 12 月
印刷廠：鴻霖印刷傳媒股份有限公司
定價：新台幣 450 元

法律顧問—何一芃律師事務所